Lishi Ruci
Youqu

CONG CHUNQIU
DAO XIHAN

跟着夏昆读历史

历史如此有趣

从春秋到西汉

夏昆　夏子仪　/ 著

漓江出版社

· 桂林 ·

图书在版编目（CIP）数据

历史如此有趣. 从春秋到西汉 / 夏昆，夏子仪著
. -- 桂林：漓江出版社，2023. 1
ISBN 978-7-5407-9358-6

Ⅰ . ①历… Ⅱ . ①夏… ②夏… Ⅲ . ①中国历史—春
秋时代—西汉时代—青少年读物 Ⅳ . ① K220.7

中国版本图书馆 CIP 数据核字（2022）第 251188 号

历史如此有趣·从春秋到西汉
夏昆 夏子仪 著

出 版 人　刘迪才
策划统筹　文龙玉
责任编辑　宗珊珊
书籍设计　周泽云
营销编辑　俞方远
责任监印　黄菲菲

出版发行　漓江出版社有限公司
社址　广西桂林市南环路 22 号
邮编　541002
发行电话　010-65699511　0773-2583322
传真　010-85891290　0773-2582200
邮购热线　0773-2582200
网址　www.lijiangbooks.com
微信公众号　lijiangpress

印制　大厂回族自治县聚鑫印刷有限责任公司
开本　710 mm × 960 mm　1/16
印张　19.5
字数　255 千字
版次　2023 年 1 月第 1 版
印次　2023 年 1 月第 1 次印刷
书号　ISBN 978-7-5407-9358-6
定价　59.80 元

写在前面

多年以后，我仍然记得，我高中时的语文老师梅素清和历史老师侯昭秀都跟我说过的同样一句话：文史不分家。

那时候我17岁，刚上高二。两位恩师告诉我：历史是树，语文是枝叶，语文只有生长于历史之树上，才能葆有恒久的生命力。

我想，这就是我热爱历史的开始。

十多年后，我已经成为一名语文老师。一次，我请教学校德高望重的老教师何瑞基，请他为我的专业发展提些建议，他很认真地说："我建议你读'二十四史'。"

虽然我心有疑虑，但是出于对何老师专业水准的绝对信任，我接受了他的建议，从《史记》开始，通读"二十四史"，那一年是1997年，我27岁。

十多年后，我总算将从《史记》到《明史》的"二十四史"囫囵吞枣地读了一遍，这个浩大的工程花费了我十五年的时间，完工的那一年是2012年，我42岁。

十年后，我终于开始将这二十多年读史的心得变成了厚厚的一套书，这就是面前的这套"跟着夏昆读历史"。

我永远不会忘记三十多年前那个17岁少年，在老师的指引下开始走进历史；也不会忘记二十多年前那个青年，在前辈的建议下开始去啃读数千万字的史书。对我来说，这二十多年的历史之旅也是我的成长之旅、认知之旅，很难计算我从中获得了多少，也因为这个原因，我愿意将对历史的兴趣与痴迷传递给更年轻的朋友，让他们能跟我一样，在历史的长河中畅游，领略其无尽的趣味与智慧。

这也是这套"跟着夏昆读历史"写作的原因。

这套丛书共九十一万字，上起先秦，下至南宋，讲述了其间两千多年中国的历史故事。阅读此书后，读者对这两千多年中国历史的大致脉络和主要人物事件可以有一个比较初步的了解与掌握。我希望能像几位前辈曾经引领我一样，引领年轻的朋友们走进历史异彩纷呈的世界，领略历史的有趣和精彩。

本册是整套书的第一册，其内容从百家争鸣起，到汉成帝执政结束，讲述了百家争鸣、三家分晋、荆轲刺秦、秦统一中国、楚汉争霸、刘长造反、七国之乱、武帝击匈奴、巫蛊之祸、霍光专权等历史事件，以及孔子、庄子、聂政、庆忌、荆轲、项羽、刘邦、周亚夫、李广、卫青、霍去病、霍光、赵飞燕、董贤等历史人物的故事。本册的资料主要来自：

《史记》（司马迁撰，中华书局 1959 年 9 月第 1 版）

《汉书》（班固撰，中华书局 1962 年 6 月第 1 版）

《资治通鉴》（司马光撰，中华书局 2013 年 12 月第 1 版）

《通鉴纪事本末》（袁枢撰，中华书局 2015 年 8 月第 1 版）

《哈佛中国史·秦与汉早期中华帝国》（卜正民主编，中信出版社 2016 年 10 月第 1 版）

《剑桥中国秦汉史》（崔瑞德、鲁惟一编，中国社会科学出版社 1992 年 2 月第 1 版）

这套书的完成，首先感谢我的儿子夏子仪，他独立完成了全套书所有资料的核实和查证工作，并且参与了部分章节的写作。这套书的问世，与他的努力和付出是分不开的，因此，我将他列为第二作者。

本套书的出版，更应该感谢漓江出版社的文龙玉首席编辑工作室，因为有编辑老师们的认真敬业，这套书才能与读者如期见面。

由于个人才疏学浅，此书难免有些错谬之处，见笑于方家，也希望读者不吝指正，并望读者见谅。

夏昆

2022 年 12 月 24 日

目 录

两千年前的思想大爆炸

汉代的难题

提到春秋战国时期，人们脑海中第一个浮现出来的印象可能是众多诸侯国之间的兵荒马乱，尔虞我诈，乱哄哄你方唱罢我登场，霸主轮流做明年到我家。而提起那个时代的风云人物，许多人想到的可能是那些叱咤风云、鞭挞宇内的名将霸君。实际上，在那个动荡的年代还诞生了中国最有名的思想大爆炸。无数思想家纷纷开宗立派，在世间传播自己的学说，一时间呈现出了百家争鸣的热闹态势。而就是这样百家争鸣的形势，给后来的汉朝提出了一个大难题。

汉朝在创立初期，就被一个巨大的问题困扰着——凭什么做皇帝的就只能是刘家人？而不能是张家、韩家或者是萧家？这个问题，可以说是刘邦独有的。因为在汉朝以前，统治天下的君主无一不是世袭传承的王公贵族，人们相信 DNA 远甚于相信能力水平，贵族们拥有与生俱来的威严与地位，由他们统治天下似乎也在情理之中。所以当刘邦看到秦始皇出巡说出那句"大丈夫当如是也"，其实意味着他是当时内心笃信王侯将相的确有种的百姓中为数不多的一个异类，这是他取得皇位的思想基础，也是他当皇帝后想要极力避免的忤逆不敬的思想。

与那些显赫的世袭诸侯相比，刘邦地痞小混混的出身显然是不占有优势的，他就如同万花丛中的那一抹绿般格外惹眼，做皇帝的正统性已经低了贵族们一头。

当然，对于老百姓来说，只要能有安稳的生活，无论是刘家人还是李家人当皇帝都不重要。刘邦真正的威胁，还是来自那些曾经追随他一起南征北战的将领。这些将领都深知刘邦的底细，在老百姓眼里刘邦是至高无上的皇帝，但是在这些人眼里，刘邦是那个出生于沛县的小混混。既然刘邦这样的布衣平民都可以白手起家，最后坐上天子之位，那么他们似乎也没有理由不能将刘邦取而代之，更别说他们许多人的才能甚至还在刘邦之上。

于是，汉朝初年，许多刘邦分封的诸侯接连造反。当刘邦平定英布之乱时，刘邦向着谋反的英布大声问道："你何苦要造反呢？"没想到英布一点也不遮掩，厚着脸皮说道："我就是想做皇帝罢了。"

史书上没有明确记载刘邦听到这话后的反应怎么样，但估计脸色也不会有多好看。英布这话传出了更危险的信号，就是刘邦这个皇帝在一些人的眼里可能早已毫无任何威信了。既然英布开了想当皇帝的先例，那以后肯定还会有人前仆后继地想要当皇帝。虽然刘邦费尽心思让叔孙通制定了天子的礼仪，好好过了把皇帝瘾，然而这对于解决刘邦所面临的问题并没有太大的实际性作用。甚至于，这样无比尊贵的礼仪还会让许多人也想过把瘾，从而更加坚定将刘邦取而代之的决心。刘邦必须想办法证明自己有着某种优越性，来让天下人都相信他才是命中注定的天选之子。

面对着这样的问题，刘邦的办法是将那些与自己异姓的诸侯王全部换成了与自己同姓的刘家人。也许刘邦是基于"血浓于水"的原则，认为自家人总比外人更加可信。实际上这样只是聊以自慰，在当皇帝的诱惑下，血缘关系的羁绊根本算不上什么。

更何况在经历了不知道多少代后，这些所谓的同姓子弟可能只会有一个名义上的同族关系，实际上相互之间的关系八竿子都打不着了。刘邦即使再没有文化，应该也不至于想不到这一点。因此，刘邦分封同姓王的举动更像一个权宜之计，改造整个汉朝人民思想的大任只能留给他的子孙后代了。

在刘邦之后，汉初的皇帝们基本上都奉行了道家的黄老之术，对国家实施无为而治。只不过，这和刘邦分封同姓王的行为一样，不过是暂时维持社会安稳的举动罢了。人民在生活稳定的时候，自然不会起兵造反。但是如果社会环境动荡，百姓还是会揭竿而起的，秦朝就是前车之鉴。只有当所有人都自发地认为刘氏是不可撼动的真命天子，才能真正实现对天下的长久统治。

又经历了文景两代皇帝后，这个重任最终落到了汉武帝的肩上。此时中国的思想环境虽然经过了秦朝焚书坑儒的打击，但也在汉初清静无为的环境中逐步复苏。汉武帝所要做的，就是从这些学派中选出一个最符合这个最终目的的学派，将其作为整个帝国的思想标杆。不过在这之前，我们先来看看他可以有什么样的选择。

汉初时期，影响力最大的学派是儒道两家，除此之外，还有阴阳家、纵横家、法家等诸多有名望的学派，这些学派大多发源于春秋战国时期。值得一提的是，大概是由于人类在初步建立起可以安身的文明后，便开始有了探究所处的这个世界的欲望，这段时间也正好是全人类的精神思想大爆发时期。在希腊，有苏格拉底等人的哲学辩论；在印度，有释迦牟尼的菩提悟道；而在中国，有群星璀璨的百家争鸣。

春秋战国以前的神话时代，总体感觉似乎是比较太平的，并没有经历过这样一个持续时间如此之长，混乱程度如此之重的时期。在这样混乱的时代中，人们很久以来一直奉若圭臬的规章制度在尔虞我诈之间被彻底倾覆。对于已经深受周文化礼法熏陶的人民来说，当时社会中"窃钩者诛，窃国者侯"的残酷现实是他们无法理解，也不能接受的。中国的历史在此时走到了交叉口，而站在交叉口的人们必须做出选择，无论是以复古重建旧世界，还是通过变革来建立新世界，又或者是干脆独善其身。

儒家的创始者孔子就出生在这样的时代，孔子从小就对周朝的礼仪产生了强烈的向往。一般小孩子都会喜欢出外肆意玩闹，孔子却喜欢摆放各种礼器，做出一副祭祀的样子。在孔子中年后，他便周游列国，四处传播自己的学说。

面对春秋战国礼崩乐坏的现实，孔子认为必须恢复周朝的礼乐制度，并且以仁政的方式管理人民。可以说，"仁"和"礼"就是孔子思想的两大核心。在孔子看来，如果遵从这两个核心治国，就能实现所谓"天下大同"的理想社会。然而，孔子的政治主张毕竟是治世之学。在兵荒马乱的春秋战国时期，每一个国家都在互相争夺地盘，都希望自己能成为天下的下一代统治者。乱世都还没结束，谁会去管你这在太平盛世才能发挥作用的治世之学。因此，几乎没有君王能接受孔子的政治理念。

孔子像

在孔子之后，又一位儒学宗师孟子发挥了孔子的"仁政"理念，提出了"民为贵，社稷次之，君为轻"的理念。可以想象，这样"离经叛道"的主张简直比所谓的"仁政"更难被当时的国君所接受。当统治者的都巴不得自己可以千秋万代地统治天下，哪能容许小民爬到自己的头上？一直以来坚持这样想法的孟子的结局自然也可想而知。后来的荀子在儒家学说中糅合了一些法家的思想，才使得儒家对于统治者来说有了一些接受度。即便如此，儒学还是由于秦朝的焚书坑儒遭受了重大打击，而汉朝的创立者刘邦更是对儒生没有什么好感。即便如此，儒生们依旧在摩拳擦掌，等待着东山再起的机会。

如儒家一样为世人所熟知的学派就是道家，道家的创始者老子曾经担任过周王室管理图书的官员，而这也使得他积攒了渊博的学识，即便是孔子也甘拜下风。后来周王室日渐衰落，老子便打算从此出关云游。函谷关的关令尹喜非常仰慕老子，在知道老子从此打算云游天下后，便劝说老子著书后再离开。于是，老子就在函谷关写成了一部五千字的著作，这就是为后人所熟知的道家经典《道德经》。

在老子之后，庄子继承并发展了老子的学说。庄子崇尚顺其自然，无为而治，并且将孔子作为了主要的反面教材，认为孔子依靠周礼治国的想法是不合时宜的过时之举，俨然一个被时代抛弃的老顽固形象。同时，庄子将安身立命作为最根本的目标，讲究顺应自然规律而活，认为功名利禄都会扰乱人的本心。这多少有些结合时代背景的无奈在其中。毕竟身处诸侯争霸的腥风血雨，能苟全性命于乱世都已属不易，更别提当时不知有多少身处高位者在权力的斗争中粉身碎骨，这全都成了庄子处世哲学的前车之鉴。

和玄之又玄的《道德经》不同，庄子非常喜欢通过故事与比喻的方式来讲述道理，这些故事大多想象瑰丽大胆，甚至完全可以将其看作《伊索寓言》一般的故事作品来阅读。我们所熟知的朝三暮四、沉鱼落雁和邯郸学步等诸多成语都是源于《庄子》。道家虽然在汉初由于休养生息的需要得到了重用，但它并不能满足皇帝们的最终需求。毕竟对于这些皇帝来说，维持自己的统治永远比老百姓过得怎么样要重要得多。即使某些君王看似能善待老百姓，那也只是将他们看作维稳自己皇位的基石而已。因此，道家也注定无法在汉朝这个新兴的王朝得到真正的重视。

同时由于道家避世离群的特性，其在春秋战国时期并没有太大的影响力。在秦朝以前，有一门学派的影响力与儒学不分上下。即使是到了战国末期，这门学派依旧是和儒学齐名的天下显学。这个学派是墨家。

虽然以庄子为代表的道家学派对儒学充满讥讽之言，但是他们却并不是当时儒学最大的敌人。在当时，与儒家针锋相对的学派就是墨家，孟子就曾充满激愤地说过："（墨家）眼中没有君王和父母，简直就是一群禽兽。"而墨家也对儒家有诸多批判，比如说儒家过于讲究礼乐制度导致劳民伤财，又过于死板，只会钻牛角尖等。究其原因，这两个学派从最初的出发点就已经不一样了。

儒学倡导以周朝的礼乐来教化人民，但礼乐也不过是王公贵族们的奢侈品，距离老百姓还是过于遥远。无论孔子再怎么鼓吹周礼的美妙，都无法改变其只是上层人士所制定的法则的事实。无论孟子再怎么宣讲民贵君轻，也必须建立在贤王明君愿意实施这样的仁政的基础上。如果君王不愿意施行仁政，孟子也不可能让人民自发地向君王证明自己的重要性。可以说，儒家的出发点完全就是走上层路线。

墨家却与此完全不同，墨家所主张的兼爱非攻、尚贤节用无一不是贴近平民百姓生活的主张。尤其是打破所有等级限制的"兼爱"，这对于处于下层的平民来说仿若福音，但对于上层统治者来说却无异于洪水猛兽，而这也成了孟子对其进行攻击的主要依据之一。

墨家贴近平民的另一证据便是墨家极其注重机械甚至是物理技巧，因为这些经验与技巧都是下层人民在劳动生活中总结出来，并能直接有益于人民的生活与劳动。只不过，那些高高在上的统治者是不会注重这些的。对于他们来说，怎么控制人民的思想，使人民能对自己百依百顺远比改善人民的生活更重要。除非维护统治的必要，否则他们绝不会去主动关心人民的生活到底怎么样。

因此，几乎在中国的整个封建时代，科学方面的发现与探索都被视为上不了台面的"奇技淫巧"。三国时期魏国的能工巧匠马钧虽然以其巧思闻名于世，却依旧终生郁郁不得志。唐朝的韩愈更是直白地说："巫医乐师百工之人，君子不齿……"因为对于上层的士大夫来说，这些对于维护统治几乎毫无作用的东西根本就不值一提。而墨子注重这些科学技巧，也证明了他几乎和儒家不是一路人。

由于墨家极受下层百姓的欢迎，因此在春秋战国时期一度成为和儒家分庭抗礼的著名学派。然而，在秦始皇扫平六合，创立了第一个封建王朝后，君主专制权力得到了前所未有的加强，统治者自然不会允许这样一个宣传"兼爱"的学派立足于世。更重要的一点是，与其他分散的学派相比，墨家更像一个紧密结合的大团体。墨家以门派中的"巨子"为领导，在春秋战国时就多次秉承着"非攻"的原则帮助小国抵御强国的入侵战争，俨然是一个训练有素的武装团体。因此，墨家对统治阶级造成的威胁也绝不是其他学派能与之相比的。在秦汉之时，墨家的影响力逐渐受到打压，曾为天下显学的墨家竟一度失传，最后隐匿在了历史的长河之中。

在春秋战国时期，众多学派就这样各自发展或是游说各国，都希望自己的学说可以终结乱世。然而，最后只有一个学派取得了最终的胜利。后来这个学派虽然未受到官方明面上的尊崇，但其思想依旧贯穿着整个封建时代，这个学派就是法家。

法家的创始者没有明文记载，《汉书》也只是说其"盖出于理官"。法家注重以刑法治国，以达到富国强兵的目的。春秋战国时期正处于社会的大动荡与大交替时期，因此法家得以大展身手。一位位法家学派的政治家相继周游各国，在不同的国家中展开了轰轰烈烈的变法行动，如李悝、吴起、申不害等人都是其中的杰出代表。然而，想要推翻一个经过了长久历史积累的制度并不容易，这些人的变法有的只是短暂提高了自己国家的国力，并没有彻底改变国家的本质；有的在短暂的成功后迅速遭到了旧制度的反扑，甚至遭到报复而死于非命。真正让法家在春秋战国时期获得胜利的，还是商鞅在秦国发起的那场变法。

商鞅变法使得秦朝国力大增，虽然商鞅因为旧贵族的报复而被杀，但商鞅所制定的法律却没有被废除（详见《历史从这里转弯——商鞅变法》）。自然而然地，秦国的主流政治思想就由法家主导了。秦朝的焚书坑儒其实也可以看作是一种"罢黜百家，独尊法术"。只不过这样粗暴而强制的，自上而下发起的思想控制并未能彻底达到秦始皇想要的效果，其手法也远没有后世的汉武帝高明。

法家思想还没能统治中国多长时间，就随着秦朝的覆灭而退出了主导地位。而靠着推翻秦朝起家的汉朝在统一天下后，自然要充分总结前朝覆灭的教训。于是，被认为是导致秦朝败亡的元凶的法家思想便受到了当时知识分子的排斥。但即便如此，统治阶级还是愿意"取其精华，去其糟粕"，将法家思想吸收进他们的统治之术中。

法家思想虽然讲究以法治国、法律至上的原则，但这些都是建立在极度加强君主权力的基础上的。法家认为，只要君主牢牢地将国家的控制权掌握在手中，辅以赏罚分明的法律，就可以让国家长治久安。老百姓不需要拥有太多的权力和知识，只要能够好好种地就行了。能不能做到赏罚分明暂且不说，但是将国家控制权力牢牢掌控在自己手中倒是那些帝王非常喜闻乐见的。于是，法家虽然没在明面上受到统治阶级的承认，但其思想却在封建时代传承了下来。然而，统治阶层也不能又当又立，于是就给冷酷的法家思想包裹上了温柔的儒学外衣，形成了中国数千年来"外儒内法"的政治理念。最后，法家思想被统治阶级精心打造成了一颗控制人心的糖衣炮弹。

除了这几个有着显著代表性的学派，春秋战国时期还有诸多有着不同主张的门派学说。较为著名的有擅长哲学思辨的名家；主张发展农业，让老百姓可以丰衣足食的农家；经常出使各国，擅长外交的纵横家；提倡阴阳五行，并将其作为治国之道的阴阳家；集各家之长，兼收并蓄的杂家；等等。

董仲舒的新儒学

这些学派在经历了秦朝的打击后，纷纷开始在新生的汉朝跃跃欲试，准备如同春秋战国那般再次夺得统治阶级的青睐。而在这时，一个叫董仲舒的人出现了。

在汉朝初年，儒学其实是很不受重用的。汉朝的创始者刘邦就很讨厌那些张口便是仁义圣贤的儒生。汉朝初年以道术施行无为而治，儒家也自然受到了排挤。不过正如之前所说，汉初对道家的重用不过是一种权宜之计，随着君主专制权力的逐渐加强，道家"无为而治"的那一套注定是玩不下去的。因此想要得到统治阶层的重用，就必须要拿出一些让他们感兴趣的东西。

董仲舒很显然知道汉武帝想要什么，而传统的儒学已经满足不了汉武帝的需求，于是，董仲舒将法家、道家、阴阳家等诸多学派结合起来，创造出了一门所谓的新儒学。

董仲舒最具有代表性的思想之一就是"天人感应"。在这个思想中，董仲舒认为上天自有其运行的规律，即我们常说的"天道"，而"天道"和人间运行准则"人道"是相通的。只要"人道"顺应"天道"，那么便能使人间的社会获得最为和谐的发展。至于如何让"人道"顺应"天道"，其关键就在于皇帝的统治，因为皇帝是代表上天来统治万民的。这样一来，皇帝的位置就有了一种独特的合法性——无论他的出身如何，他的出现就是天命所归，而他的统治就是天意如此。

在董仲舒的理论中，皇帝和上天也有着一种特殊的联系，若是皇帝施行德政，那上天就会降下祥瑞；若是皇帝有失道之举，那么上天就会降下灾异。这样的学说虽然通过所谓的"天意"对皇帝进行规劝，但其本质上还是将皇帝看作了与常人不同的天选之子。为此，董仲舒甚至专门创造出了一个与之相对应的神学世界观，将儒学逐渐推向了宗教化的道路。

另外，董仲舒还十分提倡所谓的"大一统"。董仲舒认为，"大一统"是天理所趋，也是历史发展的必然方向。既然如此，人们在思想上也应当遵循"大一统"的趋势，如果思想不统一，人们就会因为思想不同而产生迷惑，国家的政令也不能顺利实施。本着这样的想法，董仲舒向汉武帝提出了"罢黜百家，独尊儒术"的建议，也就是将儒学作为主要且唯一的指导思想，同时对其他学派进行打压。

董仲舒的学说非常对汉武帝的胃口，此时汉朝的疆土经过历代皇帝的经营已经十分稳固，汉武帝要做的就是保证能将这片稳固的江山牢牢控制在自己的手中。天人感应的思想让汉武帝的皇权得到了"天意"的支持，而提倡"大一统"也可以让汉武帝将整个国家的思想和权力统一在自己的掌控之中。于是，几乎是顺理成章地，董仲舒的建议和主张被汉武帝全盘吸收，儒学也走上了历史的神坛，变成了此后两千多年统治者的指导思想。

客观上来说，汉武帝的废黜百家本质上与秦始皇焚书坑儒并无差别，都是为了方便统治而控制人民思想的举措。只不过汉武帝通过教化和政策自下而上发起的独尊儒术远比秦始皇强制性自上而下发起的焚书坑儒要高明得多。

自上而下的行动如果遭到了下层百姓的抵抗与反对，就会无法达到其效果——事实也正是如此，当秦始皇发布焚书令时，仍有许多读书人想方设法地藏匿了许多书籍，等到秦朝灭亡后再拿出来。而通过教化潜移默化地改变下层百姓的思想，就能让所推行的政令不会受到太大阻碍，这并不一定是因为政令顺应人心，而是因为人心已经被引导着顺应了政令。从这个角度来说，独尊儒术可谓是中国两千多年的封建社会——甚至是整个人类历史中最为成功的洗脑术。

自此，儒学在此后中国的古代历史中都占据了绝对的主导地位，并且也成了后世统治阶级选拔官员的最主要标准。在高官厚禄的诱惑下，天下读书人纷纷投向儒学，儒学以外的学派由此逐渐没落，有些学派甚至沦落到了失传的境地。自废黜百家之后，几乎所有天下之人的思想都被限制在了儒家思想之中，而许多儒生甚至都没能从中悟出修身治国的道理，最终只是变成了孔乙己一般的酸腐文人。

三家分晋
——消失的"超级大国"

消失的晋国

春秋时期的晋国是一个超级强国，晋文公曾经是春秋五霸之一。晋国跟很多国家作战都取得了胜利，在殽之战中，晋国军队伏击秦军，秦军从主帅到马夫一个都没有跑掉，全军覆没。这样一个强大的国家到了战国为什么消失了呢？

原来，在前453年，韩赵魏三家灭掉了智伯，之后瓜分了晋国。因此在战国的地图上，晋国原来的位置就变成了韩赵魏三个国家。

令人唏嘘的是，灭掉晋国的三国并非外敌，而是晋国自家的附属卿族。区区三个卿族是怎么以下犯上，把晋国这样一个春秋霸主给分了占为己有的？

晋国的政治力量大致可以分为三个部分：公室、公族、卿族①。公室是晋国王室，公族是指晋国国君的同族人，卿族是那些晋国的异姓大臣。

---

① 公室：春秋战国时期诸侯的家族，也用来指诸侯王国或政权。公族：指国君的家族成员。卿族：与公族相对的概念，是辅助周天子或诸侯公族处理具体事务的家臣的家族。

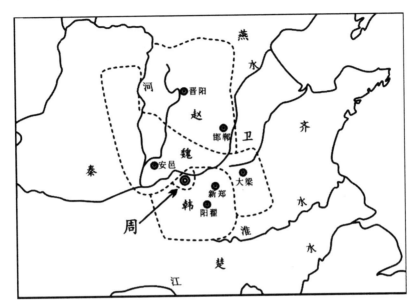

三家分晋示意图

事实上，早在三家分晋之前，晋国公室就已经名存实亡了。晋国灭亡的祸根，是之前政治制度种下的，还得追溯到前面提到的春秋五霸之一晋文公身上。

春秋时期，诸侯国通常都将公室子孙分封为大夫，赐给封地，作为国君的护卫力量。一开始晋国的内乱多是因为公室与公族引起的。晋国国君们吸取了教训，注意着重打压公族的势力，不让他们有机会取晋国君主而代之。

在晋国骊姬之乱的时候，晋献公屠杀诸子。其中公子重耳被迫逃亡，在外颠沛流离十九年后才重新回到晋国即位，演绎了一部传奇般的王者归来、励精图治、稳固百年江山霸业的宏大叙事，他就是流芳千古的晋文公。

因为有晋献公屠杀诸子的教训，晋文公下令晋国废除将公室子孙封为大夫的制度，制定了新的制度，设立六卿负责朝政。

晋文公设立的三军六卿制度，曾让晋国的军队实力迅速提升，成就了春秋霸主。这个制度虽然避免了公子间争位的血腥残杀，但是又带来另一个严重后果：晋国的公室力量越来越小，六卿的权力越来越大。到春秋末期的时候，国君基本上只是个摆设了。当时晋国的权力掌握在六个大家族手里：韩、赵、魏、智、范和中行，后来赵灭掉了范和中行，于是前四家就成了晋国权力的实际拥有者。

智家的首领这时候是智宣子，他想让儿子智瑶当继承人。他的手下智果说："不如立智宵。智瑶有五点比一般人强：长得一表人才，射箭驾车技能很高，多才多艺，善于辩论，刚毅果敢。但有一点不如人：他很不讲仁德。以五种强项凌驾于别人之上，以不仁德的方式行事，谁能够与他相处得来？如果立智瑶为继承人，智家必灭。"智宣子不听。

赵家的首领赵简子选择继承人的方式跟智宣子就不一样。赵简子的长子叫伯鲁，幼子叫无恤。他要选继承人时，不知道选谁。于是把训诫的话写在两块竹简上交给两个儿子，对他们说："认真记住！"三年后问他们，伯鲁说不出上面的话，竹简已经丢失了；无恤则能熟练地背诵全文，查问竹简，他从袖子里拿出来上奏。于是赵简子认为无恤贤能，将其立为继承人。

三家分晋

智宣子死后，智瑶即位，被称为智伯。有一天，智伯与韩家的首领韩康子、魏家的首领魏桓子在蓝台宴饮，智伯戏弄韩康子，侮辱韩康子的谋士段规。智伯手下智国听到之后劝谏说："主公如不做准备，灾难就要来了！"智伯说："灾难应该由我主导。我不给别人带来灾难就不错了，谁敢给我带来灾难？"智国说："您今天在宴会上让人家主君和谋士都受了侮辱，还说人家不敢兴起祸难，不应该这样吧？蝼蚁、蜜蜂这些小虫都能害人，何况是主君和他的谋士呢？"智伯不听。

智伯向韩康子要土地，韩康子不想给。谋士段规说："智伯喜欢贪图利益，刚愎自用，不给土地就会讨伐我们，不如给他。他得了我们的土地，一定还会向其他人要，其他人不给，他必然兴兵讨伐，那我们就免于祸患，可以静待事情的变化。"于是，韩康子派使者送万户人家的土地给智伯。智伯大喜。

他又向魏桓子要地，魏桓子不想给。谋士任章说："为什么不给？"魏桓子说："智伯无故要地，所以我不想给。"任章说："智伯无故要地，各位大夫必然害怕。我们给他地，智伯必然骄横。他骄横就轻敌，大夫们害怕就会团结。用团结的军队对付轻敌的人，智伯命不长了。《周书》说：'想要战胜敌人，姑且先听任他。将欲夺取敌人利益，要暂时先给他好处。'您不如给他土地让他骄横，然后可以选择盟友对付智家，为什么要单独把我们作为智家的攻击目标呢？"魏桓子同意，也给了智伯万户人家的土地。

智伯又向赵襄子要蔡和皋狼①两处土地，赵襄子就是前面说过的无恤，他在赵简子去世后继承了父亲的位置。赵襄子不给土地，智伯大怒，联合韩魏的军队攻打赵氏。赵襄子准备出去避难，说："我该到哪里去呢？"随从说："长子城最近，而且城墙坚固完整。"赵襄子说："让百姓筋疲力尽来修筑城墙，又让百姓拼死守卫，谁还会支持我？"从者说："邯郸城仓库充实。"赵襄子说："搜刮民脂民膏来充实仓库，又让他们为此去死，百姓谁会支持我啊？还是去晋阳吧，那是先主中意的地方。守令尹铎对待百姓又宽厚，百姓必然能同心同德。"于是逃往晋阳。

---

① 皋狼：古邑名，又称郭狼邑。战国赵地，在今山西吕梁离石西北。

三家围困晋阳，几个月也没攻下来。智伯决堤用汾水灌淹晋阳城，后来城墙只剩六尺还没被淹。老百姓炉灶淹没水中，城内到处都是蛤蟆，但百姓没有任何叛意。一天，智伯视察水情，魏桓子驾车，韩康子担任参乘，智伯说："我今天才知道水可以灭亡国家啊！"魏桓子用手肘捅了一下韩康子，韩康子用脚踩了踩魏桓子——因为汾水可以灌魏国的都城安邑，绛水可以灌韩国的都城平阳。

智伯的谋士絺疵说："韩魏一定会造反。"智伯说："你怎么知道？"絺疵说："凭观察人之常情知道的。我们率领韩魏攻打赵，赵灭亡，必然轮到韩魏。我们跟他们约好灭赵后三家分地，现在城墙只剩六尺就要被淹，赵很快就要投降，而他们两个没有高兴之情，却有忧虑之色，这不是想造反是什么？"狂妄自大的智伯并没有把絺疵的警告当回事，竟然还把他的话告诉了韩康子和魏桓子。他们两人说："这是奸邪小臣想为赵家游说，使您怀疑我们，在攻赵上懈怠。我们怎么可能不愿意分赵家的土地，而要做危险又不可能成功的事情呢？"二人出去后，絺疵进来，问："主上为什么把我的话告诉他们二人？"智伯说："你怎么知道？"絺疵回答说："他们见到我后端详我，然后快速小跑，可见他们知道我识破了他们。"智伯不以为然。为了避祸，絺疵请求出使齐国。

赵襄子派张孟谈偷偷出来见魏桓子、韩康子，张孟谈说："我听说，唇亡则齿寒，现在智伯率韩魏攻赵，赵灭了后就轮到韩魏了！"二人说："我们心里知道这样。但是怕事情不成功就泄露，那么就会大难临头了。"张孟谈说："谋划出自二位的嘴，进入我的耳朵，有什么害怕的？"于是二人私下跟张孟谈商量，约好了起事的日期。

夜里，赵襄子派人杀了守护大堤的士兵，决堤放水反灌智伯的军队——以其人之道，还治其人之身。智伯军队大乱，韩魏从两翼攻击，赵军直接正面攻击，大败智伯军队，杀了智伯，灭了智家一族。

智家被灭之后，韩赵魏三家瓜分了智伯的土地。后来，三家又派使者到洛邑见周天子，要求得到诸侯的封号。周天子看木已成舟，只好答应。春秋时期威震列国的晋国就这样被韩赵魏给瓜分了。

智伯被灭，最开心的当然是赵襄子，他把智伯的头骨拿来当酒杯，以发泄心头之恨。由几乎陷于灭顶之灾到峰回路转，不仅逃脱一死，还得到了智家的土地，此时的赵襄子应该是志得意满了，可是不知道为什么，他心里总不踏实，总觉得黑暗中有一双冰冷的眼睛在注视着自己，有时候一股凉意从背后升起，会让他禁不住打个寒战。

刺客信条

——从曹沫到聂政

豫让之刺

一天，赵襄子在自己的家中，突然内急想上厕所。当他走到厕所门口的时候，那种心悸感觉突然袭来，凉意从背后升起，让他觉得心惊胆战。

"来人！给我仔细搜查！"赵襄子下令，几个侍卫马上冲了过来。

片刻，他们押着一个奴仆打扮的人出来。一名侍卫向赵襄子奉上一把匕首并说："启禀主公，这个人埋伏在此想行刺主公。"

赵襄子看着这个被侍卫扭住的人问："你叫什么名字？为什么行刺？"

这个人使劲抬头，眼里充满仇恨地说："我是智伯大人的家臣豫让。你杀了我主人，灭了他全族，我要为他报仇！"

侍卫要杀掉豫让，赵襄子沉吟了片刻说："算了，这个人为主人报仇，也算是个义士，不要为难他，我以后避开他就是。"

在众侍卫仇视的眼光中，豫让走出了赵府。智伯被灭后，他曾逃往山中。但是他不愿苟且偷生，长叹说："士为知己者死，女为悦己者容。智伯对我有知遇之恩，我一定要拼死为他报仇！"为了这次刺杀，他做了很多准备，不惜把自己打扮成受刑的人，跑到赵襄子家中打扫厕所，本想趁赵襄子上厕所的时候一击将其毙命，谁知道却功败垂成。

豫让并没有放弃，他决定即使放弃一切也要实现自己刺杀赵襄子的愿望。他用漆涂满全身，让身上长满了癞疮，又吞下火炭，改变自己的声音，在市场上行乞，连他妻子都认不出他了。但是有一天，他还是被一位朋友认出来了。友人看见他这副模样，哭着说："以你的才干，去侍奉赵襄子，必然被宠信，那时候你再干你想干的事情，难道不是更容易吗？何必这样自苦？这样报仇不是很困难吗？"豫让说："不可。如果我已经侍奉他，又要杀他，这就是二心。我要做的事情很难，但是我之所以要这样做，是为了让天下以后心怀二心侍奉君主的臣子感到羞愧。"

豫让刺赵襄子画像砖

赵襄子出行，豫让埋伏在桥下。赵襄子到桥上，突然马受惊了，侍卫搜捕找到豫让，赵襄子一见又是豫让，很生气地说："我之前放了你，你怎么又来行刺？听说你以前也曾经侍奉过范氏和中行氏，他们被灭了，你怎么不报仇，偏偏智伯被灭你要找我报仇？"

豫让回答说："范氏和中行氏都把我当成普通人，所以我用普通人的方式报答他们；智伯把我当作国士，我就用国士的方式报答他。"

听了这话，赵襄子十分感慨，说："豫让啊豫让！你为智伯报仇，也算是成就了你的名声。而我赦免你也足够了，我不能再赦免你了。"

卫士们围住豫让，准备杀他。豫让说："我听说明主不会掩盖别人的美德，而忠臣则有为美好名声而死的义务。前面您已经释放了我，天下没有不称赞您的。今天的事情，我本该就死，但是我有个请求。"

"什么请求？"

"希望您能把您的衣服借我一用，我向衣服行刺，也算是我实现报仇的愿望了，这样即便死了我也没有遗憾了！"

听到这话，赵襄子长叹一声，脱下衣服让侍卫交给豫让。豫让对着衣服，几次跳起来拔剑砍杀。完了之后，豫让说："我就是死了也对得起智伯了！"于是持剑自刎而死。

豫让的故事传开之后，很多志士都为他哭泣，豫让的名字一时间成为忠臣义士的代名词。

曹沫——名将与刺客

其实在豫让之前，诸侯国中就活跃着很多刺客，司马迁《史记》中记载的最早的刺客是鲁国的一个将军，名字叫曹沫①。

曹沫像

曹沫是鲁庄公的将领，曾经率军与齐国作战，多次败北。鲁庄公被逼无奈，只好割让土地向齐国求和。齐国当时的国君齐桓公就与鲁庄公在柯地会盟。按照议程，齐桓公

---

① 曹沫（mèi），即曹刿（guì），春秋时期鲁国的军事家。

和鲁庄公在祭台上祭祀签订盟约。就在齐桓公正要走下祭台的时候，旁边的曹沫突然冲出来，用匕首劫持了齐桓公。事发突然，齐国大臣都不敢动。

齐桓公问："你想做什么？"

曹沫说："齐国是大国，鲁国是小国，你们齐国欺凌我们也太过分了！现在鲁国都城城墙如果倒塌，都会压到齐国边境了（意思是齐国已经入侵到鲁国都城）。您看看该怎么办吧！"

在曹沫的挟持下，齐桓公只好答应退还侵略鲁国的土地。得到齐桓公的承诺，曹沫扔下匕首，走下祭坛，若无其事地回到大臣的队列中，脸色没有丝毫变化。齐桓公心里恼怒异常，想背弃承诺。大臣管仲说："不能这样，贪图一点小利满足自己欲望，这会在诸侯之中失信，也会失掉天下的援助，不如把土地给他们。"

齐桓公听从了管仲的建议，曹沫几次战败丢失的土地都被还了回来。

这事发生在豫让刺赵襄子两百三十多年前。在豫让刺赵襄子七十多年前，吴国也出过一个刺客，名字叫专诸。

专诸的刺杀

专诸是吴国堂邑（在今南京）人，此前楚国的将军伍子胥逃到吴国，认识了专诸，知道了他的才能。当时吴国的国君是吴王僚，伍子胥看出吴国的公子光一直不满吴王僚，想夺取王位。于是伍子胥就把专诸推荐给了公子光。

公子光的父亲是以前的吴王诸樊，诸樊有三个弟弟：余祭、夷眜和季札。季札是著名的贤人，诸樊也有意把王位传给他，因此自己就没有册立太子，而留遗嘱说自己死后王位传给弟弟。

诸樊死后，王位传给了弟弟余祭；余祭死后，传给了弟弟夷眜；夷眜死后，王位本来应该传给季札，谁知道季札根本不想当国君，离开了吴国。吴国人就立夷昧的儿子僚当国君。这就让诸樊的儿子光很不满意："如果以兄弟为次序，应该季札当国君；如果以嫡子继承，应该我当国君，怎么也轮不到僚啊！"因此公子光悄悄在家里养了很多谋臣门客，准备寻找机会杀掉吴王僚。

但是吴王僚平时防范严密，他出门的时候，路边站满了亲信侍卫，都手持锋利的兵器，随时准备应付不测事件。吴王僚衣服里面也穿着重铠，要刺杀他可谓难于上青天。为了刺杀吴王僚，公子光专门请能工巧匠打造了一把锋利的短剑，名叫鱼肠剑。

四月的一天，公子光邀请吴王僚来家中宴饮。吴王僚派兵把从王宫到公子光家的路守了个严严实实、水泄不通。宴会开始，台阶下面全部是吴王僚的亲信卫士，手持兵器严阵以待。酒过三巡，公子光假装脚有病，离开宴会，躲在旁边预备好的小房间中。这时候专诸装扮成厨子，端着一盘大鱼进献给吴王僚。当他走到吴王僚面前的时候，突然伸手进鱼肚子，握住了鱼肠剑，向吴王僚的胸膛刺去。锋利的鱼肠剑刺透了铠甲，吴王僚当场毙命。身边的侍卫一看吴王僚被刺，一起冲上来杀了专诸。这时候公子光事先埋伏的甲士也冲了出来，杀掉了吴王僚的所有亲信。

吴王僚被杀，公子光登上王位，就是阖闾。为了感谢专诸，阖闾封专诸的儿子为上卿。

专诸的事发生在豫让刺赵襄子七十多年前，四十多年后，又出现了一个著名刺客，名字叫聂政。

聂政与聂嫈

聂政原来杀过人，为了躲避仇家，跟母亲和姐姐一起来到齐国，当了一个屠夫。那时候，濮阳的严仲子侍奉国君韩哀侯，跟国相侠累产生矛盾，怕侠累杀自己，严仲子逃亡，并寻找可以刺杀侠累的人，有人给他推荐了聂政。

严仲子去拜访聂政，准备了酒席邀请聂政和他母亲宴饮，还拿出黄金百镒来给聂政母亲做礼物。这样的重礼让聂政觉得很惊讶，询问原因。于是严仲子悄悄告诉了聂政想请他刺杀自己的仇人。但是聂政拒绝了："我有老母需要供养，我家穷，因此我以屠狗为业，能够挣点小钱养老母就够了，不敢接受您这样厚重的赏赐。"

严仲子坚持要送，可是聂政坚持拒绝，最后，严仲子只好带着黄金与聂政告别了。

几年后，聂政母亲去世了。聂政安葬了母亲。服丧期满后，聂政长叹说："唉！我聂政不过是一个市井里的屠夫，而严仲子是诸侯的卿相，委屈他不远千里乘着车驾来与我交往，我对待他实在太冷淡了。更没有做什么事情来报答他。严仲子拿百金给我母亲做礼物，虽然我没收，但是我知道他是深深了解我的。贤德的人因为一些小仇恨而亲信我这个乡野僻壤的人，我怎么能一味默不作声呢？以前我是因为老母需要奉养而拒绝了他，现在母亲已尽天年，我也应该为知己效力了。"

于是聂政前往濮阳见严仲子，询问他想刺杀的是谁。严仲子告诉他，是韩国国君的叔父，韩国的国相侠累。

"侠累宗族强大，侍卫很多，我多次派人刺杀都没成功。你现在既然愿意，请让我给你准备车马和壮士帮助你。"

聂政说："人多了反而会泄露秘密，秘密泄露，韩国举国都会与你为仇，那样就危险了！"

聂政拒绝了严仲子为他安排的车马和助手，独自一人上路了。他仗剑来到韩国。此时侠累正坐在府上，有很多手持刀剑戈矛的侍卫守卫。

聂政直冲进去，杀散守卫，冲上台阶，一剑刺死了侠累。侍卫们大乱，纷纷上前，聂政与他们搏斗，又杀了几十个人。眼看侍卫越来越多，聂政估计已无逃生希望，就用剑将自己的脸划烂，挖出自己的双眼，最后把宝剑插进自己肚子而死。

韩国国君把聂政的尸体展示在市集上，下令说：有能认出刺客的人赏赐千金。但是聂政死前毁坏了自己的面容，因此谁也不认识他。

聂政的姐姐叫聂荌，听说了这件事，疑惑地问："这莫非是聂政吧？韩国的严仲子是我弟弟的知音。"她立即动身前往韩国，到市集上认尸，果然是聂政！聂荌抱着尸体哭着说："他是轵邑深井里的聂政啊！"市集上的人都说："这个人杀了我们国相，大王悬赏千金打探他的名字，夫人没有听说吗？"聂荌说："我听说了。我弟弟之所以降低身价隐姓埋名在市集里当屠夫，是因为我母亲还在世，我还没出嫁。我母亲已经享尽天年去世了，我也出嫁了。严仲子了解我弟弟，与他交往，对他恩泽深厚。士为知己者死，弟弟是怕牵连我，所以毁坏自己面容，断绝追查的线索。我不能因为怕被牵连，而让世间不知道我弟弟的大名啊！"

旁边的人听了这话大惊，聂荌最后也由于悲痛过度而死在聂政尸体的旁边。

司马迁在谈到这些刺客的时候说："他们不管最后是否成功，都志向明确，从来不欺骗自己，名垂后世，这难道是虚妄的吗？"

志向明确，不欺骗自己，也许这可以算这些刺客共同的信条吧。不过说起刺客，最著名的，当然还属燕国太子丹派去刺杀秦王的荆轲。

风萧萧兮易水寒

——荆轲刺秦王

荆轲是谁

前228年，秦将王翦打败赵军，攻破赵国都城，俘虏了赵王。赵国灭亡，秦国军队逼近了燕国南境。

燕国的太子丹曾经在秦国当人质，受到了不好的待遇，很怨恨秦国。而此时秦国又对燕国虎视眈眈，因此太子丹想报复秦国。

在此之前，太子丹通过别人介绍，知道逃亡到燕国的卫国人荆轲很有能力，于是准备了丰厚的礼物想和荆轲结交。

荆轲是什么人？为什么会来到燕国呢？荆轲是卫国人，他祖先是齐国人，后来他周游天下，想凭借剑术游说君王，但是都没成功。

荆轲曾经到榆次，跟当时的一个剑客盖聂论剑，盖聂生气地向他瞪眼，荆轲吓得跑出去。有人说要不要再召荆轲回来，盖聂说："刚才我和他论剑，他有说得不对的地方，我用眼睛瞪了他，他应该已经走了，不信你们去看看。"于是手下去找荆轲，荆轲已经乘车离开榆次了。盖聂说："他本来就该离开，我瞪了他，他害怕了。"

荆轲曾经到邯郸，遇到剑客鲁勾践，两人一起玩赌博的游戏，中间起了争执，鲁勾践生气地斥责他，荆轲逃走了，从此不再见面。

荆轲后来来到了燕国，跟燕国的市井屠夫和乐师高渐离成了朋友，经常在一起喝酒。喝醉之后，高渐离击筑，荆轲等就在集市上唱歌。虽然他们外表放浪形骸，但是有些人还是知道荆轲是个有能力的人，把他推荐给了太子丹。

太子丹见到荆轲后说："现在秦国已经俘虏了韩国国君，赵国无法抵抗秦国，灾祸眼看就要到燕国了。燕国弱小，哪里会是秦国的对手！诸侯都害怕秦国不敢反抗。我私下想，如果能够得到天下少有的勇士出使秦国，劫持秦王，逼他归还侵占诸侯的土地，就像曹沫劫持齐桓公一样，那么就太好了。如果做不到，就杀掉他。秦国的大将在外带兵，又加上内乱，君臣就会不和，诸侯趁此机会联合起来抗秦，一定能破秦。我希望荆卿您能担此重任。"思考之后，荆轲答应了。从此，荆轲就成了太子丹的座上客。

王翦破赵后，燕国震恐。太子丹对荆轲说："行动时间到了。"

荆轲说："现在去秦国，没有信物，秦王是不会相信我的。我听说秦国将领樊於期得罪了秦王，逃到燕国，秦王十分痛恨他，如果能够把樊於期的头和燕国督亢地区的地图献给秦王，秦王一定愿意见我，那时候我才有动手的机会。"

太子丹说："樊将军走投无路才来投奔我，我不忍心这样做。"

荆轲见太子丹狠不下心，就私下去见樊於期，说："秦王对待您也太过分了，您的父母和家族都被杀了，您逃到燕国，听说秦王还悬赏千金和一万家的封邑想抓您啊！"

樊於期流泪说："这也是我每天切齿痛心的事情，只是没有办法报仇！"

荆轲说："我现在有一个办法。如果我能得到您的头颅秦王一定愿意召见我，到时候我左手抓住他的袖子，右手持匕首插入他胸膛，将军的大仇可报，燕国被欺凌的耻辱也可以除去了。"

樊於期听后说："这是我日夜都在期望的事情啊！"于是马上自刎。

太子丹知道后赶来抚尸痛哭，但也无可奈何，只好用盒子把樊於期的头装起来。太子丹事先已经为荆轲准备了一把锋利的匕首，由赵国的铸剑名家徐夫人打造，又用毒药涂抹，只要划破一点皮肤，人就会死。又让燕国一个年轻勇士秦舞阳作为荆轲的副手，一起出发。

刺　秦

荆轲本来还想等一位朋友一起出发，朋友住得很远，还没赶来。太子丹怀疑荆轲是不是害怕了，于是讽刺他说："您是不是不敢去了？不然我让秦舞阳独自去？"荆轲大怒道："刺秦是大事，我答应去了就没有想到要回来。我是想等我一个朋友一起去。现在太子既然怀疑我，那我立刻就动身！"于是他带着秦舞阳一起出发了。

出发时，太子和少数知道这件事的门客穿着白衣戴着白帽为荆轲送行。到了易水边，他们祭祀了路神，准备上路。高渐离击筑，荆轲和着节拍唱歌，发出苍凉悲壮的声调，送行的人都流泪哭泣。人们唱道："风萧萧兮易水寒，壮士一去兮不复还！"送行的人们双目圆睁，头发直竖，把帽子都顶起来了。荆轲转身上车离开，始终没有回头。

到秦国之后，荆轲向秦王的宠臣中庶子蒙嘉行贿，声称燕王害怕大王的威严，于是杀掉了樊於期，让使者带着他的头颅和燕国督亢的地图来拜见秦王。秦王非常高兴，穿上了礼服，安排了隆重的九宾礼节，在咸阳宫接见燕国使者。

荆轲捧着装樊於期首级的盒子走在前面，秦舞阳捧着地图匣跟在后面。当看到秦宫的森严以及卫士的凶狠时，据说十三岁就杀人的秦舞阳竟然吓得面如土色，一步都走不动了。秦国大臣觉得很奇怪，危急之间，荆轲笑着解释："他是北边偏远乡下的人，没见过大世面，所以吓坏了。请大王宽恕，让他能够完成使命。"

秦王消除了怀疑，让荆轲拿着地图匣上前。荆轲在秦王面前慢慢打开地图卷轴，卷轴到尽头的时候，里面赫然藏着一把匕首。荆轲左手抓住秦王的袖子，右手持匕首就向他胸前刺去。秦王大惊，一下子跳起来，袖子刺啦一声撕断了。秦王急忙逃跑，荆轲持匕首追逐，两个人绕着宫殿的柱子狂奔。

荆轲刺秦画像砖

　　事情发生得太突然，宫殿上的群臣都不知道怎么办。按照秦国法律，殿上的大臣不能够带兵器，而武装的侍卫又全部在殿下，来不及召唤，仓促之间，大臣们只好赤手空拳上前与荆轲搏斗。侍医夏无且（jū）把手里捧着的药包都扔出来打荆轲。秦王有佩剑，可是剑身太长，惶急之间怎么也拔不出来。

　　大臣们大喊："大王把剑背到背上！大王把剑背到背上！"秦王恍然大悟，终于拔出宝剑，砍向荆轲。荆轲的左大腿被砍断。荆轲跑不动了，扔出匕首，却没有击中秦王，击中了他身边的铜柱。荆轲颓然笑着说："事情之所以没成功，是因为我本来是想劫持你，让你返还侵占诸侯的土地，以此来报答太子啊！"

　　侍卫上前，杀掉了荆轲。秦王头晕目眩了很久。后来，秦王派兵攻入燕国。燕王走投无路，只好杀了太子丹，把他的头献给秦王。但是这并没能阻止秦军的攻击，前 222 年，秦将王贲攻燕，俘虏了燕王，燕国被灭。

　　荆轲刺秦王虽然失败了，但是他的精神却成为一个象征，鼓励着后来数千年的人们。唐代著名诗人骆宾王不满武则天篡夺唐朝权力，一次当他经过易水的时候，就借这件事写诗抒发自己的情感：

易水送别

【唐】骆宾王

此地别燕丹，壮士发冲冠。

昔时人已没，今日水犹寒。

　　东晋诗人陶渊明更是以激情饱满的笔调写了《咏荆轲》一诗，赞扬了荆轲"士为知己者死"的豪迈，也为荆轲剑术不精，最后功败垂成表示了遗憾。

咏荆轲

【东晋】陶渊明

燕丹善养士，志在报强嬴。

招集百夫良，岁暮得荆卿。

君子死知己，提剑出燕京。

素骥鸣广陌，慷慨送我行。

雄发指危冠，猛气冲长缨。

饮饯易水上，四座列群英。

渐离击悲筑，宋意唱高声。

萧萧哀风逝，淡淡寒波生。

商音更流涕，羽奏壮士惊。

心知去不归，且有后世名。

登车何时顾，飞盖入秦庭。

凌厉越万里，逶迤过千城。

图穷事自至，豪主正怔营。

惜哉剑术疏，奇功遂不成。

其人虽已没，千载有余情。

不过，历史上也有人对太子丹和荆轲的做法表示不赞成。比如司马光就说：太子丹是逞匹夫之勇，用盗贼的方式来解决国家的危机，最后导致自己被杀，国家被灭，也是悲哀的事情。你怎么看这件事呢？

秦王扫六合
——中国的第一次统一

历史从这里转弯——商鞅变法

据《史记》记载，秦王嬴氏的先祖叫大费，因辅佐大禹治理洪水有功，舜帝将姚姓女子许配给他，并赐姓嬴氏。夏朝末年，嬴氏的费昌是商汤的御手，跟从商汤打败了夏桀，为商朝的建立立了功。商朝末年，嬴氏的后代居住在西戎，有一个人叫飞廉，善于奔跑，生了个儿子叫恶来，勇武多力，父子都是商纣王的手下。周武王灭商的时候，恶来被杀了。不过这些都近于传说，嬴氏后裔开始真正登上历史舞台还是在周孝王时期，嬴氏的秦非子号称秦嬴，因为替天子养马有功而被封为附庸①，治都在秦邑。

秦嬴的曾孙秦仲即位的时候，正好是周厉王统治时期。周厉王残暴无道，禁止百姓评论政事，激起民变，被逐，奔于彘，一些诸侯也因此背叛周朝，西戎趁机造反。周宣王即位后，任命秦仲为大夫，让他讨伐西戎，结果秦仲被西戎杀了。秦仲死后，他的儿子庄公带着四个兄弟，

---

① 附庸：古时候指依附于大国的小国。

率领七千士兵，打败了西戎。周宣王封秦庄公为西垂大夫。周幽王的时候，犬戎进犯，将周幽王杀死在骊山下。秦国的国君秦襄公率兵救周，其作战英勇，很得周平王的赏识，被封为诸侯。从此，秦国正式成为周朝的诸侯国。

然而，四百多年过后，秦国仍然只是诸侯国中的二等臣民。

周显王七年（前362年），秦献公去世，二十一岁的秦孝公即位。此时黄河、崤山以东由中原六个强国控制，淮河、泗水之间还有十多个小国。秦国与魏国、楚国接壤。因为秦国立国较晚，又偏在西垂，诸侯国们都将其视为戎狄，对其十分排斥，甚至不让秦国参与中原诸国的会盟。这让年轻的秦孝公十分愤怒。他仰慕秦穆公的功业，希望能够恢复往日的荣光。他对国人说："当年穆公修德行武，东平晋国内乱，西称霸戎狄，威名赫赫。但是现在秦国江河日下。寡人仰慕先君的德行，宾客群臣能出奇计使秦国强大的，寡人会封以高官，并且和他分享国土。"

听到这个消息，一个叫公孙鞅的人欣然来到秦国，他的这一举动不仅改变了秦国的走向，也改变了中国历史的走向。

公孙鞅是卫国国君的庶出孙子，因此也叫卫鞅。庶出孙子这个地位很尴尬：因为是庶出，荣华富贵当然是不能期望的；但是也许因为他是王族，于是也得到了宝贵的受教育机会。公孙鞅很喜欢刑名之学，这是以管仲、申不害等为代表的法家学说，主张循名责实，慎赏明罚。公孙鞅开始在魏国，侍奉魏国国相公叔痤。公叔痤知道公孙鞅很有本事，但是还没来得及推荐给魏王公叔痤就生重病了。弥留之际魏王前去探望，问他："您如果不幸病逝，魏国社稷该如何是好？"

公叔痤说："臣的手下中庶子卫鞅很贤能，虽然年少，却有奇才，希望大王将国政委托于他。"

魏王听了很是不以为然。公叔痤又说："如果大王不能任用他，一定要把他杀了，不能让他逃出魏国。"

魏王走后，公叔痤将卫鞅叫来说："我将国君放在首位，将臣子放在其次，所以先为国君考虑再考虑足下。我请魏王重用你，似乎他不愿意，我便建议他杀掉你。你马上逃跑吧！"

卫鞅说："魏王不会听你的话重用我，又怎么会听你的话杀掉我呢？"卫鞅坚决不离开魏国。果然，魏王回去之后对左右说："公叔痤怕是病糊涂了，可悲啊！怎么会劝寡人将整个魏国托付给卫鞅？又劝我杀掉他，这不是自相矛盾吗？！"

秦孝公发布求贤令后，待在魏国的公卫鞅觉得机会来了，便西入秦国，由孝公的宠臣景监引荐见到了孝公。卫鞅陈说了自己富国强兵的办法，孝公十分高兴，便让卫鞅参与国事。卫鞅上任的首要任务便是变法。

卫鞅变法的举措招致很多大臣反对，对此卫鞅有自己的一套理论，他说："（夫）民不可与虑始，而可与乐成。"意思是不能和百姓一起谋划创业，可以和他们共享决策的成果。他的理由当然是小民智力低下，不足与其共谋大业。他又说："论至德者不和于俗，成大功者不谋于众。"显然他将其他朝臣打入了庸众之列，而认为自己是超凡出世的精英。这当然让其他大臣很不服气。但是卫鞅背后是秦孝公的强力支持，大臣们虽然不满，也无可奈何。卫鞅被孝公封为左庶长，开始了轰轰烈烈的变法。

卫鞅将百姓五家编为一保，一家有罪其他不告发的就被斩，告发造反的与斩敌者同赏，隐匿奸人的与投降敌人者同罪。百姓家有两个男孩的，成年后必须分家，否则赋税加倍；有军功的根据军功大小赏赐爵位；私下斗殴的，根据轻重受刑；鼓励耕织，将游手好闲、弃农经商而致贫的人没为奴隶；王室贵族也必须要建立军功才能入属籍等。

为了体现政令的可信性，卫鞅让人竖了一根木头在国都市场的南门，下令说谁能将其搬到北门就赏十金。百姓不相信有这样的好事，认为其中肯定有诈，都不敢去搬。卫鞅提高了赏格，说谁能搬到北门赏五十金。有个胆大的人真的把木头搬到了北门，而卫鞅果然赏了他五十金。这下老百姓全都相信了这位新上任的左庶长说话是算数的。

卫鞅的变法实行一年之后，秦国国都反对变法的人有数千。连太子也不支持变法，公然违反法令。卫鞅认为王子犯法与民同罪。但是太子毕竟是王储，不能施加刑罚，卫鞅便将太子的师傅公子虔和公孙贾抓来用刑以示惩罚。卫鞅的铁腕让秦国人看到了违反新法的下场，纷纷遵守新法，但是卫鞅向太子的师傅下手也为自己最后的下场埋下了隐患。

卫鞅的变法实行十年后，秦国真的变了一副模样。《史记》说当时的秦国"道不拾遗，山无盗贼，家给人足。民勇于公战，怯于私斗"。当初反对新法的很多人现在纷纷赞扬新法的英明伟大。可是这些人在卫鞅看来都是见风使舵的刁民，他说"这些都是扰乱教化的家伙"，把他们全部迁徙到偏远地方。从此人民再也不敢议论新法了。

卫鞅的变法从内部看取得了显著成果，但是真实效果到底如何，秦孝公心里还是没底。为了检验变法成果，秦孝公任命卫鞅为大良造，让其带兵攻打魏国安邑。结果安邑向秦国请降，这让秦孝公信心大增。

第二年，倒霉的魏国屋漏偏逢连夜雨，齐国大将田忌在军师孙膑的帮助下，在马陵道大败魏军，杀死了魏国大将庞涓。卫鞅对秦孝公说："秦国与魏国是世仇，不是魏国吞并我们，就是我们吞并魏国。现在魏国大败于齐，我们趁机伐魏，魏国必败。失败之后魏国必然向东迁徙，这样秦国据河山之固，可以东向控制诸侯，此乃帝王的功业啊！"

秦孝公听后大喜，命令卫鞅率兵伐魏。魏王知道后，派公子卬率军抵御入侵。

公子卬是魏惠王的同母弟，也曾经拜公叔痤为师。卫鞅在魏国的时候跟公子卬关系很好，因此卫鞅决定利用这一层关系诱骗公子卬。

两军对峙，卫鞅对公子卬说："我以前与公子交好，现在各自成了两国的将领，不忍心互相攻击。希望能与公子相见会盟，畅饮罢兵，带给两国和平。"

公子卬信以为真，同意了会盟的要求。谁知道卫鞅在宴席上埋伏了甲士，酒过三巡，甲士冲出，俘虏了公子卬。秦军随即猛攻魏军，魏军大败。

倒霉的魏国先后被齐国和秦国打败，精锐部队全部覆没，只好割黄河以西的土地献给秦国。魏国也放弃了安邑，迁都大梁。卫鞅的战略目标全部达成，贾谊在《过秦论》中称这是"秦人拱手而取西河之外"。魏王这时候才后悔不迭地说："寡人只恨没有听取公叔痤的建议！"卫鞅打败了魏国，秦孝公封给他於、商十五个邑，因此卫鞅也被称为商鞅。

商鞅此时在秦国如日中天，但是他的末日也在悄悄到来。由于变法损害了很多贵族的利益，贵族们对商鞅恨之入骨，恨不得食肉寝皮。只是商鞅背后有孝公的支持，没人敢动他一根指头。可是当孝公于前338年去世，商鞅的末日也就临近了。

孝公去世后，太子即位，是为秦惠文王。商鞅曾经因为太子违反法令而惩治了他的师傅，这下惠文王报仇的机会终于来了。公子虔等人马上告发商鞅，说他谋反。惠文王派官吏追捕商鞅，商鞅被迫逃亡。他想到客馆居住，客馆老板说："商君法令规定，收留来历不明的人会被治罪。"商鞅长叹："唉，我制定法令却报应在我身上！"秦国待不下去，商鞅逃亡到魏国，可是因为他哄骗公子卬导致魏军全军覆没，魏国人对他也恨之入骨。商鞅没办法，只好回到秦国自己的封地，召集手下准备做最后的一搏。商鞅手下的乌合之众当然不是训练精良的秦军的对手，商鞅兵败被杀，最后尸体被车裂。

商鞅执法严酷，曾经在渭河边一日处决七百名犯人，河水被染红，哭声震动天地，后世都将商鞅看成是严刑峻法的代表。后代对商鞅的评价大多很低。司马迁就说商鞅是个天性刻薄寡恩的人，他最后受恶名被车裂，完全是咎由自取；贾谊也说商鞅"违礼义，弃伦理，并心于进取"。

　　当然也有人对商鞅推崇备至。比如秦朝丞相李斯就认为"孝公用商鞅之法，移风易俗，民以殷富，国以富强，百姓乐用，诸侯亲附"；班固也认为秦孝公任用商鞅使秦国走向富强；三国时期的诸葛亮更认为"商鞅长于理法，不可以从教化"；批判商鞅"违礼义，弃伦理"的贾谊也说："当是时也，商君佐之，内立法度，务耕织，修守战之具。外连横而斗诸侯，于是秦人拱手而取西河之外"。就连司马迁在《太史公自序》里也不得不承认：商鞅"强霸孝公，后世遵其法"。

商鞅方升

　　由此可见，不管对商鞅如何评价，有一点是不能否定的，那就是经过商鞅变法，秦国由以前偏在西陲不被人注意的一个小国，快速成为一个能与中原强国争衡的国家。中原各国越来越强烈地感觉到来自这个原来被他们视为戎狄的国家的威胁，并且越来越迫切地觉得如果要生存下去，诸侯国必须采取应对之策。

　　这时，一个叫苏秦的人登上了历史舞台。

六国总参谋长——苏秦定合纵

苏秦是东周洛阳人。东周洛阳就是现在河南的洛阳，位于中原的腹地，交通方便，四通八达，是做生意的好地方。周人的风俗是"治产业，力工商，逐什二以为务"，但是苏秦是个异类，他不走寻常路，拜鬼谷子为老师，学习纵横之术。

苏秦觉得自己学成后，便离开家乡去游说诸侯，结果无功而返，成为兄弟、嫂嫂、妹妹、妻子的笑柄。苏秦愤懑异常，闭门不出，更加勤奋地读书，还给后世留下了个成语"（头悬梁）锥刺股"。等到苏秦再次认为自己已经学成了，他便又去游说周显王。但是由于上次的失败，苏秦的名字在周显王的大臣那里已经臭大街了，大家都看不起他。苏秦只好离开周朝，转而投奔秦国。

此时秦孝公已经去世，苏秦就游说刚即位的惠文王。他说："秦国地势险要，简直就是天府之国，凭借秦国的国力，加上我的计策，一定能够吞并天下！"

可是任由苏秦口吐莲花，秦惠文王就是兴致不高，用几句客套话便把苏秦打发了。这是有原因的，当时秦国刚刚诛杀了商鞅，对这些纵横策士十分警惕，生怕又引进一个商鞅来，苏秦被秦国拒绝也就是意料之中的事情了。

离开秦国后，苏秦又来到以勇武善战闻名的赵国。当时赵肃侯任用自己弟弟为相，号称奉阳君。苏秦到了之后，奉阳君很不喜欢他，苏秦在赵国也一无所获。

连续在三个君主那里坐了冷板凳，苏秦仍然没有放弃。他决定去偏在北方的燕国碰碰运气。苏秦到燕国后，过了一年多才找到觐见燕国国君燕文侯的机会。燕国是当时诸侯国中很少遭遇兵祸的国家，苏秦对此十分了解，因此他决定首先给燕文侯戴高帽子："燕国东有朝鲜、辽东，北有林胡、楼烦，西有云中、九原，南有滹沱①、易水，土地方圆二千余里，带甲数十万……这简直就是天府之国啊！"

看来"天府之国"是苏秦忽悠的关键词，此前他曾经称秦国为天府，现在燕国也天府了。

但是戴高帽子当然不是苏秦的目的，紧接着，他开始了下一步话术。这种话术直到现在都被营销大师们反复使用，那就是贩卖焦虑。前面说过，燕国是诸侯大国中受兵祸最少的国家，苏秦抓住这一点提醒燕王："燕国之所以受战争危害最少，是因为赵国夹在秦燕之间，替燕国挡枪。秦国如果攻打燕国，得到了土地也守不住，因此秦国对燕国没有实质上的威胁；赵国如果攻打燕国，渡过滹沱河和易水，用不了四五天就能直抵燕国都城。秦国攻打燕国是战于千里之外，赵国攻打燕国则是战于百里之内。大王不忧虑百里之内却忧虑千里之外，这是大大的失策。因此在下愿意协助大王与赵国建立合纵关系，这样就能保全燕国了。"

这番话让燕王恍然大悟，他感激地说："赵国是强国，足下如果愿意帮助，寡人愿意带领全国跟从您。"

燕王为苏秦准备了车马和金帛，让他出使赵国。这时候那个厌恶苏秦的奉阳君已经死了，苏秦便直接游说赵肃侯。当然他也没忘了先把死去的奉阳君黑一遍：

"天下有才的人士都非常景仰您的高义，就是那个奉阳君嫉贤妒能，所以大家都不敢向您表达自己的忠诚。现在奉阳君去世，您才再次与吏

---

① 滹沱（hū tuó）：海河流域子牙河系的两大支流之一，源于山西繁峙县五台山北麓，穿太行山进入河北平山县境，东流至献县，与滏（fǔ）阳河汇合后入子牙河。

民相亲近，我也才敢进尽忠言。

"在下以为，赵国想要安民无事，最重要的就是要选择好盟友。您如果听从我的建议，燕国、齐国、楚国、韩国、魏国以及中山国一定都会向赵国献上珍贵的礼物，赵国的地位必将大大提升。"

赵肃侯听后觉得极具诱惑力，急忙问该怎么做。苏秦继续说：

"臣查看地图，诸侯土地五倍于秦，士卒十倍于秦，如果六国联合，并力攻打秦国，秦国必破。而现在诸侯却臣服于秦，简直大谬！臣建议，不如六国合纵为一，让将相在洹水上会盟，约定各国派出精锐部队攻打秦国，有不遵守盟约的，诸侯共同讨伐他，这样，秦国必然不敢出函谷关，大王也可成就霸业了。"

赵肃侯听后十分高兴地说："寡人年少，即位时日尚浅，听到先生的高见，寡人愿意跟从先生。"

于是给苏秦准备车百乘，黄金千镒，白璧一百对，锦缎千匹，让他去联合诸侯。赵国的强力支持可以说给苏秦增加了一个重量级的砝码，他再不是那个游走于权门之间的丧家犬，而摇身一变成了两个举足轻重的强国的军师，逐渐走向了号召六国的神坛。

苏秦下一站来到了韩国，韩国由原来的晋国分裂而成，在三晋之中力量是最弱的，面对强秦，韩国被迫采取割地保平安的策略。针对这一点，苏秦对韩宣王采取了激将的策略：

"韩国地势险要，兵精刀快，这样的强国居然要西面侍奉秦国，让社稷蒙羞，成为天下笑话，简直不可理解！而且大王用割地的方式保平安，大王土地有限而秦国贪欲无限，这就叫市怨结祸。谚语说：'宁为鸡首，不为牛后。'现在侍奉秦国，难道

苏秦像

不就是牛后吗？凭借大王的贤能，加上韩国的锐卒，却混成这副德行，臣都为大王感到羞耻啊！"

韩宣王果然被打动了，他攘臂瞋目，按剑长叹："寡人虽然不才，但一定不会再侍奉秦国。现在先生教导寡人，寡人一定举国听从。"

境遇与韩国很相似的是魏国。魏国刚刚跟齐国和秦国各打了一仗，且全部大败，元气大伤，被迫迁都。苏秦仍然是用激将法劝说魏王：

"魏国如此强大，却要卑躬屈膝侍奉秦国，臣为大王感到不值。越王勾践只有残兵三千，却能卧薪尝胆打败夫差；周武王也只有三千士卒，战车三百，却能推翻商纣王。所以兵力不是最重要的，最重要的是上下齐心。劝大王侍奉秦国的臣子都是奸人，不是忠臣。作为人臣，却割取君主的土地来讨好外人，偷取一时的功劳却不顾后患，让公家残破却养肥了私人，仗着强秦的威势要挟主君，请大王明察。"

魏王因为连战连败窝了一肚子火，正找不到背锅的，苏秦一提醒，他终于能够把责任全部推到群臣身上了："寡人不才，没有听到先生这样明智的教诲。寡人愿意举国跟从先生！"

至此，苏秦已经说服了燕国、赵国、韩国和魏国。六大强国，还剩下两个：齐国和楚国。其中齐国与秦国一直交好，但楚国跟秦国是世仇，苏秦决定先拿下齐国。

他马不停蹄赶到齐国，游说齐宣王："齐国土地广阔，人口众多，物产丰富，现在却西面侍奉秦国，臣为大王感到羞愧。韩魏之所以害怕秦国，是因为它们与秦国接壤，秦军出动，要不了十天就能灭掉它们。但是齐国与秦国相距遥远，中间又有山川险要阻隔，秦国无法对齐国形成威胁。既然没有威胁，齐国为什么害怕秦国，甚至屈身侍奉秦国呢？"

此时六国已经被苏秦说服了四个，齐国也乐得随大流，因此齐宣王也同意了苏秦的建议。这时候，要游说楚国可以说毫无难度了。

楚国此时的国君是楚威王，在听了苏秦的话之后，楚威王表明了他对时局的洞若观火："寡人的国家西面与秦国接壤，秦国向来有攻克巴蜀吞并汉中的野心。秦国是虎狼之国，不可亲近。韩魏迫于压力，亲近秦国。寡人自料以楚国抵挡秦国，胜算是不大的，且寡人的群臣中找不到支持寡人意见的。寡人食不甘味，卧不安席。现在您愿意组织诸侯合纵，保住风雨飘摇的弱国，寡人愿意举国跟从！"

就这样，苏秦这个洛阳的落魄士人，居然凭一己之力凭三寸不烂之舌完成了联合六国的壮举，成为六国推举的合纵长。

说服楚王后，苏秦北上向赵王复命。经过洛阳的时候，他的车骑随从排场之大不亚于王者。就连周宣王都恐惧他的声势，派人清扫道路，还派人到郊外去迎接慰劳。富贵还乡，曾经看不起苏秦的兄弟、妻子、嫂嫂都匍匐在地不敢仰视。苏秦笑着对嫂嫂说："嫂嫂为何前倨后恭啊？"

嫂嫂也不害臊，脸贴着地实话实说："是看到兄弟您地位高贵又多金啊！"

苏秦长叹说："我还是那个人没变，富贵了亲戚就敬畏，贫贱亲戚就轻慢，何况是其他人呢？假如我在洛阳有一点点田地能够糊口，我哪里能到今天这地位，佩六国的相印呢！"

富贵后的苏秦还是很慷慨的，他将千金散给宗族朋友。当初苏秦贫贱时，有人曾经借给他一百钱，这时苏秦用一百金来偿还给他。所有对自己有恩的人，苏秦都一一报答了。但是跟从他的一个人苏秦一直没有赏赐，这个人便上前抱怨，苏秦说："不是我把你忘了。当初你跟我去燕国，多次想离我而去。那时候我穷困不堪，很是怨恨你，所以把你排在最后。"于是也给了那个随从赏赐。

苏秦回到赵国，赵王得知苏秦完美完成使命，非常高兴，封苏秦为武安君，并且投书与诸侯订立合纵之策。不得不说，苏秦的合纵之策起到了极好的效果，从那以后，秦军十五年都没敢出函谷关。

苏秦成为六国的总参谋长，声望达到了顶峰，自然也招致了别人的嫉恨。有人就向燕王说苏秦的坏话："苏秦不过是个左右卖国反复无常的小人，这种人一定会作乱。"

苏秦当时刚刚游说齐国返还了侵占燕国的十座城池，回到燕国之后燕王不再给他官职，苏秦知道肯定有人在诬陷自己，便面见燕王说：

"臣当初只是东周一个卑微低下的人，没有分寸功劳，大王却在庙堂上礼待我。现在臣为大王劝退了齐兵还得到十座城池，照理说应该更加亲近，大王却不授予臣官职，肯定是有人在大王面前说臣不忠信，以此中伤臣。但是臣的不忠信恰恰是大王之福。谈孝行莫如曾参，论廉洁莫如伯夷，讲信用莫如尾生，如果大王得到这三个人辅佐会如何？"

"那当然太好了！"

"孝行如曾参，这样的人不会离开父母一晚上，怎么可能让他步行千里来侍奉弱小的燕国？廉洁如伯夷，伯夷坚守节操不愿继承孤竹君的王位，不肯成为周武王的臣子，不食周粟最后饿死在首阳山，这样的人怎么可能让他步行千里到齐国游说国君？守信如尾生，尾生和女子约好桥下相会，女子没来，大水来了，为了守信尾生抱着柱子最后被淹死。这样的人大王怎么能够让他步行千里劝退齐国强大的军队？这就是臣所说的因为忠信而得罪了君主。"

燕王不以为然地说："是你自己不忠信罢了，难道还有因为忠信而得罪于君主的？"

"不然。臣听说有个人到远方做官，男人妻子在家跟人私通。她丈夫将要回来的时候，奸夫很担心，男人妻子说：'别担心，我已经准备了毒酒。'三天后，男人果然回来了，妻子让侍妾端毒酒给丈夫。侍妾想提醒男人酒里有毒，但是又怕他把妻子逐出门外；如果不说，又怕男人被毒死。于是假装摔倒泼洒了酒。男人大怒，把侍妾打了五十大板。虽然侍妾假装摔倒打翻酒，上保全男人，下保全其妻子，但是不免被责罚，哪里说忠信就是无罪的呢？臣的过错就在此啊！"

苏秦这一翻话把燕王说得哑口无言，只好说："先生请还是就官吧！"

从此燕王对苏秦更加重用。苏秦佩六国相印，威震天下。也许是富贵让他头脑发昏，他竟然与燕文侯的夫人私通。燕文侯夫人就是当政的燕易王的母亲。燕王知道了这事，但是没有责罚苏秦。苏秦还是觉得很不安，生怕哪天燕王生气要了自己的命。他对燕王说："臣如果居住在燕国不能够使燕国地位提高，如果居住在齐国则能做到。"

燕王似乎也想苏秦早点离开，于是说："随便先生做什么都可以。"

苏秦便声称自己得罪了燕王，逃亡到齐国。齐宣王任命苏秦为客卿。

齐宣王去世之后，齐湣王即位。齐湣王喜欢享受，成语"滥竽充数"的主人南郭先生的离开就跟他有关。南郭先生假装吹竽，在喜欢听合奏的齐宣王时代还勉强混得过去；齐湣王上台，新君喜欢听独奏，南郭先生只好偷偷逃走了。

苏秦对齐湣王投其所好，劝说他厚葬齐宣王以显示自己的孝道，大兴土木修建宫室以表现自己的尊贵。苏秦的想法是让齐国经济凋敝以有利于燕国。苏秦本来就招人忌恨，这样一来恨他的人更多了。齐国的大夫很多想与苏秦争宠，于是派遣刺客刺杀苏秦。苏秦受了重伤，命在旦夕，齐王派人捉拿刺客不得。苏秦弥留之际对齐王说："臣一死，大王就把臣尸体车裂了示众，就说'苏秦替燕国扰乱齐国'。这样就一定能抓获刺客。"

苏秦死后，齐王按他的话做了，刺杀苏秦的人果然出来领功，齐王便诛杀了刺客。

苏秦死后，他的弟弟苏代和苏厉效仿哥哥，也成了纵横家，奔走于诸侯国之间，虽然比不上苏秦，但也是当时颇有影响力的人物。

苏秦出身低微，但是纵横捭阖，成为战国首屈一指的纵横家，司马迁也说他才智的确有过人之处。其过人之处有以下几点：

一、对战国时期的"国际局势"洞若观火

苏秦虽然出身下层，但是对当时各诸侯国实力强弱、国家特点、国君秉性可以说是了如指掌。因为这一点，他可以用不同的方法，以三寸不烂之舌说服各个君主，最后使得他们心悦诚服，全部举国相从。这不能不说是一个奇迹。

比如他对燕王采取的就是焦虑营销法，引导他居安思危、未雨绸缪，主动联合赵国抗秦；对赵国他则是从地缘政治角度分析，指明要对抗强秦，必须搞好与燕国的关系；对弱小的韩国和屡战屡败的魏国他则是采取激将法，让国君知耻而后勇。当他成功说服这几个国家后，剩下的齐国和楚国就已经如囊中之物了。这与他对当时的局势了如指掌是分不开的。

二、屡败屡战，从不放弃

苏秦的经历现在看起来是很励志的。他早先游说诸侯碰壁回家，被所有家人嘲讽讥笑，但是他没有放弃，反而是更加努力读书。再次出山之后，他先去游说周王，结果碰壁；之后转投秦王，也遭到冷遇；然后去赵王那里碰运气，仍然一无所获。

在生产力低下、交通不便的战国时代，苏秦相当于从河南到山西，又从山西跑到陕西，结果都是竹篮打水一场空。若是一般人可能早已心灰意冷，苏秦竟然毫不气馁，他居然又从陕西不远千里到河北去游说燕王，终于取得了第一次成功，也为以后的辉煌打下了基础。至于他潜心苦读贡献的成语"（悬梁）刺股"更是成为现在鼓励学生认真学习的高频词。可以说，苏秦是战国时代的励志典范。

三、不拘一格，长于权变

在苏秦一千多年后，意大利出了一位思想家马基雅弗利，他在其著作《君主论》中提出了他认为的君主应该具有的能力，其中有一条是：君主不能受任何道德准则的约束，只需要考虑是否有利，不必考虑是否合乎道德。马基雅弗利认为：君主有时候应该像狐狸般狡猾，有时候又应该像狮子般残忍。只要是对取得胜利有帮助的方法，君主应该大胆采用，不必考虑其是否合乎信义、忠诚、仁爱等道德准则。

从苏秦的处世方式看，他的思想与马基雅弗利显然是一致的。他表面是站在六国一边，鼓吹天下合纵共同抗秦，但是他其实是为了自己的荣华富贵，他并没有什么一贯的道德观和行为准则。这从他游说周王失败后首先去投靠秦王可以看得出来。苏秦首先投靠秦王原因很简单：秦国是当时诸侯国中实力最强者。遭到秦王拒绝后，苏秦才退而求其次去游说赵王，然后是燕王。可以看出，苏秦的游说顺序安排标准是由强到弱的，至于他在赵国碰壁后去燕国，很大程度上应该是出于地理位置方便的考虑。

所以说，苏秦虽然在一段时间内成了六国的代言人，但这并不代表他对六国有什么忠诚可言，还有他计划通过搞垮齐国让燕国获利。苏秦死后，他的这些小算盘也逐渐被披露，齐王知道后十分恼怒，同时更痛恨燕国借苏秦在自己背后捣鬼。

然而苏秦的权变之术最惊人的还不在于此。苏秦最惊世骇俗的一步棋，是资助张仪辅佐秦国。

秦国的对策——外连衡而斗诸侯

张仪是魏国人，和苏秦一起师从鬼谷子，苏秦认为张仪的才能远在自己之上。和苏秦一样，张仪学成之后也去游说诸侯以取富贵。同样，他的纵横之路最初也是很坎坷。

张仪有一次跟楚国国相一起喝酒，酒席之后，国相丢失了一块玉璧，手下怀疑是张仪偷的，理由是"张仪这人一向德行很差"。众人一起把张仪捆起来，打了几百鞭子，张仪也没有承认，最后只好把他放了。张仪回家后被妻子嘲笑："嘻！你如果不读你那些乱七八糟的书，成天做梦游说诸侯取得富贵，

鬼谷子像

怎么会遭到这样的羞辱？"

张仪张开嘴对妻子说："看我舌头还在不？"

"在。"

"舌头在就足矣。"

但是张仪此后的纵横之路也不太顺利，始终没有取得梦寐以求的富贵。他自己也没有想到，自己人生的转折点竟然是自认不如他的同学苏秦为他创造的。

此时苏秦刚刚游说赵王成功，合纵策略已经初见雏形。《史记》上说苏秦担心此时秦国趁合纵还未完成之时进攻诸侯，则必然纵散约败。于是他想找一个能够在秦国配合的人，想来想去，就想到了张仪。

但是这个说法有些让人怀疑：首先，苏秦自己都承认张仪才能胜过自己，怎么能保证张仪听自己的？其次，如果想搞乱秦国，按理说应该找一个才能低下的人去坏事，怎么会找一个才能高于自己的人去成事呢？最后，苏秦此时已经得到燕王和赵王的信任，在两个国家都位极人臣，张仪此时还是一介布衣，即便让他去秦国，他短时间内也不可能飞黄腾达影响秦国的经国大计，秦国如果真的要攻打诸侯国，怎么可能因为一个魏国小老百姓的建议而放弃计划？

所以，我认为苏秦之所以策划让张仪辅佐秦国，真正的原因并不是

害怕秦国打败六国，恰恰是害怕六国打败秦国。原因很简单，聪明如苏秦者，不会不知道"兔死狗烹，鸟尽弓藏"的道理。虽然韩信比他晚了一百年左右，苏秦不知道韩信的下场，但是比他早大约两百年的文种的结局他是知道的。

文种是勾践的臣子，曾经和范蠡一起辅佐越王勾践，最后一鼓作气打败了吴王夫差。夫差被越国围困时，曾经写信给文种和范蠡："吾闻狡兔以死，良犬就烹；敌国如灭，谋臣必亡。今吴病矣，大夫何虑乎？"

显然这封信给范蠡留下了深刻印象，吴国一灭，他就辞官归隐了。范蠡还劝文种一起归隐避祸，但是被文种拒绝，因为他认为自己为勾践立下赫赫功劳，如今苦尽甘来，大王怎么会对自己恩将仇报。但是事实很快教训了他。之后有人诬告文种造反，勾践赐给文种一把宝剑说："你教给寡人九条计策灭吴，寡人只用了三条，剩下六条你带到地下去辅佐先王吧！"就这样文种被迫自杀了。

对于苏秦来说，六国与秦国谁输谁赢其实他一点都不关心，否则他就不会在游说周王失败后首先选择游说秦王了。他关心的只有一点：以游说之术取富贵。这时候他已经取得了初步的成功，但是他心里很明白，自己富贵的前提是六国对自己的信任，六国信任的原因是对秦国的恐惧与焦虑。因此，保持这种恐惧与焦虑是自己取得长久富贵的必要条件。

苏秦游说赵国成功后，当时的局势已经发生了根本性改变：赵国兵强马壮，加上燕国作为援助，已经拥有了与秦国争衡的能力，如果再说服其他诸侯加入合纵，六国联手灭秦几乎是分分钟的事情，对诸侯威胁最大的这个西边强国将成为历史，合纵即将取得最后的成功。

范蠡像

　　然后呢，当秦国不复存在，各诸侯国的威胁也就不复存在，他们的恐惧与焦虑也将成为过去，那样苏秦的未来就岌岌可危了。轻则失去荣华富贵，重则可能跟文种一样被过河拆桥。这是苏秦无论如何也不愿意看到的事情。为了保住这种恐惧和焦虑，就必须让秦国存在下去，且还能够不断对诸侯形成威胁。但是在苏秦看来，当时天下没有任何人能够承担让秦国持续威胁诸侯的重任，除了一个人——张仪。

　　因此，苏秦让张仪入秦，并不是为了六国的成功，恰恰相反，是为了让六国不要成功，至少不要在自己有生之年成功，这样才能保住自己千辛万苦得到的富贵荣华。这种做法，后世叫作"养寇自重"。

　　为了让张仪顺利入秦，苏秦可以说是操碎了心。

　　首先他让人悄悄暗示张仪："你跟苏秦是同学，现在苏秦官位显达，你何不去求他举荐？"

　　张仪听后觉得很靠谱，于是满怀希望地跑到赵国求见苏秦。谁知道苏秦却根本不让门人为张仪通报，然后又设法让张仪走不了，把张仪狼狈不堪地困在赵国。折腾够了后，苏秦终于接见了张仪，但故意让他坐在堂下，让他与仆人一起吃饭，还出言相讥："你那么有才，居然混到这般地步。你这种人不值得我收留。"

　　张仪本来指望苏秦看在故人的面子上拉自己一把，不想受到这样的侮辱，一怒之下拂袖而去。但是现在六国诸侯几乎都成了苏秦的势力范围，自己能够去哪里呢？想来想去只有一个国家可以去——秦国。

　　张仪在去秦国的路上认识了一个人，这个人很有钱，而且很慷慨，对张仪特别好，跟张仪同行同住，主动给他车马金钱，张仪要多少给多少。就这样张仪顺利到了秦国，见到了秦惠文王，被任命为客卿。

　　这时候那个人来向张仪告辞，张仪说："我是靠着您帮助才得以显达，正想报答您的恩德，为什么要走呢？"

那人回答："不是我帮助了您，而是苏秦先生帮助了您。他对我说："张仪是天下贤士，我都比不上他。现在我幸运先被任用，但能够执掌秦国大权的只有张仪。他现在很贫困，没有进身之资，我害怕他贪图小利而不能趋向大的目标，因此故意羞辱他、激怒他。请你为我悄悄地资助他。'"

张仪听了这话才恍然大悟："哎呀，我远远比不上苏秦！"然后张仪说："不过我刚刚被信任，怎可能执掌大权？"

张仪不久之后被任为相，果然没有攻打赵国，这原因之一可能就是对苏秦的感激，另一个原因是他心中最仇恨的不是赵国，而是楚国。

张仪派人对楚国相说："当年我跟你一起喝酒，没有偷你的玉璧，你却对我严刑拷打。现在你最好小心守护你的国家，因为我现在要偷你的城池了！"

张仪成为秦国国相之后，全力破坏合纵，首创了"连横"策略，采取对诸侯各个击破的办法瓦解六国的联合。他起初建议秦国讨伐韩国，但是由于秦惠文王接受了司马错的建议伐蜀，因此伐韩被搁置。之后张仪又建议伐魏国。为此他甚至辞去秦国国相之位去魏国担任国相，不知疲倦地劝说魏国国君依附秦国。

在张仪的游说与秦军的攻击之下，魏襄王终于听从张仪建议，背弃合纵与秦国结盟。虽然三年后魏国又背弃秦国返回合纵的阵营，可在秦军给了一点小教训之后，魏国再次背叛诸侯国，投入秦国怀抱。这时候，苏秦苦心经营的合纵基本已经名存实亡了。

教训魏国其实并不是张仪最大的愿望。多年前他被楚国国相诬陷偷璧的旧仇一直被他记在心中，时刻不忘，他也一直在等待机会对这个他最仇恨的国家施以最残酷的复仇，终于，这个机会让他等到了。

秦国计划讨伐齐国，但是顾忌楚国与齐国交好，害怕楚国趁机抄秦

军后路。因此张仪奉命出使楚国，目的是破坏齐楚的盟约。张仪到了楚国，拜见楚怀王，楚怀王问起来意，张仪说："希望大王断绝与齐国的关系，这样敝国愿割让商於的六百里土地，还可以将秦国宗室女子嫁给大王，这样秦楚两国永远交好。"

目光短浅的楚怀王听到有这样的好事——不费力就可以得到大片土地，不顾大臣的反对马上答应了。他甚至把相印授予张仪，并且关闭与齐国的边境，表示两国断交。然后派一个将军跟随张仪到秦国，准备办理土地交接。

张仪回秦国之后，假装从车上掉下来受伤，三个月都不能办公，当然也就没办法马上交接土地。楚王很傻很天真，想张仪是不是觉得自己跟齐国断绝得不够爽，于是派出一个壮士去宋国。为什么去宋国呢？因为当时楚齐两国边境已经关闭，楚国人没法到齐国。于是这个壮士借了宋国的符节跑到齐国，只为一件事——将齐王大骂了一顿。受到如此侮辱的齐王大怒，将符节折断，转而与秦国联盟。

齐国秦国建交之后，张仪的"伤"也好了。他对楚国使者说："我现在就把六里地献给楚王。"

使者很惊讶："不是说商於之地六百里吗？"

张仪马上耍赖："就是六里，哪来的六百里？"

使者回报后，楚王大怒，发兵攻秦。然而秦国早有准备，联合齐国一起攻打楚国，杀死了楚国大将屈匄，斩首八万。遭遇大败的楚军再次增兵攻打秦国，在蓝田与秦军决战，结果楚军还是大败，被迫割让土地与秦国讲和。

秦国希望得到楚国黔中的土地，提出愿意用武关以外的土地交换。楚国被张仪骗得损兵失地，对其恨之入骨，楚王说："我不愿交换土地，希望得到张仪。"

秦王想答应，但是又觉得这样做太不地道，不好意思提出来。张仪知道之后主动说："臣愿意去楚国。"

张仪到楚国之后，楚怀王马上把他关押起来，准备杀掉。张仪跟楚怀王宠臣靳尚关系很好，靳尚又与楚王宠妃郑袖交好。这时候靳尚就对郑袖说："您知道您即将在大王那里失宠吗？"

郑袖十分紧张地问："何出此言？"

"现在秦王很看重张仪但是又不愿意用商於之地交换，据说秦国将用上庸六县贿赂楚国，然后送美人到楚国，以宫中擅长歌舞的美人作为陪嫁。大王看重土地尊重秦国，这样秦国美女肯定会受宠而夫人您就没戏了。"

郑袖一听那还得了，于是日夜给楚怀王吹枕头风："人臣都是各为其主，现在我们的土地还没交给秦国，秦王就把张仪交给我们，这已经对大王很尊重了。大王不仅没有礼待张仪还要杀他，秦国肯定会发怒攻打我国，臣妾请求让我们母子迁徙到江南，不要被秦军蹂躏。"

楚王虽然很恨张仪，但是他耳根子软，禁不住劝说，就把张仪放出来了。张仪刚刚出狱就听到了一个消息：苏秦死了。苏秦是合纵长，他的死意味着合纵策略面临解体的可能。因此，死里逃生的张仪并没有急着马上回秦国，他已经看透了楚怀王的犹豫不决和目光短浅，他决定继续戏弄楚王，促成合纵的真正解体，为秦国牟取更大的利益。于是他对楚怀王发表了一番长篇大论，大致意思是：

秦国强大，天下无敌，合纵政策就是以群羊对猛虎，楚国不加入猛虎的队伍而跟群羊瞎混，简直是自取灭亡；

合纵各国都各怀鬼胎，楚国若与秦国交战，韩国、魏国肯定会对楚国趁火打劫，此时楚国灭亡可待；

秦国拥有巴蜀，如果战舰顺江而下，楚国十日内就会面临存亡危机；

秦国如果从陆路进攻，楚国三月内就会面临存亡危机。而诸侯的援救至少半年才能到达，楚国灭亡则成定局；

楚国跟秦国多次作战，损失了列侯执圭一级的大将七十多个，还丢掉了汉中土地，楚国无法战胜秦国；

……

最后张仪还没忘记损一下对自己有知遇之恩的老同学苏秦："合纵之策的主张者是苏秦，他被封为武安君，任燕国相，结果他就跟燕王暗中勾结，想使齐国破灭分其土地，于是假称得罪燕王逃到齐国。齐王信任他，任他为相，但是他的阴谋两年后败露，所以齐王将其车裂示众。（这里张仪显然是故意捏造苏秦的死因以达到贬低他的目的。）就这样一个心怀诈伪的苏秦竟然想经营天下，一统诸侯，难道不是笑话吗？他的失败简直就是理所应当的事情啊！"

楚怀王被口若悬河的张仪弄得晕头转向，竟然想同意张仪的建议。屈原强烈反对说："大王此前已经被张仪欺骗，现在张仪到楚国，大王即便不忍杀他，也不应该轻信他的胡说八道。"

可是这时候楚怀王已经谁的话都听不进了，最终他同意了张仪的建议，与秦国交好，而屈原则被放逐。

张仪离开楚国之后，又接连去了韩国、齐国、赵国、燕国，成功地说服这些诸侯国背叛合纵，与秦结盟。苏秦辛辛苦苦建立起来的联盟就这样被张仪轻轻松松地瓦解了。虽然后来这些国家又与秦国断交，但是此前形成的合纵联盟已不复存在，秦国面临的再也不是诸侯团结一致的铁板一块，而是各怀小算盘的一盘散沙。张仪为秦国统一天下扫除了障碍，只等待一个真正能执行这个重任的人的出现了，那个人就是秦王嬴政。

摧枯拉朽——秦灭六国

　　嬴政是庄襄王的儿子。庄襄王名叫子楚，曾经作为人质居住在赵国。在那里他认识了富商吕不韦，他看到吕不韦的一个姬妾能歌善舞，十分喜爱，于是吕不韦便将歌姬送给了他。《史记索隐》称歌姬被送给子楚的时候已经有身孕，因此生下的儿子很可能是吕不韦的骨血，这个儿子就是嬴政。

　　后来子楚回国即位，是为庄襄王。庄襄王在位三年之后去世，嬴政即位。嬴政上台的时候，秦国已经占据了巴蜀、汉中；西南越过宛城到达了郢都；北面占据了上郡以东，收了河东、太原、上党郡；东至荥阳，并吞并了二周，在其故地设置了三川郡。可以说，在数代国君的不懈经营下，秦国已经走上了武力吞并天下的道路，而嬴政的即位，则是将这条道路变成了快车道。

　　嬴政即位的时候只有十三岁，不能亲政，便任命吕不韦为相国。秦王嬴政尊吕不韦为仲父。

　　嬴政的母亲赵姬以前就是吕不韦的妾，庄襄王死后，两人旧情复燃。但是随着嬴政年纪渐长，吕不韦觉得这样做实在太冒险，想要结束这种关系。但是又怕赵姬心生怨恨，为了安抚赵姬，吕不韦将自己的门客嫪毐送入宫中，从此嫪毐就成了太后的情人。

　　嫪毐很得太后喜爱，被封为长信侯。嫪毐与太后如胶似漆，不久太后就怀孕了。为了掩人耳目，太后让人占卜称宫里风水不好，必须移居，于是搬迁到雍县离宫，两人又把这离宫当成他们的安乐窝。太后为嫪毐生了两个儿子，嫪毐得到赏赐无数，很多政事也由他决断。嫪毐家童数千人，还有上千人成天想着成为嫪毐的门客。

但是，天下没有不透风的墙。始皇帝九年（前238年），有人向秦王告发说嫪毐是太后的情人，还与太后生了两个儿子。甚至跟太后谋划等嬴政去世，就让这两个儿子即位。

这一年嬴政二十一岁，按照礼仪应该举行代表成年的加冠礼。嬴政来到太后与嫪毐居住的雍县离宫准备举行典礼。嫪毐已经知道秦王了解了自己的真实身份，十分恐惧。他动用秦王玉玺和太后玉玺发动叛乱，率兵攻打秦王所在的蕲年宫。然而嬴政早有准备，命令相国昌平君、昌文君发兵抵抗，双方在咸阳大战，嫪毐军大败，数百人被斩首。秦王下令斩敌首者全部拜爵，即使是宦官也不例外。嫪毐兵败逃走，秦王下令活捉嫪毐者赐钱百万，杀死他的赐钱五十万，嫪毐及其党羽二十余人很快被捕，全部被车裂示众，灭其宗族，相关的人也被下狱或者流放。

秦王的母亲赵姬被软禁，她与嫪毐生的两个孩子被摔死。后来一个叫茅焦的人劝说秦王，建议对太后从宽处理，秦王才派人将太后迎回，仍然居住在甘泉宫。

但是秦王对吕不韦就没那么仁慈了。嫪毐被诛杀后，吕不韦被罢相。秦王将太后迎回甘泉宫的时候，也让吕不韦回到了自己的封地河南。过了一年多，诸侯纷纷派宾客为吕不韦求情。事实上罢黜吕不韦很可能是秦王在这次政变中的最大的收获，因为这意味着他终于结束了长达八年的傀儡生涯，开始真正执掌权力，秦王当然不会将权力拱手让出。于是他给了吕不韦一封措辞严厉的信：

　　你对秦有什么功劳？秦将你封在河南，食邑十万户。你是秦的什么亲戚？居然号称仲父！你和你的族人给我滚到蜀地去！

吕不韦知道，秦王最终不会放过自己，只好饮鸩自尽。

至此，秦王终于得偿所愿，不但诛杀了太后的情人嫪毐，还从吕不韦那里夺回了本属于自己的权力。两人已死，秦王便下令让被流放的嫪毐的门客回到都城。

秦王嬴政终于可以将全部心力放在一统天下的大业上了。

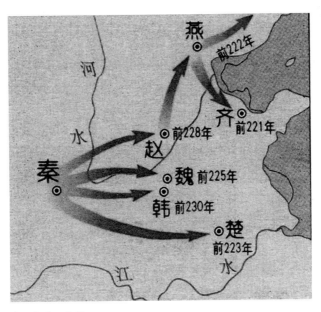

秦灭六国示意图

始皇帝十四年（前233年），诸侯中实力最弱的韩国在秦国的一再攻击下被迫称臣。但秦王并未罢手，始皇帝十七年（前230年），秦派内史腾攻韩，俘虏了韩王安，占领了韩国全境，韩国成为六国中最先灭亡者。

始皇帝十八年（前229年），秦军大举攻赵，王翦率兵直下井陉，杨端和率兵围困赵国都城邯郸。次年，赵王被俘，赵公子嘉率领宗族数百人逃到代郡，自立为代王。

始皇帝二十年（前227年），燕国太子丹害怕秦军攻燕，派遣荆轲刺

杀秦王，结果失败。秦国以此为借口攻打燕国，太子丹被杀，燕国蓟城被攻克，燕王逃到辽东苟延残喘。

始皇帝二十二年（前225年），秦王派王贲攻打魏国，决开黄河水灌魏国都城大梁，大梁城墙倒塌，魏王投降，魏国灭亡。

始皇帝二十三年（前224年），秦王派王翦攻打楚国，大败楚军，俘虏了楚王。楚将项燕立昌平君为楚王，第二年王翦、蒙武再次伐楚，楚军大败，昌平君被杀，项燕自尽，楚国灭亡。

始皇帝二十五年（前222年），秦王派王贲攻打辽东，收拾躲在那里的燕王。燕王喜被俘虏，燕国灭亡。之后秦军回师攻代，代王嘉被俘虏，赵国最后的残余势力被肃清。

五国相继破灭，一直与秦国交好的齐国这时候才醒悟过来——自己迟早会成为秦国的目标，于是齐王建与国相后胜下令发兵把守西边边界，但为时已晚。始皇帝二十六年（前221年）秦王派王贲从燕国南下攻打齐国，齐王建被俘，齐国破灭。齐国与秦国交好得到的唯一好处就是齐国是六国中最后一个被灭的。

从前233年秦国攻打韩国到前221年齐国灭亡，秦国剿灭六国只用了区区十余年时间。当然，这是建立在秦国从孝公以来七代国君一百余年的艰苦经营基础上的。然而秦国平均两年多就灭一个国家，其速度之快，进展之猛仍然是令人咋舌的。至此，周朝的分封局面已成为历史，而大一统的国家成了以后所有中国统治者梦寐以求的最高目标。

此后的事情熟悉中国历史的人都知道，秦统一天下之后，认为如果王者的名号没有变更，就不能够凸显出秦王前无古人的伟大功业。上古有天皇、地皇和泰皇，其中泰皇最尊贵，于是秦朝的丞相、廷尉等高官上书建议把这作为秦王的名号。秦王觉得这样还不够，下诏说：去掉"泰"字，采用上古"帝"这个名号，称为"皇帝"。就这样，中国历史上第一个皇帝诞生了。嬴政就成了秦始皇。

秦始皇拒绝了大臣效仿周朝分封诸侯的建议，采取了郡县制，将天下分为三十六郡，设置郡守、尉、监等官职管理。又没收了民间兵器，销毁武器箭矢，铸成十二个铜人，安置在咸阳宫中。之后统一度量衡和文字，将天下豪富十二万户迁到咸阳，并在咸阳北阪上仿照六国王宫建造宫室。用贾谊的话说就是："天下已定，始皇之心，自以为关中之固，金城千里，子孙帝王万世之业也。"

万世帝王终成梦
——大秦的灭亡

始皇帝与长生

秦始皇对儒生的厌恶是从封禅泰山时开始的。

前221年，秦始皇灭了六国，统一了天下。第二年，他就开始了巡幸天下的旅程。秦始皇先到了陇西、北地，到了鸡头山；第三年，秦始皇更是带着群臣士兵浩浩荡荡开始了东巡。始皇帝二十八年（前219年），他登上了邹峄山，在山上刻石称颂自己的伟大功勋。秦始皇认为这还不够，他决定举行古代帝王最盛大的仪式——泰山封禅。

秦始皇召集了鲁地七十名儒生到泰山下，商议封禅事宜。这些儒生一看皇帝居然要跟自己商议国家大事，一下子来劲了，七嘴八舌开始指指点点。这个说古代封禅是大事，帝王的车轮都要绑上蒲草，是为了不损伤泰山的土地石头和草木，而且还要打扫地面，奉上贡品；那个说你说的话不对，应该如此如此；另外的人又说你们说的话都不对，应该这般这般……莫衷一是，吵成一团。秦始皇觉得自己建立的功业没有任何古人能够匹敌，本来就讨厌儒生们事事必称古人的腔调，更厌恶儒生们争执不休，一气之下谁的也不听，直接让人修了一条车道直达山顶，采用秦人祭祀雍上帝的礼节完成了封禅。

秦始皇醉心于巡幸并不是因为他喜欢旅游，他巡游的第一个目的是向臣民，特别是六国遗民夸耀威势；他的第二个目的是寻仙访药以求长生。在秦始皇一统天下之前，燕国就有宋毋忌、羡门高等一帮方士号称能够寻找长生之术，燕国和齐国一些好事之徒都争着拜他们为师，学习求仙之道。齐威王、齐宣王以及燕昭王对此也深信不疑，派人乘船出海，寻找传说中的蓬莱、方丈和瀛洲三座仙山。仙山当然始终没有找到，方士们的理由是每次都要靠近了，结果一阵怪风把船吹走了。

秦始皇即位之后，齐国方士徐市也自称能够找到仙山，秦始皇让他带着几千童男童女入海访求，徐市无功而返，自称已经能够瞧见仙山，结果还是被怪风给吹走了。

其实在秦始皇心里，除了暂时还不能长生，自己的地位并不低于什么神仙，甚至远高于神仙。他巡幸到现在湖南湘江一带遇到大风，差点翻船。秦始皇大怒，问博士："湘君是什么神仙？"

博士回答："臣听说是尧帝的女儿，舜帝的妻子，死后葬在这里成为湘水之神。"

秦始皇大怒，决定惩罚一下这个不知趣的神。他派三千刑徒把湘山的树全部砍光，又用涂料把湘山涂成红色，象征着对湘神执行了剃去头发的髡刑，还给她穿上了红色囚服。可见在秦始皇眼里，神灵其实跟秦朝的地方官甚至老百姓的地位是没有区别的。

除了湘水之神作怪，秦始皇在巡幸途中偶尔也遇到一些不愉快的事情。比如他走到博浪沙的时候（前218年）就遭遇了张良雇佣的大力士的暗杀，大力士的一百二十斤大铁椎只击毁了皇帝的副车。但是这也让秦始皇明白六国虽然破灭，余党依然猖獗，自己辛辛苦苦打下的江山一点也疏忽不得。

三年后，始皇帝三十二年（前215年），秦始皇又派一个叫卢生的方士去寻找仙人羡门高的踪迹。卢生乘船出海寻找，不久回来，仙人当然没有找到，但卢生自称找到了一个图谶，上面写着："亡秦者胡也。"秦始皇很紧张，认为这是在警告自己秦朝会被匈奴所灭，他决定先下手为强。于是他命令大将蒙恬率兵三十万，北伐匈奴。

蒙恬率兵出征，击退了匈奴，在黄河以南设置了四十四个县，又根据地形修筑长城。虽然此前韩、赵、魏为了防备匈奴已经修筑了长城，蒙恬做的只是将旧有的长城连接起来，但是在生产力低下的两千多年前，这仍然是一个非常浩大的工程。秦长城西起临洮，东到辽东，绵延万里。为了修筑长城以及防备匈奴，蒙恬和他的军队暴师于外十余年。

蒙恬的三十万军队很可能是当时秦朝最精锐的主力部队，因为在第二年秦始皇想讨伐南越的时候，竟然没兵可用了。无奈之下，秦始皇下令抓捕欠债者、赘婿和商人充实兵力，派这支部队征伐南越，设置了桂林、南海、象郡，并且将五十万老百姓迁徙到南越与当地人杂居。

此时的大秦帝国，西边是自己老家，东边是大海，北边有蒙恬重兵防御，南边也被收服，的确可谓天下已定。这时秦始皇决定在帝国内建立自己无上的威望。

丞相李斯对皇帝的心思是十分了解的，他趁机上了一道奏章，大意说：以前诸侯纷争，各国纷纷招收学者，百家意见不一，争执不已。现在天下一统，法令归一，百姓就应该老老实实耕地，士人就应该老老实实学习法令。现在那些儒生言必称古人如何如何，诋毁圣朝，惑乱百姓，大逆不道，应该将其学说全部禁止。秦国历史之外的史书全部烧毁，私藏者弃市，以古非今的族诛，官吏知情不报与之同罪。可以保留医书、占卜和种树的书，如果要学习法令，可以吏为师。

早在封禅泰山的时候，秦始皇就对那群言必称古人的儒生非常不满了，李斯的奏章正中他下怀，于是马上同意了李斯的建议。

另一方面，卢生等方士始终找不到仙药，为了敷衍秦始皇，把能够找的借口都找遍了，不过卢生还是找到了最后一个借口，他说："皇帝应该不让人知道自己的行踪，这样就可以躲避恶鬼。躲过了恶鬼，真人就会到来，这样就可以求得不死灵药。"

秦始皇信以为真，说："我太追慕真人了！"下令自称"真人"，连"朕"也不称了。按照卢生的说法，秦始皇掩盖自己的行踪，下令用复道连接各个宫殿，自己通过复道前往各地，有胆敢泄露皇帝所在的处死。

有一天秦始皇在山上遥见丞相李斯的随从车骑，心里很是不满。随从把这事告诉了李斯，李斯马上减损了随从。始皇知道后大怒道："这一定是我身边人泄露了我的话！"他下令审问随从，却没人承认。他索性把当时在身边的人全部杀了。从此，再没人知道皇帝所在之处。

不过此时卢生、侯生等方士的借口也用完了，他们知道，这样下去自己的好运也将要用完。于是他们把始皇帝冷嘲热讽一顿就逃跑了。消息传来，秦始皇大怒，可是抓不着这两个家伙，只好把怒气发泄在咸阳的读书人身上，下令审问这些人，最后将认为有罪的四百六十多个读书人活埋。这就是著名的"焚书坑儒"。

表面上看，焚书坑儒比起后代的一些毁灭文化、迫害读书人的事件在规模上似乎不算太大，但是由于它发生在中国文化靠近源头的上游阶段，所以对后世的恶劣影响极大。在某种意义上，秦始皇为后世统治者钳制毁灭文化开了一个极坏的头。不过从另一个角度说，即便没有秦始皇焚书坑儒，后世对文化的控制也不会放松，因为从根本上说专制君主和文化自由是完全对立的，只要专制存在一天，春秋战国时期的百家争鸣就不会再次出现。

焚书坑儒即便在当时也引起了很大争议，秦始皇的长子扶苏就对此表示了不满，他进言说："这些读书人都尊奉孔子，现在陛下用重法惩处，臣怕因此天下不安。"

秦始皇大怒，派扶苏去上郡监督蒙恬军队。扶苏本来是皇位最大可能的继承人，这样便被迫离开了权力中心，这为他最后冤死埋下了伏笔，也为秦朝的迅速覆亡种下了祸根。

中国的第一个统一的大帝国表面上看起来坚若磐石，但是内部却是危机四伏。始皇帝三十六年（前211年），东郡掉下一块陨石，有人在石上刻了"始皇帝死而地分"几个字。秦始皇大怒，命令御史追查，但是找不到作案者，秦始皇竟然下令将在石头旁居住的百姓全部诛杀。

始皇帝三十七年（前210年）十月，秦始皇又离京巡游了，而这是他一生中最后一次巡游。左丞相李斯跟从皇帝，右丞相冯去疾留守京城。此外，秦始皇最宠爱的幼子胡亥也跟在身边。归途刚走到平原津，秦始皇就病重了，他让宦官赵高给公子扶苏下诏书，让扶苏回京主持丧事，这实际上就是让扶苏继位。诏书写好后由赵高拿着，但是还没发出。他们走到沙丘，秦始皇便去世了。

李斯和赵高害怕诸公子及天下人得知皇帝驾崩消息后会发生变乱，因此秘不发丧，将秦始皇遗体放在载有臭鱼的车中，百官上奏政事都由宦官在里面代为答应。

二世而亡

起初秦始皇最信任的将领是蒙氏家族的人，蒙恬领兵三十万在北边防备匈奴，他弟弟蒙毅在朝廷担任参谋。有一次赵高犯罪，秦始皇让蒙毅审理，蒙毅判处赵高死刑，但是赵高后来还是被秦始皇赦免了。而从此两人就结仇了。赵高是胡亥的老师，于是阴谋假托秦始皇命令诛杀扶苏立胡亥。天上掉下个皇位，胡亥当然高兴，但是这个危险的计划还需要一个关键人物的支持——李斯。

不出赵高所料，当他把这个计划告诉李斯的时候，差点把李斯吓死。李斯大惊说："这是亡国之言！不是人臣应该议论的！"

赵高早有预料，不紧不慢地说："君侯您的才能、谋略、功绩、声望以及扶苏的信任，这五点比起蒙恬如何？"

"比不上。"

"如果长子即位，肯定任命蒙恬为相，您最终没法衣锦荣归是必然的了。胡亥仁慈宽厚，可以继位，希望大人认真思考定夺！"

李斯虽然迟疑犹豫，但是恐惧和贪婪最终战胜了一切，他同意了赵高的计划。

赵高与李斯合谋，假托受始皇帝诏书，册立胡亥为太子。回到咸阳后胡亥即位，是为秦二世。然后给扶苏下诏，声称他不能开疆拓土立功国家，士卒损失过多，还诽谤君上，怨恨没有成为太子；将军蒙恬不能矫正，两人都赐死。

扶苏接到诏书之后，马上自杀；蒙恬对诏书有怀疑，不肯自杀，使者将其关押在阳周。接到扶苏自杀的消息后，胡亥几乎都想放过蒙恬了。此时蒙毅正好奉命为始皇帝祭祀山川回朝，赵高对胡亥说："先帝早就想册立您为太子，但是蒙毅坚决反对，不如杀掉他。"

因此，秦二世诛杀了蒙恬兄弟。为了巩固自己的皇位，秦二世听从赵高的建议，将自己的十二个兄弟、十个姐妹全部残杀。

消灭了皇位的潜在竞争者，胡亥认为终于可以高枕无忧放飞自我了。他大兴土木，继续建造阿房宫，征召五万精锐守卫咸阳。由于咸阳人口众多，用度不足，胡亥下令天下郡县调拨粮食供给，运送粮食的人必须自带粮食，不得吃咸阳周围三百里的粮食。

　　秦朝从一建立就延续了秦国严刑峻法的暴政，秦始皇在世时勉强维持了表面的稳定，秦二世上台后这种稳定很快土崩瓦解。就在胡亥即位的这一年七月，陈胜、吴广在大泽乡起义，掀开了反秦战争的帷幕，此后各地诸侯纷纷举兵反秦，义军蜂起，短短两年多时间，义军就逼近了咸阳。醉生梦死的胡亥这才知道义军竟然已经打败了秦将章邯，崤山以东已全部失守，胡亥认为这全是赵高隐瞒不报导致的恶果，派使者痛斥赵高误国。

　　赵高见末日临近，决定做最后一搏。赵高偷偷与女婿咸阳令阎乐、弟弟赵成商量，决定废黜胡亥，立胡亥的侄子子婴为帝。

　　赵高让郎中令为内应，谎称有盗贼，让阎乐率兵追捕，为了保险，他还劫持了阎乐的母亲。阎乐率兵千余来到望夷宫门前，斩杀了守门卫士，冲入宫中，并用弓箭射击，箭射中了秦二世的帷幕。二世大怒，询问情况，左右都不敢回答，纷纷逃跑。有一个宦官不敢跑，秦二世这时候明白了局势，责问他说：“你为什么不早点告诉我？”宦官抖抖索索地说：“正因为我不敢说才得以保命，要是我敢说早就被陛下杀了，怎么能活到现在？”阎乐等上前，大声声讨秦二世的罪状，二世知道无法挽回，却还天真地想讨价还价：

　　“我想见见丞相（赵高）。”

　　“不可。”

　　“那我希望能够当一个郡王。”

　　“不可。”

　　“那我当个万户侯也行。”

　　“不可。”

　　“那我带着老婆孩子做个百姓总行了吧？”

　　胡亥的愚蠢和天真让阎乐又好气又好笑，他不再解释，让士兵上前。

秦二世知道无法挽回，只好举剑自尽，时年二十四岁。

　　子婴即位前对赵高所作所为已十分了解，对其恨入骨髓。即位之后，子婴便假装生病，趁赵高探望之机杀死了他。而此时刘邦军队已经逼近函谷关，不久后，汉军进入咸阳，子婴素服捧玉玺跪在路旁请降。

　　前221年建立的中国第一个统一的大帝国秦朝，仅仅延续了十多年，就这样在前206年落下了帷幕。

流氓和屠夫

——所谓英雄的真面目

群雄逐鹿

秦朝末年，秦二世荒淫无道，赵高指鹿为马，弄权为恶，政治黑暗，民不聊生。陈胜、吴广在大泽乡揭竿而起，拉开了反秦的序幕，各地豪杰纷纷响应，不久秦朝就灭亡了。

秦朝灭亡之后，项羽自封为西楚霸王，又把其他诸侯分封在各地，但是被他封为汉王的刘邦心里不服，于是明修栈道暗度陈仓，带兵与项羽争夺天下。经过四年的楚汉战争，项羽被刘邦打败，最后自刎乌江，刘邦登上皇位，建立了西汉王朝。

汉太祖高皇帝刘邦像

在很多人眼里，建立了汉朝两百多年基业的开国皇帝刘邦无疑是英雄，因为没有他，就不会有之后的文景之治、汉武帝讨伐匈奴等。但是我们冷静思考一下就会发现，皇帝和英雄之间是没有因果关系的。不能说所有的皇帝都是英雄，否则那些暴君，甚至包括被推翻的秦二世也能称英雄了。而纵观刘邦的一生，他更像个"流氓无赖"。

刘邦原来并不叫刘邦，这个名字是起兵反秦后有了一些势力，手下人给他起的。他原来叫"刘季"。中国古代孩子的排行用的是"伯仲叔季"，一般相当于现在的老大老二老三老四，由此可看出他的出身是很低贱的。

不过刘邦当了皇帝之后，就不承认自己低贱的出身了。为了营造出自己非凡的身世，他宣称自己并不是他父亲的孩子，而是他母亲刘媪与龙生的孩子。由此看来，刘邦可谓是名副其实的"龙的传人"了。

刘邦在年轻的时候就显示了自己厚颜无耻的素质。当亭长的时候，就既好酒又好色，经常在王大妈（王媪）和武家的酒店喝酒，而且欠账不还，别人又不敢找他要，年终的时候只好自己把账本烧了了事。

单父（今山东单县）的吕公到沛县定居，整个县的名流都来祝贺。吕公对负责接待客人的萧何说："凡是贺钱不到一千钱的就叫他们坐在堂下。"刘邦来了之后，满不在乎地声称自己贺钱一万，其实一个钱都没给。吕公听说之后，出来见刘邦，不但没有责罚他，反而觉得这个小伙子很有性格。于是延入为上宾，还把自己的女儿嫁给了刘邦，这就是后来的吕后。

秦末大乱，刘邦于沛县起兵，做了首领，他无耻的流氓习气不但没有改观，反而变本加厉了。明明是自己贪于财货好美姬，进了秦宫就迫不及待地蹩进去享用美女珍宝，但是面对项羽的责问时，却毫不脸红地说这是"鲰生"出的馊主意。项羽俘虏了他的老爹，说再不投降就把他爹给煮了。他却嬉皮笑脸地说：在义帝手下一起当将领的时候，我们曾经约为兄弟，那么，我的爹就是你的爹，你实在要煮你自己的爹，我也没有办法，只是请你看在兄弟一场的情面上，多少分我碗汤喝。这让项羽无计可施。一次兵败后被项羽的军队追赶，刘邦嫌坐在自己车上的儿女，也就是后来的惠帝和鲁元公主碍事，干脆把他们推下车去。跟在后面的滕公夏侯婴于心不忍，下车把孩子们带上交还给刘邦，谁知道不一会儿刘邦又把他们给扔了下去，于是夏侯婴又"捡"，"如是者三"。当与项羽约定双方以鸿沟为界罢兵之后，一等项羽转过身，刘邦就毫不犹豫地毁弃盟约，开始进攻……

项羽是英雄吗

在我们的想象中，英雄应该是顶天立地、正气凛然的。但是看看刘邦，完全就是一个市井无赖，和我们心目中的英雄形象差距实在太大了。那么被刘邦打败的项羽是不是英雄呢？

项羽在历史上给人留下的印象，更多是一个喑呜叱咤的武将，与刘邦的奸诈心机形成鲜明对比。刘邦固然不是什么好人，以致刘项之争很容易给人以刘邦阴险狡诈欺负老实人的感觉，但是如果以此认为项羽在心机、谋略上不及刘邦，这恐怕也是一个误会。

项羽小时不喜读书，转而学剑；嫌这不是万人敌的本事，又放弃；最后学兵法。其实，项羽就是一个工于谋略的军事家。巨鹿之战前，他让军队破釜沉舟，其目的与韩信背水一战"置之死地而后存"是一样的，而且和韩信一样，项羽最后也取得了辉煌的胜利。因此，说项羽勇武与谋略俱全大概是不为过的。有时候项羽甚至表现出作为政治家的狡猾，比如天下已定，他背弃先入定关中者为王的盟约而封刘邦为汉王，说："巴蜀亦关中地也。"哄骗义帝，说王者应该居住在上游。

这些心机背后隐藏的狡黠，也并不亚于刘邦。因此，项羽不是一个头脑简单的武夫，相反，他是一个颇有心计的统帅和政治家。当然，史料中记载的项羽表现得更多的是他的残暴。

项羽可以说是以暴力起家的。他的第一次杀戮就是斩杀会稽守令。

秦二世元年七月，陈胜、吴广于大泽乡起兵反秦。九月，会稽守令找到项梁说："江西地方都造反了，这正是上天灭亡秦朝的时机。我听说先发制人，后发制于人，我想发兵反秦，让您和桓楚当将军。"《史记》没有记载这个守令的姓，只说他名叫"通"。

当时桓楚逃亡在外，项梁就对守令说："桓楚逃亡，除了项羽，没有人知道他在哪里。"然后出来，嘱咐项羽持剑等候。过一会儿又进去对守令说："请让我把项羽招来，让他去找桓楚。"守令不知是计，便让项梁把项羽找来，坐了没多久，项梁给项羽使了个眼色，意思是可以动手了。项羽立即拔剑斩杀了守令。项梁提着守令的头，佩戴着守令的印绶出来，外面的人大乱，项羽又冲出来砍杀近百人，才终于稳定了局面。项羽的第一次登场便是一场莫名其妙的内讧。守令本来是约他与他叔父项梁起兵反秦的，让人惊奇的是，他竟然与他叔父同谋，第一个开刀的是自己的同盟军。究其原因，大概只有他的那句"彼可取而代之"才能解释：反秦也好，反汉也好，反的对象是谁并不重要，重要的是自己必须趁着这趟浑水捞取自己想要的东西。

会稽守令起兵，自己当首领，让桓楚和项梁当将军，这离项梁、项羽的预期值是有距离的，所以，为了取得起兵的首领位置，必须除掉守令。这些道理，那个名叫"通"的守令是至死也没有想通的。

自此以后一直到死，项羽的生命中充满了战争和杀伐。《史记》多处记载他攻下城池之后做的第一件事就是"屠"，即把成年男人和老人都杀死，把妇女儿童掳走。在城阳之战中，他击败了齐将田荣，紧接着就把当地的城郭房屋一把火烧掉，把投降的士兵也活埋了。一路烧杀到北海，"多所残破"。在巨鹿之战中，一晚上把二十万秦兵全部坑杀，这暴行只有白起在长平之战坑杀四十万赵军可以相提并论了。

进入咸阳之后，刘邦的约法三章被他废除，又接着"西屠咸阳"，把

投降的秦王子婴也杀掉，之后火烧秦宫，大火三月不灭。为了争夺权力，他又派人暗杀了自家立的义帝，其他类似例子不可胜数。

如果把刘邦当成英雄，那无异于流氓无赖都可以叫作英雄；而杀人如麻的项羽实在也算不得什么英雄。西晋时的阮籍在凭吊楚汉古战场的时候说："时无英雄，使竖子成名。"说的就是这个意思。

法国作家罗曼·罗兰在他的《名人传·序》里有一个关于英雄的定义：我视为英雄的，并非以强力或思想称雄的人，而只是靠心灵而伟大的人。一些为了善而受苦的伟大的心灵，他们除了仁慈，我不承认还有什么优越的标记。

利益之前，友谊不堪一击
——张耳和陈馀

患难之交

人是社会性动物，这就决定了人要生存，就必须和周围的人搞好关系。所以，友谊在人生中占有的地位是非常重要的。每个人都渴望拥有真诚的友谊，拥有能够与自己同甘苦共患难的知音。事实上知音这个词的由来就与一段感人的友谊有关。

《列子·汤问》中说：琴师俞伯牙常在野外弹琴，偶遇樵夫钟子期。俞伯牙的音乐很多的人都听不懂，钟子期却能听懂：这一段就像巍峨的高

王振鹏绘《伯牙鼓琴图》

山，这一段就像是浩浩的江水。俞伯牙很高兴，和钟子期成了朋友。后来钟子期去世了，俞伯牙非常难受，将自己的琴摔碎，并发誓从此以后不再弹琴，因为他没有知音了，没有了解他的人了。两位"知音"的友谊感动了后人，人们常用知音来形容朋友之间的情谊。

每个人都渴望得到知音，得到真正的友谊，那么，怎样才能达成所愿呢？

有人说"患难见真情"，意思是经历了艰苦和磨难，不离不弃，才能算是好朋友，靠金钱和富贵维持的友谊绝不是真友谊。所以古人说："以势交者，势倾则绝；以利交者，利穷则散。"这话听起来是很有道理的。但是，有些友谊的小船偏偏是经历过了风浪暗礁的考验，却在风平浪静的时候说翻就翻。

春秋时期，越王勾践在与吴国的战争中失败，几乎被灭国。后来勾践在大夫文种、范蠡的辅佐下卧薪尝胆，终于灭了吴王夫差。大家都以为从此天下太平，可以享福了，这时范蠡却要辞官出走。文种问他原因，范蠡说勾践这个人可以共患难，但是不能共富贵，此时不走，以后必将遭遇祸患。文种不信，坚持留下，最后果然被勾践所杀。

越王勾践患难的时候能够与文种互相扶持，可是富贵的时候他们的友谊竟然翻了船，这也算是富贵见"真情"了。

还有一对好朋友的友谊经历与此类似，他们就是张耳和陈馀。

张耳是魏国人，曾是著名的信陵君的门客。后来因为犯事亡命到外黄。外黄有一家富人，女儿长得很漂亮，但是嫁了个很窝囊的男人。她很看不起丈夫，把他当奴才一样使唤，就这样也不解恨，干脆有一天撇下老公跑到了父亲的门客家。父亲的门客说："如果你一定要找一个好丈夫，我这里倒是有一个人选，就是避难到此的张耳。"富人的女儿答应了。富人就张罗着让女儿跟其丈夫离婚，然后嫁给张耳，并且奉送了一笔丰厚的嫁妆。张耳有了这笔钱，到处交结豪杰，扩大自己的影响，居然就当上了外黄令。

陈馀也是魏国人，年少时就十分有名，喜欢儒术，曾经在赵国游历，被一家姓公乘的富人看上，把女儿嫁给了他。

相同的人生经历使两个人走到了一起，陈馀比张耳小，所以他把张耳当父亲。两个人形影不离，江湖上常两人并称。

秦灭魏国的时候，两人逃跑了，秦始皇悬赏千金通缉张耳，五百金通缉陈馀，两个人于是更名改姓去当了门卫。有一次陈馀因为犯了点小错被小吏鞭打，年轻人气盛，想跳起来反抗，幸好被张耳按住了。小吏走后，张耳教训他："当初我跟你怎么讲的来着？现在因为受了一个小吏的气你就要去找死吗？"

陈胜起兵之后，两人一起投奔义军。由于陈胜以前就多次听说过两人的大名，还没见面就高兴得不得了。加入义军之后，两个人都成了陈胜领导集团中的核心人物。

当时陈馀劝说陈胜，请求分一部分兵力占领赵国土地，于是陈胜分出三千士兵，命武臣为主将，张耳、陈馀为左右校尉，向赵地进军。武臣在张耳、陈馀的帮助下，队伍迅速扩大，由出发时的三千人发展到数万人。迅速占领了赵国大片土地。之后，两人又劝说武臣自立为赵王，陈馀为大将军，张耳为右丞相。

武臣称王的消息传到陈胜耳中，陈胜大怒。这时候他才明白：武臣、张耳、陈馀三人不过是借着攻打赵地建立自己的基业罢了。他本想把武臣灭族，但是在手下的劝说下暂时忍住了，只是把武臣的家属软禁起来，然后派使者命令武臣带兵跟自己入关，推翻秦朝。

张耳、陈馀识破了陈胜的意图，劝说武臣："您在赵地称王，这并非是楚王陈胜的本意，他只是用计谋先祝贺您。如果陈胜灭了秦，下一个就会收拾咱们，所以建议不派兵跟从陈胜。我们自己再派兵占领周边土地，扩大势力，以后陈胜即便得到天下也不敢随便动我们了。"武臣听从他们的建议，派出韩广去攻占燕国，李良攻打常山，张黡攻打上党。

反目成仇

张耳陈馀两人从布衣起事，一直互相协助，肝胆相照，几乎成为朋友的典范，可谓"二人同心，其利断金"。但还是有人看出了他们各怀心机，这人竟然只是个砍柴的仆人。

事情得从武臣派韩广占领燕国土地说起。韩广一到燕国，马上仿效武臣自称赵王，他也自称燕王了，并且派兵守住边境，俨然要与武臣开战。武臣带着张耳、陈馀一起到边境探察。一次武臣外出巡察，竟然被燕国士兵抓住了，并且以此要挟赵国割地。张耳、陈馀派了十几拨使者去谈判，使者去了就被杀了。两人无可奈何，这时候有一个人自告奋勇要去见燕军的将领，这个人就是那个砍柴的仆役。

仆役到燕国大营之后，跟燕军将领有了下面一场对话。

仆："您知道张耳、陈馀想干什么吗？"

将："想让赵王回去。"

仆："你太不了解他们了。武臣、张耳、陈馀攻下赵国十多座城池，不都是想各自称王吗？只是当时形势初定，所以暂时先让武臣称王罢了。现在赵国已定，他们俩也想把赵国一分两半各自称王，只是没有机会。现在您抓了赵王武臣，他们巴不得你早点杀了他，他们好顺顺当当称王。到那时候，一个赵国就够你受的，何况是两个！灭亡燕国，绝对是顷刻之间的事情。"

燕军将领听了之后觉得有理，就把武臣放了回来。

《史记》里连这个仆役的名字都没有记载，这无疑是司马迁的疏忽。因为这个人的洞察能力之强，完全不在那些智者谋士之下。在张耳、陈馀还处在知己的阶段，他就一针见血地指出了两个人貌似齐心，其实都有自己的小算盘的真相。武臣不死还能相安无事，武臣一死，赵国必将一分为二，再之后的事情，就不是谁能够预料的了。

燕军放回了武臣，赵国的一场危机暂时平息，但是另一场灭顶之灾正在悄悄逼近。这场灾祸的始作俑者就是武臣派去攻打常山的李良，而导火索则是武臣的姐姐。

李良受武臣之命攻下了常山，武臣又命令他攻打太原，但是在石邑一带遭到了秦军阻击，军队受困。为了招降李良，秦将假托秦二世名义给李良写信，许以高官厚禄。李良不相信，于是他自己回邯郸，想请赵王武臣增派援军。

走在路上的时候，李良遇到了赵王的姐姐带着随从经过。李良远远望去排场很大，以为是赵王，就赶快匍匐在路边行礼。结果赵王的姐姐喝醉了，不知道是大将李良，也没停下打招呼，只派了个随从敷衍了李良几句。直男李良怒了，他怎么也没想到一个女人竟然可以对自己如此无礼，于是派人追上去杀掉了武臣的姐姐及其随从，然后一不做二不休，带兵杀进邯郸，可怜武臣当赵王还没几天，板凳还没坐热就掉了脑袋。

张耳、陈馀因为事先有人报信，侥幸逃生。之后陈馀收拾残部与李良作战，击败了李良。

此时的张耳、陈馀虽有称王之心，但是他们知道自己根基尚浅，时机不成熟。因此他们到处寻访，找到了原来赵王的后裔赵歇，把他立为赵王。

李良投奔了秦将章邯。章邯带兵攻打赵，张耳带着赵王歇逃进了巨鹿城。秦将王离紧随其后，把巨鹿围了个水泄不通。章邯派兵筑甬道给王离军队提供粮食，王离有了后勤保障，攻打得更加厉害，巨鹿城中兵少粮尽，危在旦夕。此时陈馀收拾常山的残部，得数万人，驻扎在巨鹿城北，但是害怕秦军人多势众，一直不敢去救援。

张耳多次派人请求救援，但是陈馀还是按兵不动。几个月后，张耳大怒，派手下张黡、陈泽去责备陈馀："我们从前是刎颈之交，现在我危在旦夕，而您拥兵数万，却不肯相救，我们从前同生共死的誓言到哪里去了？如果还当我是朋友，何不一起攻打秦军？也许还有一线生机。"

陈馀说："我之所以不进军，是觉得我们这样过去，就像以肉投饿虎，没有什么益处，还不如保留实力，为武臣报仇。"

张黡、陈泽十分生气，认为陈馀是在有意推托。陈馀索性说："反正我认为这样进军是去找死，你们要不去试试？"

于是分给两人五千人马，让他们进攻秦军，结果，两人和五千人马全部被歼。

后来人们当然知道，无论是张耳，还是陈馀，都无法解巨鹿之围。纵览天下，只有一个人能够率兵以一当百，破军杀将，一战成名，这个人就是项羽。

秦二世三年（前207年），项羽带兵破釜沉舟，渡河击秦，巨鹿一场恶战，击溃了秦军主力，秦将王离被俘虏，张耳终于转危为安。

危机过去之后，两人相见，张耳第一件事就是责备陈馀见死不救，然后就询问张黡、陈泽的下落。陈馀告诉他两人已经战死，但是张耳不信，认为是陈馀杀害了他们。多次询问，陈馀十分生气："我没有想到你这么怨恨我！你以为我很在乎这个将军的位置吗？"

于是一气之下解下将军印绶扔在桌上，推给张耳，张耳又是惊愕又是尴尬，坚决不接受。两人僵持了半天，也找不到一个台阶下。过了一会儿，陈馀起来上厕所，他的想法也许是上完厕所回来张耳情绪就缓和了，没准还会道歉，甚至亲自把印绶给自己系上，那时候自己也不丢面子了。可是等他上厕所回来，印绶竟然拴在了张耳的腰上！原来就在他上厕所的当口，张耳的一个手下对张耳说："我听说天意是不可违背的，现在陈馀把印绶给你，这就是天意，您为什么还不接受呢？"

张耳听了这话之后，把印绶拿过来，高高兴兴地别在自己身上。陈馀见张耳居然一点都没有谦让，大怒，于是愤然离去。军队已经被抢走了，陈馀只带着几百个亲信到河上钓鱼打猎，暂时离开了权力的漩涡。两人也反目成仇。

但是，一切才刚刚开始。

秦灭后，张耳被项羽封为常山王，而陈馀仅被封侯。陈馀愤愤不平，于是联合齐王田荣叛楚，自己带兵攻打张耳。张耳猝不及防，被打得丢盔弃甲，于是跑去投奔了刘邦。刘邦久闻张耳大名，对他十分重用。陈馀击败张耳之后，迎立赵王歇。赵王对他十分感激，封他为代王。

汉二年（前205年），刘邦出兵攻打项羽，派使者告诉赵王歇，希望联兵进攻。陈馀说："除非刘邦杀了张耳，把他的头给我，赵国才出兵。"

刘邦的狡猾又一次派上了用场，他杀了一个容貌酷似张耳的人，把头送给陈馀。陈馀信以为真，于是出兵助汉。可是不久，他就发觉上当了，于是又背叛刘邦。第二年，怒不可遏的刘邦派遣韩信和张耳攻打赵国，韩信背水一战大胜赵军，陈馀被杀，张耳被封为赵王。

张耳、陈馀的才能在当时就享有盛名，即使是他们门下的宾客和仆人，很多后来都出将入相。司马迁曾经万分感慨地说："两个人在穷困的时候，结为刎颈之交，相约以死，多么让人钦佩向往！可是等到两个人都把持国柄，就开始争权夺利，乃至互相攻伐，皆欲置对方于死地而后快，从前的真诚和后来的虚伪，为什么差别这么大呢？"

其实，原因也很简单：两人的交往其实是利益之交。在没有利益时，两人没什么可贪图的，自然可以同心同德；但是有了权力、地位和金钱的诱惑的时候，他们的友谊显然经不起考验，很快就现了原形。

汉初三杰
——韩信、萧何、张良

兔死狗烹——韩信

在刘邦争夺天下的过程中，有三个人做出的贡献是最大的，他们就是被称为"汉初三杰"的张良、萧何和韩信。三个人各司其职：张良主要在刘邦身边出谋划策，萧何主要坚守大后方，为前线源源不断地输送士兵、粮食和金钱，而韩信则主要攻城略地。西汉的建立，与这三个人是分不开的，但是三个人的命运又各不相同，其中，韩信的命运最为悲惨。

韩信是淮阴人，年轻的时候地位低贱，被别人看不起，又没有正当职业，只好在别人家寄食，大家都很讨厌他。他曾经跑到南昌亭长家里吃白食，亭长的妻子很不高兴，干脆每天很早就把饭做好，一家人早早吃完饭，等韩信来的时候，饭已经吃光了。韩信知道对方厌恶自己，只好离去。

为了找吃的，韩信经常在城外钓鱼。一些老太太经常在河边漂洗丝絮，其中一位看见韩信很饿，就带吃的来给他，一连

淮阴侯韩信像

带了几十天。韩信十分感激地说："我以后一定要报答您！"老太太生气地说："你一个男子汉大丈夫不能够养活自己，我出于好心给你吃的，哪里会指望你的报答？"

年轻时的韩信过着这样的日子，大家都看不起他。淮阴本地的一些少年曾经欺负他，说："你长得这样高大，又喜欢带着刀剑，其实你内心是胆怯的。你要是有胆量就杀我，不敢的话，就从我胯下爬过去。"韩信认真地看了他们很久，然后趴在地上，从那个人胯下爬了过去。这就是著名的"胯下之辱"的故事。

秦末大乱，项梁带领项羽起兵反秦。韩信听说之后便去投奔，项梁后来战死，韩信便成了项羽的手下。他多次向项羽献计，但是项羽根本就不听他的。

秦灭后，刘邦被封为汉王，韩信就从项羽那里逃出来，投奔了刘邦，因为没有什么名气，就当了一个管理仓库的小官。他曾经因为犯法要被处死，跟他一起的十三个人都被斩首了，轮到他的时候，他抬头大叫："主公不是要争夺天下吗？为什么斩杀我这样的壮士？"

这时候正好刘邦的亲信滕公夏侯婴路过，夏侯婴觉得这个人言语不俗，就叫刽子手把他放了。夏侯婴又跟他谈了一下，觉得韩信是个人才，就向刘邦推荐，刘邦就任命韩信为治粟都尉，也并不是很看重他。

韩信最后受重用，跟萧何是分不开的。刘邦被封为汉王，很多人觉得他几乎就是被流放了，跟着他也没什么前途。所以每天逃跑的将领有几十个。刘邦也不以为意。有一天刘邦听说萧何也跑了，不免大惊，就像断了左右手一样。过了几天，萧何回来了，刘邦又怒又喜，问道："你怎么也逃跑了？"

萧何说："我不敢逃跑，我是去追逃跑的人了。"

刘邦问："你追谁？"

萧何说:"追韩信。"

刘邦大怒道:"每天逃跑的将领几十个你不追,你去追一个小小的韩信?你逗我玩呢?!"

萧何说:"那些逃跑的将领很容易得到,韩信这样的人是天下无双的国士。大王要想一直留在汉中,韩信这样的人就没什么用处;大王如果要争夺天下,必须用韩信,这样他才会留下。如果不能用他,他最终还是会逃跑的。"

刘邦对萧何总是言听计从,于是说:"好吧,我任命他为将领。"

萧何说:"即使让他为将领,他也不一定会留下。"

刘邦说:"好吧,我任命他为大将!"

萧何说:"任命大将是一件重大的事情,大王必须选择吉日,斋戒,筑好祭坛,完成一切礼仪才可以。"

刘邦答应了,立刻开始斋戒。诸将听到这个消息都暗自高兴,以为一定要拜自己为大将。到了那一天,他们才知道要拜的大将是韩信,大家都十分震惊。

这就是著名的"萧何月下追韩信"的故事。从那以后,韩信就为刘邦征战南北,打了不少胜仗。韩信几乎百战百胜,而刘邦几乎每战必败。每次刘邦失败了,被打得全军覆没,就会派人把韩信的精兵全部收过去帮自己打仗,所以韩信手下的士兵经常是临时拼凑的市井之徒。但他硬是带着乌合之众东征西讨,建功无数。其中最著名的一仗,便是"背水一战"灭赵。

当时陈馀背叛刘邦,投奔赵王。刘邦就派韩信和张耳带三万士兵攻打赵国。赵王手下广武君李左车劝谏陈馀说:"韩信和张耳攻打我们,战线过长,后勤补给就跟不上。他们到赵国,井陉口是必经之路,那里道路狭窄,战车都无法顺利通过。如果大王给我三万奇兵,抄小路断绝他们的粮道，你固守不出，我出奇兵断绝他们的退路，敌人在野外又找不到粮食，不出十天，敌人必然失败。否则，我们就会成为他们的俘虏。"

可是陈馀自恃兵多粮足，根本不接受广武君的意见，回绝道："现在韩信号称带兵数万，我估计不过几千罢了。千里奔袭，士兵已经很劳累，我们还避而不击，人家会认为我们胆怯，以后诸侯就会随便地来讨伐我了。"

韩信知道广武君的意见被否决后十分高兴，迅速率兵进发，距离井陉口还有三十里的时候扎营。韩信命令轻骑两千人，每人持一面红旗，从小路前往赵军营地附近山中隐蔽，下令："赵军见我们逃跑，肯定会倾巢而出追击，你们快速冲进赵军壁垒，拔掉他们的旗帜，插上我们的旗帜。"之后他命令手下做饭，说："今天灭掉赵军之后大家会餐！"

诸将都不相信，假意应承。韩信又下令说："赵军已经选择了有利地形扎营，他们没有查明我们大将的旗鼓所在，所以没有攻击。怕我们逃跑。"于是他命令一万人先行，在水边扎下营寨。赵军见后大笑，因为背靠河水扎营是兵家大忌，大家都觉得韩信是在找死。

天明后，韩信大张旗鼓，率领主力冲出井陉口攻击，赵军打开营寨大门迎战，大战良久，韩信、张耳假装丢弃旗鼓，向水边营寨逃跑。赵军看见汉军逃跑，争着出来抢夺旗鼓，韩信又率军回头攻击，这时候的汉军后退一步就是湍急的河水，于是个个争先，以一当十。赵军逐渐支持不住，向营寨撤退。此时韩信派出的两千轻骑已经冲入赵军壁垒，拔掉了赵国旗帜，插上了汉军的红旗。赵军一看大惊，以为汉军已经全部占领了赵国，军队大乱，士兵纷纷逃走。汉军乘胜追击，活捉了赵王，斩杀了成安君陈馀。

战斗结束后，诸将问韩信："兵法上说布阵应该是'右面靠着山陵，前方和左面靠着水泽'，今天将军却是背水布阵，还说破赵后会餐，我们都不信，结果竟然取胜了，是什么原因呢？"

韩信笑着说："这也是兵法讲过的，只不过你们没有注意罢了。兵法不是说'陷之死地而后生，置之亡地而后存'吗？我率领的并不是我长期训练结下深厚战友情的精兵，这就是所谓的'驱市人而战之'，如果不把军队放在必死之地，让他们人人奋勇作战，而是放在通常的地方，士兵都会逃走，怎么还能作战呢？"诸将心悦诚服地说："将军的才能，我们的确赶不上！"

灭赵之后，韩信俘虏了广武君李左车，待以上宾之礼，并虚心向他请教下一步行动方案。在李左车的建议下，韩信派使者到燕国劝降，燕国果然投降。

正当韩信准备率军攻打齐国的时候，刘邦又打了一次全军覆没的败仗，这次只有他和滕公夏侯婴逃了出来。刘邦听说韩信、张耳的军队在修武，于是清晨的时候自称是汉王使者，骑马跑进韩信大营。张耳和韩信还在睡觉，刘邦取走了他们的印绶兵符，马上召集诸将，全部换上自己信任的人。一切安排好后，韩信、张耳才睡醒，这时候他们才知道自己的军队又一次被刘邦抢走了。刘邦下令让张耳当赵王，拜韩信为相国，让他们自己在赵国重新招募士兵攻打齐国。

此前刘邦派儒生郦食其（yì jī）劝说齐王，齐王已经同意投降刘邦。韩信知道之后就想罢兵。可是韩信手下的谋士蒯彻（后来为避汉武帝刘彻的讳改叫蒯通）说："您接受汉王诏书攻打齐国，可是汉王又悄悄派郦食其去劝降，也没有诏书说让您罢兵啊。而且那个儒生凭三寸不烂之舌就说下齐国七十多座城池，您带领几万兵马，几年才攻下赵国五十多座城池，您作为大将反而不如儒生吗？"

于是韩信听从了蒯彻的话，渡河攻打齐国。齐王田广认为郦食其欺骗了自己，就烹杀了郦食其。项羽听说齐国告急，派大将龙且（jū）救齐国，韩信大败楚军，斩杀龙且，很快占领了整个齐国。

此时的刘邦正与项羽艰苦相持。韩信给刘邦写信说："齐国人变诈很多，希望您任命我为代理齐王，以便镇守此地。"

刘邦接到信之后大怒道："我被困在这里，日夜盼望你来救，你竟然想自立为王！"

张良和陈平听到了，就在桌子下面悄悄踩刘邦的脚。附在刘邦耳边低声说："我军正不利，怎么能够禁止韩信为王？不如顺水推舟立他为王，好好对待他，让他镇守好齐国，不然会有变。"

刘邦一下醒悟，换了一副脸色说："大丈夫平定诸侯，要当王也应该当真的王嘛！当什么代理王呢？"刘邦马上派张良立韩信为齐王，但是刘邦与韩信的嫌隙也就此种下。

另一方面，龙且被杀后，项羽十分震恐，派使者劝说韩信背叛汉王。韩信推辞说："我侍奉项王，只当了一个执戟郎的小官，您从不听从我的计策。而汉王任命我为上将军，才使我有了今天。所以我不能背叛汉王。"

这时候前面劝说韩信攻打齐国的谋士蒯彻知道了，找了个机会劝说韩信。蒯彻对韩信说："臣以前曾经学过看相。"

韩信很好奇，问："您给我相一下？"

蒯彻说："请您屏退左右。"

韩信命令左右退下去。

蒯彻说："从您的面相上看，最多就是封侯，但是结局很危险。从您的背说，可就贵不可言了。"

韩信第一次听说还可以相背，问："你什么意思？"

蒯彻说："现在天下大乱，楚汉纷争，项羽和刘邦都精疲力竭，他们两个人的命运都系于您之手。您帮助汉则汉胜，帮助楚则楚胜。依照我的想法，不如您自立为王，与项羽、刘邦三分天下，鼎足而立，等待适当的时机，打败刘项，取得天下，希望大王认真考虑。"

韩信沉思良久，说："汉王待我很好，让我乘他的车，吃他的食物，穿他的衣服，我不能这样背叛他。"

蒯彻说："您以为您跟汉王关系很好，那么以前张耳、陈馀难道不是刎颈之交吗？结果后来反目成仇，最后陈馀被您和张耳所杀。面对利益的诱惑，人心就很难测了。您以为您效忠汉王，他以后就会对您很好，这也是错误的。就像勾践对待文种一样，功成名就之后就是走向死亡，就像野兽被杀光后猎狗被杀一样。"

可是，不管蒯彻如何劝说，韩信始终不愿意背叛刘邦。蒯彻见计策不被接纳，就假装疯狂做神汉去了。

刘邦听从张良的计策，召韩信带兵来援，最后在垓下之战中大破楚军，项羽被迫自杀，楚汉战争结束。垓下之战结束后，刘邦又一次夺走了韩信的军队。西汉建立后，刘邦封韩信为楚王。

韩信回到故乡，找到了曾经给自己吃饭的老太太，送给她千金；又找到南昌亭长，给他百钱，说："你还是个小人，做好事却不能坚持。"曾经让韩信受胯下之辱的人十分惊恐，认为韩信肯定会杀掉自己。可是韩信却任命他为楚中尉，对诸将说："这也是个壮士。当年他侮辱我的时候，难道我就不能杀他吗？但是杀了他我也不能建立什么功业，所以我忍辱负重才能有今天。"

韩信作为楚王，几乎占有了当时汉朝的半壁江山，因此虽然烜赫一时，却也成了刘邦的心头之患。当时项羽的旧部下钟离眜（mò）因为楚军覆没，就来投奔韩信。于是有人向刘邦告发韩信要造反。

刘邦大怒说："我马上发兵把这混账抓来活埋了！"

这时候陈平悄悄提醒刘邦说："大王觉得您带兵能力比得过韩信吗？"

刘邦说："比不过。"

"您的士兵勇猛善战比得过韩信手下吗？"

"比不过。"

"那么您凭什么跟韩信打？"

"那怎么办？"

陈平说："不如您宣布说您要到云梦泽视察，让天下诸侯在那里会聚。韩信一定会来，到时候只需要两个力士就可以抓住他了。"

刘邦采纳了陈平的建议，号称要游云梦泽，韩信果然前去拜谒，刘邦当即下令抓住了韩信。之后，刘邦把韩信贬为淮阴侯。

遭遇此变的韩信内心十分不平，心里渐渐产生了反叛的念头。汉高祖十年，巨鹿太守陈豨起兵反叛，韩信与陈豨约定里应外合。韩信一个门客犯罪要被韩信杀掉，门客的弟弟就去向朝廷密报韩信造反的消息。此时刘邦带兵在外征讨陈豨，刘邦的妻子吕后采纳萧何的计策，假意说陈豨已经被杀，让群臣进宫祝贺。韩信不知是计，果然进宫，吕后让卫士抓住韩信，处死了他。

韩信被重用是因为萧何的推荐，后来被杀也是由于萧何献计，所以后人总结出一个成语"成也萧何，败也萧何"。

韩信临死的时候说："我后悔没听蒯彻的计策，竟然上了女人的当，难道不是天意吗？"

刘邦征讨陈豨回来，听说了韩信的事，把蒯彻抓来要杀他。蒯彻说："我冤枉！"

刘邦说："你教韩信造反，哪里冤枉？"

蒯彻说："秦朝大乱，英雄逐鹿中原，有能力的人取得天下。我的主人是韩信，我只知道韩信不知道陛下。就像盗跖的狗向尧帝狂吠一样，不是因为尧帝不贤能，只是因为尧帝不是狗主人啊！"

听了这话之后，刘邦说："算了，放了他！"于是蒯彻被释放了。

如履薄冰——萧何

萧何是刘邦的同乡，也是沛县人。刘邦还在到处耍流氓喝酒不给钱的时候，萧何就是朝廷的基层干部了。后来刘邦觉得这样混下去始终不是个事，于是去考了公务员，当了亭长，萧何也算是他的上级。直到刘邦斩蛇起义的时候，萧何在各方面都很照顾他。刘邦到咸阳去服徭役的时候，大家凑钱给他送行，别人都送三百个钱，只有萧何送了五百个钱。估计当时萧何也没有想到，这多出的两百个钱，得到的回报却是巨大的。

萧何办事能力很强，秦朝的时候，他的政绩考核曾获得当地第一。朝廷本来想把萧何调到首都咸阳工作，但是萧何不愿去，推辞了。

刘邦率兵起义后，萧何就跟着他。据说刘邦的名字都是萧何起的。某种程度上，萧何既是刘邦的长辈，又是他的前任领导，但是萧何很清楚，自己真正的身份就是刘邦的手下。

自从跟了刘邦，萧何一直对他是忠心耿耿的。刘邦打进咸阳的时候，诸将都去争抢秦王宫的金银财宝，只有萧何一个人把秦朝丞相和御史府里的律令图书搬了出来。凭着这些资料，后来楚汉相争的时候，刘邦才能对天下各地地形、人口、经济、险要一清二楚，这为他后来取得天下打下了坚实基础。

后来项羽入关，自立为西楚霸王，而把刘邦封为汉王，同时把章邯等三个秦朝降将封在关中，堵住刘邦出来的路。刘邦很是不爽，想发兵攻打项羽。萧何劝谏说："现在虽然封在巴蜀，不是比死还要好很多吗？"

萧何像

刘邦不解问："怎么说到死？"

萧何解释说："现在我们军队不如项羽，百战百败，不死还能干什么？《周书》中说：'上天给你的你不拿，肯定要遭殃。'俗语称汉中为'天汉'，这名字挺吉利的。大丈夫能屈能伸，大王不妨就到汉中去，养精蓄锐，以巴蜀为基地，打回老家，一定可以夺取天下。"

刘邦听了萧何这番话，才暂时压住了怒火，乖乖当汉中王去了。

不久，萧何听说从项羽那边逃过来的韩信逃跑了。他顾不得向刘邦禀报，立马心急火燎地把韩信追了回来。自从到汉中，刘邦的手下跑了不少，刘邦并不在意。一听说萧何也跑了，刘邦就跟丢了魂似的，惶惶不可终日。直到萧何回来，解释说是去追韩信，他才安下心。接着他又听从萧何的建议，把一个最大职位就当过治粟都尉，毫无高级领导经验的韩信提拔为大将。

提拔命令公布以前，刘邦按照萧何的建议一本正经地闭关斋戒。曹参、樊哙等一帮老将都估计这次提拔的肯定是自己，高兴得心都揉碎了。谁知道等到登坛拜将那一天，上去的竟然是名不见经传的韩信，众人大惊。

而就是这个曾受过胯下之辱，靠着洗衣服老太太几碗冷饭活下来的韩信，最后驰骋疆场，为刘邦打下了三分之二的疆土。而这一切首先应该归功于萧何的推荐。

楚汉战争的时候，刘邦与项羽相持不下，萧何则在后方搞后勤。刘邦多次派使者回来慰劳萧何，表面上看似乎是出于领导对下级无微不至的关心，但是萧何手下一个姓鲍的幕僚却感觉到了危机。他对萧何说：

"大王在外面风餐露宿地打仗，而您在后方享清福。大王多次派使者来慰劳您，这说明大王怀疑大人了。让我来为您想个办法：您最好把家里的男丁，只要能够拿得起兵器的，全部送到前线，这样大王才能更加信任大人。"

萧何听从了鲍生的意见，刘邦果然十分高兴。

刘邦当了皇帝，给功臣们论功行赏的时候，封萧何为酂侯，给他的封地也最多，众臣不服——我们一个个脑袋别在裤腰上打天下，凭什么一个后勤主任居然功劳最大？

刘邦说："你们知道猎人和猎狗吗？追杀野兽的是猎狗，但是指示野兽踪迹的是猎人。你们只是能够追杀野兽的猎狗，而萧何是猎人。而且你们都是一个人跟着我，多的也就是两三个人，萧何整个家族几十个人一起跟随我，所以功劳是不能抹杀的。"

欲加之罪，何患无辞，其实欲加之功也是一样的。皇帝这样说，大家当然不敢说什么。到了给众臣排列位次的时候，又有大臣不服了："平阳侯曹参受过七十多处伤，攻城略地，功劳最多，应该排在第一。"

刘邦本来还是想萧何排第一的，但是碍于前面已经驳了大家的面子，也不好说什么。这时候，关内侯鄂千秋说："曹参虽然战功卓著，但是失败的时候也多啊！而每次失败，总是萧何从关中调兵调粮来补充。陛下多次丢失土地，全仗萧何守住了根据地。曹参这样的将军即使丢了一百个，对大汉有什么损失呢？所以位次排列还是应该萧何第一，曹参第二。"

这番话简直是说到了皇帝的心坎上，于是下令萧何第一，而且让他享受古代大臣最高的待遇——剑履上殿，入朝不趋。古代大臣上朝不能带兵器，还得把鞋脱在大殿外面，而萧何就可以带着宝剑穿着鞋子上殿，而且不用像别人一样，为了表示对皇帝的尊重还得小跑着上班。不仅如此，又把萧何父子兄弟十多人都封了个遍，又给萧何的食邑加了两千户，表示对萧何以前多送他两百个钱的报答。就连为萧何说好话的鄂千秋也得到了好处——被封为安平侯，皆大欢喜。

所以，鄂千秋一席话让皇帝终于找到了同盟军，不仅让萧何位极人臣，也让自己从中分了一杯羹。

鄂千秋这种勇于当皇帝贴心人的工作作风，很可能也是跟萧何学的，因为自打跟着刘邦混以来，萧何就是主子肚里的蛔虫，总是能急主子所急，想主子所想，让皇帝省心，给陛下省事。

汉高祖八年（前199年），刘邦带兵到东垣平定韩王信造反的余党。回到长安的时候，刘邦惊奇地发现，丞相萧何正在大兴土木，营造未央宫。工程十分浩大，建立了东阙、西阙、武库、太仓以及前殿。刘邦大怒，找到萧何，君臣之间就有了下面这段有趣的对话。

刘邦：天下陷于战乱已经多年，而且到现在为止还不知道最后的成败属于谁，你怎么这样大兴土木营造宫室？

萧何：天下未定，正好借此机会营造宫室；而且天子以四海为家，宫室如果不壮丽是无法显示出天子的威严的；我现在把宫室营造得这么壮丽，也是让后面的皇帝无法超越。（于是为后代皇帝省钱。）

表面上看来，萧何的理由是十分充分的，其实仔细一想，大半却是不值一驳的："天下未定，正好借此机会营造宫室。"这是什么鬼理由？皇帝的责问明明是建立在"天下未定，不可大兴土木"之上的，萧何先生把皇帝的话重复一遍，其回答连诡辩都算不上。我批评你"工资低就要节约一点"，你回答我"工资低正好大吃大喝"，这算什么回答？

"我现在把宫室营造得这么壮丽，也是让后面的皇帝无法超越。"这话纯粹是瞎掰。智谋过人的萧丞相不会不知道，人的贪欲是没有止境的，即使他现在的未央宫再漂亮，也未必超过了秦始皇的阿房宫。而他自己为刘邦建未央宫，未必不是以阿房宫为榜样的，而后代的皇帝如果再以刘邦为榜样，那么以后的宫室肯定会越来越堂皇，越来越奢侈。

　　而萧何真正说在刘邦心坎上的其实是第二句话："天子以四海为家，宫室如果不壮丽是无法显示出天子的威严的。"

　　试想一个革命尚未成功的陈胜，他的宫室都是富丽堂皇得让一帮农村老乡惊讶得伸着脖子吐着舌头惊叹"涉之为王沉沉者"，已经成为正式皇帝的刘邦，住房如果不豪华是无论如何也说不过去的。而更重要的是，作为从一开始就跟着刘邦南征北战的老臣，萧何对主子那点"贪于财货，好美姬"的小嗜好是十分清楚的。

　　想当年刘邦刚进咸阳的时候，迫不及待就蹩进秦皇宫欣欣然享受起来，不是张良、樊哙把他强拖出来，恐怕他会在那里待着一直等到项羽破门而入把他从床上拉下来。因此，萧何很清楚，这时候刘邦的"怒"其实只是做个样子，让跟在屁股后面的史官记下来，传之后世，表现老一辈领袖艰苦朴素的优良作风，你要以为皇帝真的生气了，马上停止工程，那才是马屁拍在了马腿上，皇帝不撤你的职，双你的规，诛你的族才怪！

　　因此，皇帝演戏，丞相马上心领神会：你的责问本来就是无感而发，我的回答也不妨东拉西扯，只要让史官把皇帝的"怒"记载下来，挂在墙上给后代当榜样，我的理由能不能成为理由，那就是无足轻重的了。本来就是马屁，何必需要理由。

　　此时的萧何，可以说是一人之下，万人之上了，但是萧何仍然保持了不骄不躁、谦虚谨慎的优良作风，处处跟朝廷保持高度一致。当有人说韩信要谋反的时候，作为韩信的引荐者的萧丞相大义灭友，跟吕后一起密谋用计骗来韩信，将其处死。

　　韩信死后，刘邦的一块心病得以祛除，于是又给萧何加封了五千户，还给萧何派了五百人的警卫部队。但是萧何心里明白，这五百个警卫其实是皇帝派来监视自己的，一旦有事，这五百个人的首要任务就是逮捕自己。于是萧何听从朋友召平的建议，婉拒了封赏，还把家财全部拿来作军费。这一来，皇帝更是大喜。

到此为止，萧何可以说是能做的好事都做尽了，皇帝信任，百姓爱戴，堪为大臣之表率。可是，他的一个门客却感觉到了危机，建议道："您离灭族已经不远了！您位为相国，功劳第一，人民也依附您，皇帝多次慰问您，是害怕您太得人心造反啊！您现在最好能干些坏事，多买点田地，向皇帝表明您也是贪财的，百姓也不是那么拥戴您，这样皇帝就会心安了。"

萧何听从了他的计策，于是没事就干点强买强卖、欺压良民的事，弄得百姓怨声载道。刘邦当时带兵出去平定黥布的叛乱，等他带兵回来的时候，百姓拦在路上上书，说萧何欺压百姓，贱买田宅。皇帝看到之后，不但不发怒，反而十分高兴，说："萧相国就是这样为人民做好事的啊！"然后把百姓的上书全部交给萧何，叫他自己处理。

但是"老谋深算"的萧何知道自己要真正完全打消刘邦的戒心，还得更进一步，于是他选择了一步险棋，以自己皮肉之苦为代价，换得皇帝最后的信任。他对皇帝说："长安地方比较狭窄，上林苑（皇帝的猎苑）还有很多空地，能否拿一些来分给人民？"

这下就摸了老虎屁股了，皇帝大怒说："你一定是接受了别人的贿赂，竟然敢打我的土地的主意！"于是，把萧何扔进了监狱。

萧何被扔进监狱之后，一天，一个姓王的卫尉找了个机会问刘邦："萧相国犯了什么大罪，陛下对他下这样的狠手？"

刘邦怒火未消，说："我听说以前李斯当秦朝丞相的时候，好事都归皇帝，错误都归自己。现在萧何这小子竟受了那些商人的贿赂，来为百姓讨要我的上林苑，讨好老百姓，我当然要收拾他！"

王卫尉说："事情有利于百姓就为百姓请命，这本来就是宰相的事情。

陛下为什么要疑心相国接受了商人的贿赂呢？而且陛下跟项羽打了几年仗，以及您征讨谋反的陈豨、黥布的时候，陛下亲自带兵上阵，相国守在关中，如果他那时造反，关中以西都不再是陛下的了。那时候相国不为自己谋利，难道现在就图商人的几个小钱吗？而且秦朝皇帝因为不能听到自己的过错而丢掉天下，李斯为皇帝承担过错那点小伎俩又何足效法呢？陛下错怪萧相国了。"

刘邦心里不舒服，不过还是派人到监狱把萧何放了出来。但是这时候皇帝说的一番话却耐人寻味了："你为人民请命，我不许，那么我就是桀纣一样的皇帝，而你是贤能的丞相。我之所以把你关起来，就是想让百姓知道我的过错罢了。"

刘邦话里的酸味其实谁都能闻出来：好人都让你做了，我做什么？你拿我的土地去卖人情，不就是想证明我不是好皇帝吗？

《晏子春秋》里面有一个晏子辞千金的故事，说的是齐景公知道晏子家里很穷，于是赐给千金，晏子却推辞了，别人问到原因的时候，晏子说："我得到钱，必然得分给穷人，但是这样一来，不就是把国君给的赏赐拿来卖人情了吗？因此我必须推辞。"

萧何的聪明就在于他很清楚这个道理。在专制体制下，是不能总是做好人的。尤其是在你做的好事让皇帝都感觉到威胁的时候。

人越无能，越忌恨有能力的人；人越卑鄙，越忌恨品德高尚的人；人越招人恨，越忌恨被人喜欢的人。平民百姓如此，九五之尊也不例外。

他可以容忍你强买强卖、欺男霸女这些"小错"，甚至会因为你也有这些"小错"而高兴——原来，你也是有弱点的啊！他的道德压力因此而减轻，畸形的心态也因此而平衡。因此，有些好事是不能做的，而有些坏事是不能不做的。

萧何的良苦用心也终于得到了报偿。他死在刘邦之后，当时是孝惠帝在位。萧何死后儿子萧禄承袭了爵位，萧禄没有子嗣，去世之后爵位无人继承。一般这种情况朝廷就会收回封地，撤销封国，史书把这叫作"国除"。但是吕后为了萧何家族能够一直拥有爵位，竟然破例封萧何的夫人同为酂侯，封他小儿子萧延为筑阳侯。文帝即位后，撤销了萧何夫人的爵位，让萧延承袭酂侯爵位。萧何家族的爵位在整个西汉都一直被承袭，直到王莽当政的时候才被撤销。

这在西汉算是个奇迹，这不能说跟萧何故意干"坏事"没有一点关系。

客观地说，萧何并不是一个欺压良善的人。他虽然贵为丞相，但是生活十分简朴，他说："后代子孙如果贤能，就会学习我的简朴；如果不贤能，我现在置办的家业也要被别人夺去。"

他做那些坏事，完全不是因为自己贪财，其实只是在作秀，更是为了保命。因此，他必须得违心地做这些事，目的只是为了告诉那个坏蛋皇帝："我是坏人，你放心。"

前195年，刘邦去世，汉惠帝即位。两年后，萧何也卧病不起。汉惠帝亲自去探望，问他："丞相百年之后，谁可以接替你？"接着又问："曹参如何？"

萧何听说之后竟然挣扎病体起来，叩头说："陛下能够任命曹参为丞相，臣死而无憾！"

曹参和萧何其实是有过节的。他们两个都是刘邦最重要的部下，曹参在前线冲锋陷阵，萧何在后方运筹帷幄，照理说，汉朝的建立，他们都是功不可没的。但是，在论功行赏的时候，刘邦却明显偏向萧何，甚至还把包括曹参在内的其他大臣比作猎狗，把萧何比作猎人，硬是把萧何推上了功劳第一的宝座，让很多大臣都为曹参抱不平。后来，萧何当了丞相，而曹参则担任齐王刘肥的相国。

但是，当萧何死的消息传来时，曹参马上命令手下准备行装，手下问他为什么，曹参回答："我马上要到京城担任丞相去了。"

曹参估计得一点儿没错。萧何临终时汉惠帝问他谁可以接替丞相之位，萧何唯一认可的人就是曹参。不久，使者果然来召曹参进京。然后，曹参被拜为丞相。可是，曹参上任之后，并不是像人们想象的那样风风火火，马上打开一个新局面，而是什么都不做，天天饮酒作乐，萧何时代的一切规定都不做任何更改。手下人觉得这新任的丞相似乎有尸位素餐之嫌，于是纷纷来劝谏，谁知还没等他们开口，曹参就一个劲地灌他们酒，估计他们还想说，再灌，直到灌得他们分不清东西南北，才放他们走，于是，手下人始终没有得到进谏的机会。

曹参的无所作为就连汉惠帝也觉得有些不舒服了，猜想这老头子是不是觉得我这皇帝太年轻，不愿为自己做事啊。于是汉惠帝找来曹参的儿子，对他说："你回家，看你爹心情好的时候问问他，先帝刚刚去世，他当丞相，天天喝酒，无所事事，这样是不是不称职呢？但是你别说是我叫你说的。"

曹参儿子趁放假回家，有一天看着曹参心情比较愉快，就按照皇帝的指点给老子提意见，谁知道曹参一听大怒，说："回去上你的班！天下大事不是你应该插嘴的！"然后家法伺候，曹参硬是把儿子打了二百板子。

皇帝知道后心情很不好，上朝的时候就责问曹参："那事与你儿子没关系，是我叫他那么说的。"

曹参免冠谢罪说："皇上觉得自己跟高皇帝比如何？"

惠帝说："我怎么敢跟高皇帝比！"

曹参又说："那陛下觉得我跟萧何丞相比如何？"

惠帝说："你好像不如他。"

曹参说："陛下所言极是。高皇帝与萧何定天下，制规则，您享受前

—曹参像—

人成果，我们臣下遵循这些规则，不是很好吗？"

汉惠帝恍然大悟，说："好！您别再说了！"

这就是历史上"萧规曹随"的故事。

曹参不肯改动萧何制定的规则，除了他自己的谦虚，与他信奉黄老之道是有关系的。曹参在刚刚担任齐相国的时候，曾经召集治下著名学者开会，商讨怎么样才能治理好百姓，谁知道这些先生各说各的一套，互不相让，吵得曹参头疼，还不知道该听谁的。听说胶西有个盖公很有学问，于是曹参准备了厚礼去请他。

盖公学的是黄老之说，黄老之说是黄帝学派和老子学派的合称，它尊黄帝和老子为宗师，主张为政应该清静无为，统治者应该厉行节俭，轻徭薄赋，这样人民自然会安定。这种说法很对曹参的胃口，于是干脆就让盖公住自己的正堂，处理政事。曹参担任齐相国九年，齐国十分安定。所以，在当上丞相之后，他也这样如法炮制，萧规曹随就不足为奇了。

曹参担任相国三年，去世之后，百姓作歌谣称赞他说："萧何为法，顜若画一。曹参代之，守而勿失。载其清净，民以宁一。"

可以说，汉朝初年，百姓能够从战乱之后逐渐恢复过来，国家逐渐走上正轨，萧何和曹参是做出了很大贡献的。

功成身退——张良

张良字子房，本来是韩国人。他爷爷叫张开地，是韩昭侯、宣惠王、襄哀王的国相；他父亲叫张平，曾经是韩釐王、悼惠王的国相。张平去世后二十年，秦国灭韩。张良那时候还小，还没在韩国做官。韩国被灭的时候，张良有家童三百人，他弟弟死了也不埋葬，把全部家财用来雇请刺客，想刺杀秦始皇为韩国报仇，因为他家五代人都在韩国做相国，对韩国感情至深。

张良像

张良到处寻访，找到一个擅使一百二十斤大铁椎的力士。秦始皇东巡的时候，张良带着门客和力士埋伏在博浪沙行刺，结果铁椎只击中了秦始皇随从的车辆。秦始皇大怒，大肆搜捕刺客，于是张良隐姓埋名，逃亡到了下邳。

有一天张良闲逛到下邳的一座桥上，桥头有一个老人，穿着破烂的短衣，走到张良面前。老人的鞋掉到桥下去了，他大大咧咧地说："那个年轻人，下去给我捡鞋子！"张良愕然，几乎想揍这个老头，但是想到对方是老人，强忍住怒火，下去把鞋捡回来。老人又说："给我穿上！"张良想捡都捡了，还有什么不能做的。于是跪在地上把鞋给老人穿好。老人伸着脚让张良穿，然后大笑而去。张良觉得这个老人非同一般，不由得目送老人的背影。过了一会儿，老人又回来了，说："你这个年轻人值得教诲。五天后日出时分，在这里等我。"

五天后，张良到桥边的时候，老人已经在那里了，老人很不高兴地说："你跟老人约定会面却迟到，怎么回事？"然后老人又说："再过五天后早晨在这里见面。"

五天后公鸡刚刚打鸣，张良就来了。谁知道老人还是早早来了，又把张良责备一顿，又约五天后见面。

五天后，张良半夜就来到桥边。过了一会儿，老人来了，高兴地说："你就应该这样啊！"于是从怀里拿出一本书，对张良说："读了这本书就能够当帝王的老师了。十年后天下会大乱，十三年后你到济北见我，穀城山下的黄石就是我了。"

老人飘然而去，张良看这本书，上面写着"太公兵法"。于是张良开始认真学习书上的内容。

十年后，陈胜、吴广起义，张良也聚集了数百人反秦。他本来想把自己的人马带到留县去投奔景驹，结果在路上遇到刘邦，就投奔到刘邦麾下。刘邦任命张良为厩将，张良经常用《太公兵法》上的计策给刘邦出主意，刘邦都采纳了。张良给别人出主意，别人都不理会。张良说："沛公大概就是上天赐予我的主公啊！"于是死心塌地跟着刘邦。

当时项梁和项羽推楚怀王的孙子熊心为王，楚王和大臣们约好，谁先破秦入咸阳谁就为王，之后命令刘邦带兵西进。刘邦攻下宛城，西入武关，攻到峣关之下。峣关是通往咸阳的咽喉要道，秦朝在那里派重兵把守。刘邦率领两万人想直接攻击。张良劝说："不可。秦军还很强，不能轻敌。我听说秦军将领是卖肉人家的儿子，这些商人出身的人容易被利益诱惑。您不如先按兵不动，让五万人把汉军旗帜插遍四周山上威胁他们，再派人重金贿赂。"

刘邦听从了计策，秦将果然决定投降。刘邦想去受降，张良又说："不行，这是他们将军想投降，士兵恐怕不愿意。不如趁着他们松懈马上攻击。"刘邦又听从计策攻击秦军，果然大破敌军，刘邦终于到了咸阳。

到了咸阳的刘邦看到豪华富丽的宫殿，以及里面的美女和各种好东西，一下子就鬼迷心窍，想留在宫里享受，不离开了。刘邦心腹樊哙劝谏，刘邦不听。张良说："秦朝皇帝暴虐无道，所以您才能够到这里。您是为天下驱除暴君的，应该表现出节俭。现在刚刚进入咸阳，您就贪图享乐，这就叫'助纣为虐'。而且'忠言逆耳利于行，良药苦口利于病'，希望主公听樊哙的劝谏。"

刘邦听了这话，才恋恋不舍走出宫殿，带着军队驻扎到霸上。

当时有人劝说刘邦派人守住函谷关，不让诸侯军队进入，自己就可以称王了。刘邦听信了这话，派军队守住函谷关。项羽来的时候大怒，三下五除二就攻下了函谷关，把军队驻扎在鸿门，准备攻打刘邦。

项羽的叔父项伯以前跟张良有交情，张良对他有救命之恩。项伯连夜骑马找到张良，把情况告诉他，让张良赶快逃跑。张良不干，还把这事告诉了刘邦。刘邦大惊，急忙问张良怎么办。张良带着项伯进见刘邦，又是说好话又是约儿女亲家，终于项伯答应回去劝项羽暂时不要攻击，并且约定第二天刘邦过来向项羽谢罪。

第二天，刘邦带着张良、樊哙等人和一百多随从到鸿门来向项羽谢罪。刘邦的一番花言巧语让项羽平息了怒火，暂时打消了杀刘邦的念头，可是项羽的谋士范增却不愿意失去这个好机会。他找来项羽的手下项庄，说："你上前去为大王祝酒，然后给大家舞剑，找机会杀掉刘邦，不然我们迟早要成为他的俘虏！"

项庄允诺，于是进帐祝酒，之后又为大家舞剑，想借此刺杀刘邦。项伯见势不妙，也站起来拔剑起舞，还用身体挡住刘邦，让项庄无法下手。

看到情势危急，张良急忙出来找到樊哙，对他说："现在情况紧急了，项庄舞剑，意在沛公！"樊哙一听着急了，手持宝剑拿着盾牌就冲了进去，当面斥责项羽言而无信，并且替刘邦辩解，项羽被说得哑口无言。趁此机会，刘邦假装上厕所，带着樊哙等四个将领偷偷抄小路回到自己军营，而让张良留下谢罪。许久之后，项羽才知道刘邦已经逃跑，却也无可奈何。一场危机终于化解。这就是著名的"鸿门宴"故事。

后来项羽自封为西楚霸王，封刘邦为汉王。刘邦赐给张良黄金百镒，张良全部转赠给了项伯。同时劝刘邦说："您到汉中去，最好把走过的栈道全部烧毁，表示自己没有回来的想法，让项羽打消怀疑。"刘邦听从了张良的劝谏。

刘邦去了汉中，张良则跟着韩王。张良告诉项羽："汉王把走过的栈道都烧毁了，肯定不想再回来了。"同时他把齐王田荣想造反的书信交给项羽，项羽认为刘邦已经不是威胁，于是全力发兵讨伐齐国。这就让刘邦得到机会，明烧栈道暗度陈仓，率军与项羽争夺天下。

韩王最后被项羽杀死，张良于是抄小路又投奔刘邦，继续为刘邦出谋划策。可是项羽实力太强，刘邦屡战屡败。张良又为刘邦献计，离间项羽手下英布与项羽的关系，拉拢齐王田荣的旧部下彭越，同时建议刘邦委韩信以大任。张良认为，只要得到这三个人的力量，就可以与项羽争天下。这就是著名的"下邑之谋"，而之后历史的发展，跟张良预测的一模一样！

后来，刘邦在荥阳被项羽围困，危在旦夕。谋士郦食其为刘邦献计：不如册立六国的后代为王，这样他们君臣百姓都会对大王感恩戴德，一定可以击破楚军。刘邦觉得有道理，就叫人去刻印。

郦食其还没出发，正好张良来了，刘邦正在吃饭，把这事告诉了张良。张良大惊："谁为陛下出的这个馊主意？这样的话我们大事就完了！"

张良说完，拿起几根筷子一点一点为刘邦分析这样做不能成功的原因，一下说了八条。刘邦恍然大悟，急忙命令销毁刻好的印并说："这个浑蛋儒生！差点坏了老子的大事！"

在刘邦与项羽最后的决战时刻，韩信派使者来要求封自己为代理齐王，刘邦大怒，这时候张良和陈平悄悄踩刘邦的脚，劝说刘邦答应韩信，刘邦醒悟，任命韩信为齐王。韩信才带兵与刘邦会合，最后在垓下一战中击败项羽，帮刘邦夺取天下。

汉六年（前201年）正月，刘邦封赏功臣。张良从来没有任何战功。刘邦说："运筹于帷幄之中，决胜于千里之外。这就是张子房的功劳！"

于是要张良自己在齐地选择三万户，并以此封赏给他。

张良说："臣以前从下邳出发，在留遇到陛下。这是上天把我送给陛下。把我封在留就足够了，不敢当三万户。"于是张良就被封为留侯。

刘邦封赏了大功臣二十多人，其他人日夜争功议论不休，一时间不能完全封赏。有一天刘邦从宫里往外望，看见很多将领坐在山丘上议论着什么。刘邦问："他们在议论什么？"

张良回答："陛下不知道吗？他们在谋反。"

刘邦大惊："天下刚刚安定，为什么谋反？"

张良回答："陛下出身平民，靠着这些人取得天下。但是您封赏的都是萧何、曹参这些故旧，所杀的都是平生有仇怨的人。现在军吏论功行赏，这些人怕天下土地不够封给他们，又怕平生得罪陛下会被杀，所以相聚谋反。"

刘邦说："那怎么办？"

张良说："陛下平生最讨厌而且大家都知道的人是哪一个？"

刘邦说："是雍齿。他多次让我难堪，只是因为功多，不忍心杀他。"

"那么陛下最好马上封赏雍齿用来安定群臣。大家看见雍齿都受封了，就不会心怀狐疑了。"

刘邦听从了张良的建议，封雍齿为什邡侯，果然群臣大喜说："雍齿都被封了，我们就没有什么疑虑了。"

张良体弱多病，从没有率军冲锋陷阵，但是他一直跟在刘邦身边为其出谋划策，这才成就了刘邦的大业。汉朝建立之后，他也不争功。他说："我家世代在韩国当相国。韩国被灭之后，我不惜万金，就想报仇。现在以三寸不烂之舌成为帝王的老师，封为万户侯，已经到了布衣能达到的极致，对我来说已经足够了。从此之后，我不想过问人间的事情，想专心去学道。"于是开始学习辟谷（一种节食乃至禁食的道术），以示与世无争。但是事情始终还是会找上门来。

刘邦晚年的时候，很不满意太子刘盈，想废掉他立戚夫人的儿子如意。皇后吕雉心急如焚，派建成侯吕泽劫持张良，让他想办法。张良无奈之下说："现在天下有四个人是陛下请不来的。你们现在如果能够准备厚礼，让太子亲笔写一封言辞恭敬的信，准备好车，请他们出山，他们应该会来。到时候太子见皇帝，让四人跟从，皇帝必然会惊奇地问起，皇帝知道这四人辅佐太子，就不会废掉他了。"

吕后听后，按照张良说的，果然迎来了四人。这就是商山四皓。后来刘邦一次宴会，太子参加，商山四皓跟着一起。刘邦果然问这四个人是谁，四个人上前回答。刘邦大惊说："我求你们出山很久了，你们都躲着我，现在为什么跟着太子了？"

四皓说："陛下轻视士人，喜欢骂人，我们不愿受辱，所以躲避陛下。太子仁德宽厚，尊贤重士，天下人都想为太子效死，所以我们就出山了。"

宴会结束后，刘邦目送四人远去，指着他们的背影对戚夫人说："我本来想废掉太子，现在这四个人辅佐他，他羽翼已成，我动不了他了！"

张良自跟从刘邦，为他出谋划策无数，可以说为西汉建立立下了不朽功勋，但是他功成之后并不恃功而骄，而是果断身退，避免了遭遇韩信那样悲惨的下场，也不像萧何一样活得胆战心惊，在汉初三杰中，可以说是个真正智慧的人了。

伴君如伴虎
——陈平与周勃

智囊陈平

萧何去世前，推荐了曹参当相国。曹参担任相国三年后去世，后来吕后篡权。吕后死后，陈平和周勃率军平定诸吕之乱，并迎立了汉文帝。汉文帝把陈平和周勃都任命为丞相，陈平认为周勃的功劳更大，于是让周勃担任右丞相（古代以右为尊），自己担任左丞相。

汉文帝一次在朝廷上问右丞相周勃："全国一年判死刑的有多少？"

周勃不知道，只好谢罪说："我不知道。"

皇帝又问："全国一年财政收入和粮食收成有多少？"

周勃又谢罪说自己不知道，紧张得汗水把衣服都打湿了。

于是皇帝问左丞相陈平，陈平说："有主管的人。"

皇帝问："主管的是谁？"

陈平回答："陛下问判死刑的人数，可以问廷尉；问财政和粮食，可以问治粟内史。"

皇帝有些生气了，问："如果这些事情都有主管的人，那么你主管的是什么？"

—陈平像—

陈平斩钉截铁地回答："我主管大臣！陛下让我当丞相，丞相的职责，向上辅佐皇帝调理阴阳，顺和四季，向下使万物都能正常成长。对外要镇抚外族和诸侯，对内使百姓亲附，使官员各司其职。"

皇帝十分赞赏陈平的回答，而右丞相周勃尴尬万分。散朝的时候，周勃责备陈平说："你怎么平时不教我这样回答皇帝的问话啊！"

陈平笑着说："您处在这个位置上，难道不知道自己的职责吗？假如陛下问长安城里盗贼的数量，难道您还想勉强对答吗？"

从那以后，周勃知道自己远远不如陈平。不久，他就在家里泡病假请求辞职，让陈平一个人当丞相了。其实周勃本来就应该知道，自己的长处是在带兵打仗上，智慧谋略他是远比不上陈平的，陈平可以说是汉初唯一能与张良并列的顶级谋士。

秦末大乱，群雄逐鹿，烽烟四起，兵不厌诈。和平时期的道貌岸然早被抛到一边，在这混乱的年代，比拼的就是谁更狡猾，谁更奸诈，谁更善于玩弄阴谋诡计。陈平就是这其中的佼佼者。

陈平是阳武户牖乡人，这户牖乡，用现代文说就是门窗乡。听这名字，就知道那不是什么大地方。陈平小时家里很穷，但是他喜欢读书，他有一个哥哥，哥哥负担起了家里所有的农活，让陈平专心读书，结交高人。陈平这种行为在乡里大概也就属于游手好闲一类了，所以他嫂子经常看不惯。陈平长相很英俊，有人就问："你们家这么穷，他吃了什么长得这么帅啊？"

嫂子没好气地说："还不是吃糠咽菜！有这样的小叔子还不如没有！"

陈平的哥哥知道老婆这样评价自己的弟弟，一怒之下，把老婆给休了。

　　陈平到了该娶老婆的时候，没有富人家敢把女儿嫁给他，穷人陈平也看不起。过了很久之后，乡里的富户张负家孙女死了丈夫，这已经是她第五次守寡了，没人敢再娶她，而陈平却看上了她。张负也比较满意陈平，因为他悄悄跟着陈平到他家去暗访的时候，发现陈平家门外有许多豪华车的车辙印，于是回来跟儿子商量，儿子说："陈平又穷又无所事事，乡亲们都笑话他，为什么你要把自家的孙女嫁给这样的人？"

　　张负的回答很外貌协会："长得像陈平这样帅的人，难道会一直贫困下去吗？"于是还是把自家的孙女嫁给了陈平，连聘礼都是张负偷偷给陈平，再叫陈平堂而皇之地送到自己家的。婚后，陈平得到了张负的财力支持，生活水平明显提高，交游范围也广了。

　　秦末大乱，陈平辞别兄长，先是依附魏王，但是不受重用，还被诬陷，于是逃跑去投奔项羽，可是又打了败仗，项羽要杀他，于是陈平仗剑逃跑。在渡河的时候，船夫见陈平长相英俊仪表不凡，又是单独出行，猜他是逃亡的将军，身上应该带着很多金银珠宝，于是就想谋财害命。陈平察觉之后，干脆脱光衣服，以示自己身上没有财宝，还帮着船夫拉船，表示自己和船夫一样也是苦出身，这才逃过一劫。陈平顺利到达修武投奔刘邦。

　　当时有十个人与陈平同时投奔刘邦，刘邦招待他们吃饭之后就让他们回去休息，谁知陈平说："臣是为事而来，所说的事情不能过今日。"

　　于是刘邦叫他留下跟他谈话，一谈十分投机，就问他："你在项羽那里当的什么官？"陈平说："都尉。"

　　于是刘邦拜他为都尉，还让他参乘，跟自己同乘一辆车，又叫他担任宪兵队队长，负责纠察全军上下。诸将哗然，觉得陈平不过是项羽那边的降将，而刘邦不知道他的高下就给他这样高的待遇，实在离谱。周勃、灌婴一帮老将就向刘邦打小报告:"陈平反复无常,品行不端,在家的时候,曾经和嫂子私通,到我军之后,收受将领贿赂。"

刘邦知道之后,找来推荐陈平的魏无知质问:"将军们说的都是真的吗?"

魏无知回答:"是真的。"

刘邦大怒说:"那你为什么还说他是贤人?"

魏无知回答:"臣所说的贤是指他的才能,大王所说的贤是指品行。现在有人即使有尾生①那样的品行,但对行军打仗来说又有什么好处呢?我推荐他,只是因为他擅长奇谋,这和跟嫂子私通、收受贿赂又有什么关系呢?"

刘邦又找来陈平责问收受贿赂的事情。陈平振振有词地回答:"臣逃亡而来,身上没有钱,无法生活,所以接受贿赂。我离开魏王和项羽,是因为他们不能采纳我的意见。大王能听我的意见则可,不采纳,大王赏赐的财物都在这里,臣请充公,然后辞官。"

刘邦听了之后,不但没有责怪陈平,反而厚赏了他,升他为护军中尉,监察所有将领。这时候,诸将才不敢再有意见。

有了刘邦的信任,陈平终于可以施展手脚,大干一番了。之后不久,刘邦被项羽围困,向陈平讨主意,陈平说:"项羽的忠实部下不过几人,只要大王拿出数万金,让臣实施反间计,使其君臣离心,自然可破。"

于是刘邦出黄金四万斤交给陈平,让他随意使用,不问他的出入。陈平出重金派人到项羽军营,散布消息,说项羽的将领钟离眜等想投降刘邦,消灭项羽。项羽果然起了疑心。

---

① 尾生:古代传说中的人物,与女子在桥下约会,女子未至大水忽至。为守信最终抱着桥柱而死。后多以"尾生抱柱"或者"抱柱信"形容坚定不移地信守承诺。

项羽派使者到汉军军营，陈平授意先用极高的规格招待使者，待见到使者再假装惊讶地说："我原来以为您是亚父范增的使者呢，原来是项羽的使者啊！"马上把丰盛的筵席撤去，换上粗陋的食物。憋了一肚子气的使者回去之后，一个劲地说范增的坏话，项羽果然也开始怀疑范增了。范增一怒之下告老还乡，在路上就被气死了。

楚汉战争以项羽的失败而告终，西汉建立。汉六年（前201年），有人上书告韩信谋反，刘邦向诸将询问对策，大家都说："发兵把韩信抓来活埋了！"

刘邦问陈平，陈平说："陛下的军队比起韩信军队如何？"

刘邦回答："不如他。"

陈平又问："陛下带兵比起韩信如何？"

刘邦又回答："不如他。"

陈平说："兵将都不如他，怎么能发兵呢？"

刘邦问："那怎么办？"

陈平说："陛下何不装作到云梦泽视察，韩信必来拜见，到时候抓住他，只需要两个武士就够了。"

刘邦听从了陈平的意见，果然抓住了韩信。

第二年，陈平又跟从刘邦北击匈奴，结果被匈奴围困在平城白登山，七天七夜，饭都没有吃的。后来刘邦采纳了陈平的计谋，才得以突围。对这个计谋，《史记》《汉书》都讳莫如深，只说"其计秘，世莫得闻"。

史书说，陈平先后为刘邦贡献了很多奇谋妙计，但是很多都属于绝对机密，世人无法得知。从楚汉相争到剪除诸侯，陈平都立下了汗马功劳。

相比之下，绛侯周勃就是一个没有什么文化的武夫，但这并不代表他没有心计。

周勃是最早跟着刘邦起事的几个元老级人物之一，他以前是靠编织养蚕的器具为生的，有时候也帮有丧事的人家干点吹鼓手的活，根正苗红，绝对贫农。靠着一身力气，能挽开硬弓，在反秦和楚汉战争中屡立战功。刘邦被封为汉王的时候，他就受爵为威武侯。汉朝建立之后，又被封为绛侯，担任

周勃像

国家最高军事长官——太尉。吕后死后，跟陈平、灌婴等大臣一起诛杀诸吕，恢复刘氏天下，功劳很大。后来又与陈平一起当丞相。陈平死后，单独任丞相，地位煊赫。

虽然当时还没有苏轼"高处不胜寒"的名句，但是想来周勃是十分明白这个道理的。他的一个门客就曾经劝他："您诛杀诸吕，拥立当今皇帝，功劳盖世，但是恐怕祸患也就来了。"

前面有韩信、英布等例子，周勃也很清楚自己表面的煊赫下隐藏的可能是深深的危机，所以他也经常食不甘味，寝不安席。但是，他没有想到的是，祸患来得如此之快。

汉文帝即位后不久，就下诏列侯必须回到自己的封地，这实际上是要这些贵族远离京城，以免影响朝政。同时，在某个角度，这也是对他们的贬斥，而周勃作为丞相，皇帝要求他以身作则，率先回到封地。周勃离开京城后，整日惶惶不安，每当听到京城有使者来时，都担心是皇帝派来诛杀自己的，于是总是披上铠甲，命令家人手执兵器，才敢见使者。

汉文帝四年（前176年），有人上书告周勃想造反，皇帝毫不犹豫地把周勃扔进了监狱。在监狱里，周勃受到了狱吏凌辱，无奈之下，只好重金贿赂狱吏，狱吏得了好处，终于停止了对周勃的欺压，还给他出主意怎么样跑路子，向皇帝求情。终于，在社会各界的一致努力之下，周

勃终于重见天日，这时候他感叹："我曾经率领百万军队，可是哪里知道狱吏的尊贵啊！"

无独有偶，西汉的韩安国也有类似的经历。有一次，他受别人牵连而下狱，也是在狱中被狱吏百般凌辱，韩安国愤怒之下，对狱吏说："你以为我就没有死灰复燃的一天吗？"谁知这狱吏比他更嚣张说："你这死灰要是复燃了，我就撒泡尿把它浇熄！"

在以权力为尊的专制社会，每一个人都无师自通地学会了如何使用自己手中那点哪怕是很小的权力。清代文学家方苞的《狱中杂记》就很详细地讲了当时狱卒们为了获得一点利益是如何把自己手中的权力运用到极致的。每个人都明白，权力是一个场，任何人，不管你是谁，只要进入了这个场，就必须服从这里的游戏规则。如果进入了自己的场，对不起，这是我的地盘，我的地盘我做主。

所以，周勃算是很聪明的。也许是在官场历练多年，对场里的潜规则他早已烂熟于心，一看势头不对，马上放下丞相的架子，甚至向一个在权力场中极不起眼的小狱吏卑躬屈膝，因为他明白，县官不如现管，在别人的场中，任你曾出将入相，也得俯首听命。

亚夫之死

相比之下，周勃的儿子周亚夫就稚嫩得多了。周勃死后，他的儿子周胜之袭爵，并娶了皇帝的女儿当老婆。但是驸马并不是那么好当的，古代男子娶公主叫"尚主"，意思是高攀，这就决定了这种婚姻从一开始双方的地位就是不平等的。周胜之与公主婚后感情不好，板子当然只能打在周胜之的屁股上，于是皇帝寻了一个借口把周胜之给废

—周亚夫像—

了，而让周勃的小儿子周亚夫袭爵，封为条侯，后来为备战匈奴，又被封为将军。

汉文帝时期，匈奴进犯北部边境，逼近长安，文帝急忙调集军队镇守防卫，宗正刘礼驻守霸上，祝兹侯徐厉驻守棘门，河内太守周亚夫驻守细柳。

文帝为了鼓舞士气，亲自到三路军队去慰问。他先到霸上，后到棘门。这两处见到皇帝来了，军营马上放行，主将听到皇帝来了，慌慌张张迎接，之后再全军送皇帝到营寨门口。

文帝到细柳，所见却截然不同。前面开道的人被挡在门外，守门都尉说："将军有令，军中只听将军的命令，不听皇帝诏令。"等文帝到了，派使者拿着自己的符节去通报，周亚夫才命令打开营门迎接。士兵还严肃告诫皇帝随从："将军有令，军营中不许车马疾驰。"车夫只好控制缰绳让车缓缓行进。到大帐前，周亚夫铠甲鲜明，手持兵器，只向文帝行了一个拱手礼："甲胄之士不能下拜，请陛下允许臣以军中之礼拜见。"文帝十分感动，也欠身扶着车前横木向将士们行礼。

文帝出来之后十分感慨，对大臣们说："这才是真的将军啊！刚才霸上和棘门的军队简直就是儿戏！如果敌人来偷袭，恐怕他们的将军也要成俘虏。而周亚夫这样的将军，怎么可能被俘虏呢？"

匈奴撤兵后，三处军队也撤军了。文帝升周亚夫为中尉，掌管京师兵权。汉文帝临终的时候对汉景帝说，如果天下有事，最能带兵的就是周亚夫。

汉景帝三年（前154年），吴楚七国之乱爆发，周亚夫被任为太尉，率兵平定了叛乱，挽狂澜于既倒，建立不世功勋，后来拜为丞相。可是，在平定叛乱的时候周亚夫得罪了梁王，再加上在栗太子事件上得罪了皇帝，所以，后来他也被诬陷谋反，扔进了监狱。

比起他爹，周亚夫真是太不聪明了，他不明白，在权力的场中没有大小之分，没有是非之别，只有是否现管的区别。于是，当狱吏质问他是否造反的时候，他居然没有明白这话外面的潜台词，还在硬着脖子大声叫冤。狱吏一看这家伙这么不懂事，于是冷冷地说："你即使不是在地上造反，那肯定也是在地下造反。"

从那天起，便停了周亚夫的伙食。可怜一代名将，前任丞相，饿得只好啃棉絮，最后被活活饿死在监狱。

儒生也来讨口饭吃
——从郦食其到蒯通

高阳酒徒

秦末无道，陈胜首义，响应者风起云涌，局势波谲云诡，纷乱不亚于战国。那是野心家的时代，也是赌徒的时代，更是中国式知识分子的时代，郦食其就是其中的一个。

郦食其是陈留高阳人，爱读书，家贫落魄。潦倒到当看门人。但是由于这老头脾气挺大，所以大家都不敢惹他，称他狂生。

陈胜、吴广起义后，天下纷纷反秦，几十支队伍经过高阳。郦食其一直在暗中观察，他认为这些将领大多鼠目寸光，只会摆排场装架子，皆无可观。等到刘邦带兵经过，郦食其街坊的儿子在刘邦军中，郦食其对他说："我听说沛公傲慢轻蔑人，但是胸中却有雄才大略，这种人我愿意跟，你帮我引荐下。"

小伙子说："大爷您就省省吧！沛公不喜欢儒生，曾经把尿撒进儒冠里。他跟人说话也是经常大骂，您最好别去。"

郦食其坚持说："你只管通报。"

年轻人只好向刘邦推荐。刘邦派人召郦食其，郦食其进见时，刘邦正坐着让两个女子洗脚。郦食其见了也不下拜，直接说："您是想帮秦朝还是破秦朝？"

这样没头脑的话果然激起了刘邦的兴趣："你这蠢儒生！我当然要灭秦。"

郦食其接着说："你想灭秦，就不应该对长者倨傲。"

刘邦一看这人似乎有些来头，立即收起了架子，停止洗脚，整理衣服，让郦食其坐。

郦食其接着跟刘邦分析了天下局势，他知道现在刘邦想攻打陈留，但是苦于打不下，于是打包票说，陈留令跟我有旧交，让我替你去劝降。刘邦答应了。郦食其见了陈留令，但是这次他的如簧巧舌不顶用了，陈留令拒绝投降。但是看在故人的面上，当晚留郦食其在自己家休息。可是郦食其却没有把陈留令当成故人。睡到夜半，郦食其起来杀掉了陈留令，砍下他的头，偷偷出了城。次日，刘邦军队提着陈留令的头劝降，陈留守军见大势已去，只好开城门投降。

郦食其立了大功，被刘邦封为广野君。郦食其趁机推荐了自己的弟弟郦商，刘邦派给郦商数千人，让其向西南攻城略地；而郦食其经常充当说客，纵横于诸侯间。郦食其建立的最大功勋就是凭一张嘴说下了齐国七十多座城池，但是也就是因为这功勋，他丢掉了自己的命。

汉高祖三年（前204年），刘邦在荥阳被项羽打得大败，想退守不出。郦食其听说之后力劝刘邦守住敖仓粮仓，说自己愿意出使齐国，让他们归顺汉军。刘邦听从了他的建议，坚守敖仓。

郦食其到齐国之后，跟齐王仔细分析了当下局势，告诉他之后投靠刘邦才是万全之策。齐王听了之后决定归汉。刘邦的后顾之忧没有了，还白白得到齐国七十多座城池。齐王也很感激郦食其，就留他在齐国，每天好酒好肉招待。郦食其自称高阳酒徒，这样更乐不思蜀了。

登上人生顶峰的郦食其并不知道，自己置酒高会的时候，一双冒血的眼睛正盯着自己，这双眼睛后面，自己的末日也在迅速到来。这双眼睛的主人叫蒯通。

　　蒯通是韩信的手下，当时韩信正领兵攻打齐国。虽然韩信用兵如神，打仗毕竟是艰苦的事，所以部队进展很慢。正在这时，传来消息说郦食其已经劝降了齐国，齐国现在是盟友了。韩信就停止了军事行动。

　　郦食其轻松建立大功，蒯通无法抑制自己的嫉妒，撺掇韩信说：将军受诏攻打齐国，而汉背着将军派使者劝降齐国，汉下诏给将军要您撤兵了吗？咱们为什么要撤？而且他郦食其一个书生，轻轻松松就收复齐国七十多座城，而您带几万人，一年多才打下五十多座城，您身为大将，难道还不如一个腐儒？

　　韩信听了之后也觉得不服气，马上带兵袭击齐国历下守备部队。齐国以为汉军已经是盟军，根本没有防备，结果大败。这也把郦食其推上了死路。

　　齐王田广闻讯后大怒，要郦食其让汉军停止攻击，不然就烹了他。郦食其知道自己被出卖，如何能劝止战神韩信？只好最后嘴硬说："你爷爷是做大事的人，不会考虑细枝末节的问题，我不想再跟你说了！"于是被齐王给活煮了。

　　蒯通跟郦食其是同行，都是靠嘴巴吃饭的，而蒯通却毫不犹豫出卖了郦食其。这也应验了一句话：同行是冤家。在利益面前，根本就没有什么正义和道义可讲。当年郦食其深夜砍了把自己当朋友的陈留令的头的时候，早应该想到自己也有今天。

　　郦食其投机失败，也有时机不对的原因。天下安，注意相；天下危，注意将。战乱时期，将领才是王者的最爱。所以这些嘴皮子厉害的人想要得到印把子，必须通过枪杆子这条路。但是这条路又处处潜伏着危险，稍有不慎就可能粉身碎骨。

然而，天下平定后，以前的宠儿韩信、彭越、英布等武将反而成了皇权的巨大威胁，皇帝必须处之而后快。此时文士反倒成了皇帝的得力助手。

这个道理刘邦一开始并不明白，所以当他的谋士陆贾一天到晚跟他讲诗书礼仪的时候他大怒："你爷爷我马上得天下，要你诗书干什么？"

陆贾回答："马上得天下，能够马上治理天下吗？秦朝不就是前车之鉴吗？"

刘邦的一个优点是认错很快。他马上对陆贾另眼相看，还要他著书立说，把前代的兴亡用文字记载下来，以便借鉴。也正因为此，儒生叔孙通才得以大显身手。

那个叫叔孙通的人

叔孙通在秦代就因为博学而被征为待诏博士。陈胜起义的时候，秦二世召集朝廷诸生商议，很多人都说：这些反贼实在猖狂！请陛下发兵剿灭他们！

秦二世听着听着脸色开始变难看了。只有叔孙通一个人上前说：大家说得都不对。现在天下合为一家，兵器都被销毁了，而且英明的皇帝在上，法令宣布于下，哪里有敢造反的？这些只是些鸡鸣狗盗之徒，没有什么值得担心的！叫地方官把他们抓起来治罪就可以了。

秦二世高兴地说好，然后继续询问诸生，有的说是造反，有的说是为盗，二世把说造反的人全部扔进监狱，说为盗的全部免官，而特意赏赐了叔孙通，拜为博士。

叔孙通出宫，回到宿舍，诸生都责备他："你今天说的话太阿谀了吧？"

叔孙通抹着额头上的汗，惊魂未定地说："兄弟你们不知道啊，我今天差点难逃虎口啊！"

秦被灭后，叔孙通追随刘邦，因为知道刘邦讨厌儒生，叔孙通就不穿儒服，而是穿楚地的短装，以取得刘邦的好感。跟着叔孙通一起降汉的有一百多个儒生，但是叔孙通成天就是给刘邦讲些豪猾大侠之类的事情，根本不向刘邦推荐这些饱学之士。大家都很气愤，叔孙通说："现在楚汉相争，讲究的就是蒙矢石攻城略地这一套，你们能做吗？你们要耐心等待，我不会忘记你们的。"

汉五年（前202年），刘邦在定陶被尊为皇帝，可是，这皇帝一开始却当得很不舒服：跟着刘邦一起打天下的那群功臣大多出身低微，没有什么教养，天下初定，又忙着争功，于是众大臣在朝堂上大呼小叫，拔剑击柱，除了没有随地大小便，几乎什么都做过了。刘邦十分懊恼却又无计可施，这时候叔孙通知道机会来了，他对刘邦说："儒生不能用来打天下，但是适合用来守天下，请让我去征召鲁国的儒生，为陛下制定朝廷礼仪。"

刘邦很清楚自己文化水平不高，问："礼仪会不会太难啊？"

叔孙通回答："三代不同礼，礼仪是根据现实情况而变化的，臣将择取前代的礼仪，制定我朝的礼仪。"

刘邦说："那你试试，要估计我能够做的你才制定。"

叔孙通到鲁国征召了三十多名儒生一起制定朝仪，有两个人不愿意去，说："现在天下未定，你就想制定礼仪，礼乐是积德百年之后才能做的，你的做法与古人是不符合的，要去你去，不要侮辱我！"

叔孙通笑着说："你们真是腐儒啊！不知道时代的变化！"

叔孙通带着三十多人回到长安，找了个地方演练他制定的礼仪。一个多月之后，叔孙通请皇帝来观看。皇帝看了之后说："这个我能做。"于是下令群臣学习新制定的朝仪。

汉七年（前200年），刘邦下令，在新建成的长乐宫，按照新制定的朝仪上朝。当时朝廷警卫森严，大臣按照文武两班排列，皇帝乘辇而出，卫士沿途开道，然后大臣山呼万岁。从官上酒，按照礼仪依次向皇帝祝贺。有不合规矩的，马上被拖下去打屁股。群臣战战兢兢，不敢喧哗。刘邦惬意之极，说："我今天才知道皇帝的尊贵啊！"

于是拜叔孙通为太常，赐金五百斤。叔孙通趁机说："一直跟随着我的一百多个儒生，是和我一起制定礼仪的，希望皇帝也给他们官做。"于是刘邦全部拜他们为郎。这些儒生这时候才喜出望外地说："您真是圣人啊！知道时事之变。"

其实不管是叔孙通，还是郦食其或者是蒯通，他们都是典型的中国式知识分子，也就是"学而优则仕"的早期版本。"学而优则仕"的精装版本就是"经世致用"。所有的学问其评价标准只有一个：有用还是没用。而这里的"用"，更准确点讲就是能否被帝王利用。

客观地说，中国早期并不是没有出现过比较纯净的学术，比如老庄的道家哲学，公孙龙的白马非马、坚白之论，等等。但是纯粹的学术要不就是太深奥，整这么深奥皇帝都不懂当然是很丢面子的事；要不就是皇帝无法用。如果大家都像庄子一样，宁愿当烂泥塘里拖着尾巴爬行的乌龟，也不愿被黄绸缎包着供在祭坛上，那做皇帝还有个什么乐趣？所以这一类的知识分子最后逐渐被边缘化，直至被淘汰。最后剩下的，就是郦食其、蒯通、叔孙通一类的中国式读书人了。

不作死就不会死
——骄奢的淮南王刘长

厉王刘长

古代帝王、诸侯、高官死后，朝廷会根据他们的生平业绩授予一种用以褒贬善恶的称号，就是谥号。谥号大致可以分为表扬、同情和批评三类。第一类如：慈惠爱民曰文，绥柔士民曰德，照临四方曰明；第二类如：未家短折曰伤，短折不成曰殇，在国遭忧曰愍；而批评的谥号称为恶谥，如：好乐怠政曰荒，好祭鬼怪曰灵，杀戮无辜曰厉。淮南王刘长死后谥为"厉"，凭这个我们就大致知道淮南厉王刘长是怎样的一个王爷了。

刘邦一共有八个儿子，长子是他平民时跟一个姓曹的女人私通生的儿子，叫刘肥，后来被封为齐王；二儿子是嫡长子，是吕后生的刘盈，就是后来的孝惠帝；第三子是戚夫人生的如意，差点被立为太子，后来被吕后毒杀；第四子是薄姬生的刘恒，被立为代王，后来当了皇帝，也就是汉文帝；第五子刘恢，被立为梁王；第六子刘友，曾被立为淮阳王；第七个儿子就是淮南厉王刘长；第八子是被立为燕王的刘建。

刘长其实是在刘邦计划之外生育的。事情得从高祖八年（前199年）说起。那一年刘邦带兵去打匈奴，结果中计被围白登山，最后好不容易才突围出来。回朝廷路上，路过赵国。当时赵国国君是张耳的儿子张敖，因为他娶了皇帝的女儿鲁元公主，所以也是皇帝的女婿。皇帝兼老丈人驾到，赵王自然竭尽所能恭敬侍奉，给老丈人献上了美人，美人的名字史书中没有记载。刘邦临幸之后，美人有了身孕，生下的孩子就是刘长。

因为美人是皇帝临幸过的，又有了王子，所以赵王不敢让美人再住在宫里，而是在外面修了个宫殿让她居住，本打算小皇子生下来就送到长安去，谁知道这时候就发生了赵王臣子贯高等谋刺皇帝的案子（参看《就死与偷生——季布与贯高的选择》）。事情败露之后，赵王及其大臣和后宫亲属全部被逮捕关押。美人也在其中。她央求狱吏说自己跟皇帝已经生下了龙子。狱吏把这事禀告了刘邦，刘邦正在气头上，他逃命的时候连自己和吕后生的一双儿女都可以扔掉，哪里会理会这个萍水相逢的女人和外面的孩子。无奈之下，美人的弟弟赵兼就去求辟阳侯，希望通过他向吕后求情。

辟阳侯名叫审食其，是刘邦的同乡，也是他的门客。刘邦在外参加反秦战争和跟项羽争夺天下时，审食其就在家里负责照顾刘邦的家人。曾经和太公、吕后一起被项羽俘虏，后来被一起放还。他在战乱中成为皇后的绯闻男友。这事天下人皆知，刘邦不知道是心胸过于宽广，还是忙于在外寻花问柳，对此不闻不问。倒是后来刘邦驾崩，孝惠帝即位，新皇帝对其耿耿于怀，想除去他，但是朋友帮忙，审食其逃过一劫。而这时，刘长的母亲就把最后一丝希望寄托在了审食其身上。

《史记》和《汉书》中都说审食其向吕后求情了，但是向正室求情放过老公在外面的情人还有儿子，这本身就是与虎谋皮的事情，结果肯定是吕后置之不理。审食其的身份更为尴尬，向情人请求让她老公放过老公的情人，这样太尴尬了。此时刘长母亲知道一切希望都已断绝，就在狱中自杀了。

刘长母亲自杀后，狱吏抱着襁褓中的刘长禀告皇帝，加之贯高谋反案已查明与赵王张敖无关，怒气平息的刘邦此时也有些后悔，就命令吕后抚养这个孩子，同时把刘长的母亲安葬在她的家乡。

也许是因为这个孩子太小，不像齐王刘肥、赵王如意等可能对太子的帝位构成威胁，吕后对刘长倒是恪尽抚养之责。

汉高祖十一年（前196年），淮南王英布造反，刘邦御驾亲征去讨伐英布。既然异姓的淮南王已经是反贼了，显然得重新封王。刘邦就封刘长为淮南王，享有英布以前的封地。这一年，刘长刚刚三岁。

吕后去世之后，陈平、周勃诛杀诸吕，废掉了吕后立的恭帝，迎立刘邦第四子代王刘恒即位，是为汉文帝。在此之前，刘邦长子刘肥已经去世，赵王刘如意被吕后毒死，梁王刘恢被吕后迫害，被迫自尽，淮阳王刘友被吕后饿死，燕王刘建也死于非命，加上驾崩的孝惠帝刘盈，刘邦的八个儿子只剩下文帝刘恒和淮南王刘长了。

作为当今皇帝唯一的弟弟，刘长自然地位尊贵，再加上年幼时的遭遇，使刘长养成了骄横跋扈、不可一世的性格。皇帝出猎，经常邀请他同乘一辆车。刘长称呼皇帝也不称"陛下"，而是称"大哥"。也许他认为这样表示亲近，但是在其他人看来，这是严重违反礼法的。而就在文帝即位后不久，刘长做了一件惊动朝野的事情。

复仇与死亡

刘长对自己母亲的死一直耿耿于怀，在他看来，辟阳侯审食其是造成这个悲剧的主要原因。有一天他去拜访辟阳侯，等辟阳侯出来后，刘长抽出藏在袖子里的铁椎，一椎就砸死了辟阳侯，然后叫手下割下辟阳侯的脑袋。之后他脱下上衣到皇帝跟前请罪，振振有词地说：我母亲当时不应该被关押，辟阳侯审食其有能力向吕后请求，但是他没有，这是罪行之一；赵王如意无罪被吕后杀害，辟阳侯也没有劝谏，这是罪行之二；吕后封吕氏家族为王，危害刘氏政权，辟阳侯没有反对，这是罪行之三。我是为天下人诛杀乱臣贼子，为母报仇，现在特来向皇帝请罪。

刘长的理由看似很充分，但是其中也看得出他的小算盘：他母亲自杀的直接责任者应该是他的老爹先皇刘邦，再不成也应该是皇后吕雉，怎么会怪到帮腔不力的审食其身上？究其原因，无非是皇帝和皇后他惹不起，只好拿审食其出气。而且他也料定，吕后死后，这个皇后的前情人早已失势，孝惠帝时就想杀掉他被他躲掉了，现在文帝即位，这个人的死活不太会有人关心，更关键的是，自己是皇帝唯一的弟弟，这个身份是最大的免死金牌，至于那些冠冕堂皇的理由，只不过是走个过场罢了。

果然，文帝觉得他为母报仇，又是自己同父异母的弟弟，不好治罪，只好赦免了他。这时候，上自太后，下至王子和诸大臣都十分害怕刘长，他也越来越骄横。回到淮南封地之后，他不遵循汉朝法令制度，宫室车骑模仿皇帝，给皇帝的奏章语气也桀骜不驯。文帝不好撕破脸亲自责骂他，就授意自己的舅舅，当时任将军的薄昭以家族长辈身份给刘长写了一封措辞严厉的信。

这封信里薄昭历数了刘长的种种不法行为，并警告他：周公为了天下可以诛杀管叔，流放蔡叔，齐桓公为了政权也杀了哥哥公子纠，秦始皇杀掉了母亲与嫪毐私通生下的两个孩子，囚禁了生母。在皇权面前，亲情是不堪一击的。如果刘长再不悬崖勒马，后果不堪设想。

刘长收到信之后不但没有悔改，反而密谋勾结闽越、匈奴谋反。事发后，刘长被召到京师，朝臣审理之后，认为刘长谋反事实确凿，应处极刑。文帝下诏，说不忍心处死这个骄横的弟弟，要求列侯重新商议。列侯商议的结果是维持原判，文帝下诏赦免刘长死罪，废掉他淮南王封号，大臣又上书认为这样对他太宽容，要求把他流放到蜀郡。于是皇帝命令诛杀参与谋反的刘长所有手下，让刘长带着亲信十人流放到蜀郡。

曾经不可一世的淮南王刘长最后落得如此下场，在流放的途中他就死了。路上的地方官因为害怕这个残暴的王爷，不敢打开车门探视，直到他走到扶风雍县的时候，县令才大着胆子打开车门，发现刘长已死，慌忙报告皇帝。关于他的死因有两种说法，一个说是他自己忧愤绝食而死，还有一种说是皇帝派人杀掉了他。

刘长真正的死因现在已经无法查考，但是皇帝唯一的弟弟的死在当时引起了很大的震动。民间流传一首民谣：一尺布，尚可缝；一斗粟，尚可春。兄弟二人，不相容。这首民谣让汉文帝十分尴尬。他下令诛杀了路上所有不敢打开车门的地方官，又厚葬了刘长。

但是坊间还是有一些难听的传闻，汉文帝抱怨说：难道大家以为我处置淮南王是贪图他的土地吗？为了避嫌，他把刘长的四个当时年纪都很小的儿子封为侯，八年后，文帝十六年（前164年），文帝又把原来的淮南国一分为三，即淮南、衡山和庐江，封给刘长还活着的三个儿子，其中刘长的长子刘安又被封为淮南王。

文艺男的谋反
——淮南王刘安

秀才造反

刘安是西汉王族中难得的人才：他是著名的文学家、思想家。史书记载他不喜欢声色犬马，也不喜欢驰骋围猎，而是沉迷于读书，喜欢弹琴，是一个非常文艺的王爷。他招纳了宾客数千人，著有《内书》二十一篇，《外书》无数，其《内书》就是传至今天的《淮南子》，我们现在知道的"嫦娥奔月""席不暇暖""长夜漫漫"就是出自这本书。民间还传说刘安是豆腐的发明人。

刘安文采斐然，汉武帝的时候重视文艺，也非常尊重这个文艺王爷。每次刘安上奏章，武帝写回信，总是要让当时的著名文士司马相如等认真检查，确定文字无误之后才发出去。刘安入朝见皇帝，献上自己的作品，皇帝爱不释手，命令妥善珍藏。武帝还请刘安作《离骚传》，他早上受诏，不到一天就完成，深得皇帝器重。可是就是这样一个文艺范的王爷，最后也因犯二作死，密谋造反而不得善终。

早在汉景帝三年（前 154 年）吴楚七国之乱的时候，刘安就险些参与了谋反。当时吴王刘濞派使者来相约起兵，刘安想发兵响应，但是他的国相欺骗他说："大王一定要响应，请让我来当将领。"刘安同意了。淮南相取得兵权后，就坚守不出，不听吴王号令而听汉军号令。也就因为此，叛乱平息之后，淮南王因为没有参与叛乱而得以保全。

刘安承袭的是他父亲淮南厉王刘长的爵位，和他父亲一样，他也喜欢招纳宾客，很多宾客就是他父亲刘长以前的手下。也许是由于不满自己父亲的横死，刘安一直心怀异志。建元六年（前135年），彗星出现，笃信神仙方术的刘安认为这是战争的预兆，于是加紧制造兵器，并用金钱贿赂其他诸侯国，拉拢同盟军。

就在刘安紧锣密鼓准备谋反的时候，他却没料到祸起萧墙，他的阴谋败露了。刘安有个女儿叫刘陵，伶牙俐齿，很有口才。刘安就给了她很多金钱，让她到长安当内应，交结皇帝左右，为叛乱做准备。刘安的太子叫刘迁，皇帝安排让他娶了皇太后外孙修成君的女儿为太子妃。这时候刘安正在策划谋反，怕太子妃知道内情泄露出去，就跟太子密谋，让太子故意不亲近她，三个月都没有同居。新儿媳十分委屈，请求回娘家，刘安装作无奈的样子答应了，还上书就此事谢罪。

本以为一场危机过去了，谁知一波未平一波又起。这次问题还是出在他那不争气的太子身上。太子刘迁喜欢击剑，自以为武艺高强，无人能及。他听说郎中雷被剑术高超，就要跟雷被比试。雷被当然知道这是个苦差事，一再推辞，但是太子坚持要比。比试中雷被一再忍让，但是被宠坏了的太子一再紧逼，雷被无奈，误伤了太子。太子大怒，雷被也知道自己闯下大祸，就请求从军出击匈奴，想趁机逃离，但是被太子阻止，这让雷被更加恐惧，他知道自己早晚会被太子杀掉，就逃亡到长安，上书辩明自己无罪。

廷尉接到这个案子之后，把案子交给河南审理，按照程序，要太子刘迁到河南接受审讯。淮南王和王后以为谋反事情败露，计划不让太子去，同时发兵造反。可是淮南王又是一个犹豫不决的人，在生死关口，他始终下不了造反的决定。拖了十多天，皇帝又下诏说太子不用去河南了，在淮南当地审理即可。

谁知道事情在发展的过程中又得罪了一个人，就是朝廷指派的淮南国的国相。他上书弹劾寿春丞，说刘安不及时把刘迁送到河南受审，犯了不敬之罪。刘安知道后急忙向国相求情，但是国相不听。事情越闹越大，在国相那里碰了钉子的刘安竟然上书告发国相，武帝让廷尉审理此事，而审理过程中，发现了刘安造反的蛛丝马迹，朝廷公卿请求马上逮捕刘安。

刘安彻底慌了，准备发兵。太子刘迁也积极献策，说愿意派人刺杀淮南中尉，夺得兵权，马上造反。谁知文艺男刘安的优柔寡断又一次暴露无遗。当时公卿要求逮捕刘安，但是汉武帝驳回了请求，派遣汉朝中尉殷宏调查此事。刘安看见殷宏神情似乎很放松，只是问雷被和太子比剑误伤太子的案子，根本就没有问自己造反的阴谋，自以为朝廷还不知道，心里又放松了很多，起兵的事情又被搁置了。

殷宏回朝廷之后禀明了调查结果。公卿说：刘安阻止雷被从军出击匈奴，违反天子诏令，凭这一点就应该判处死刑！武帝没有听从，而是下诏削除淮南国两个县土地。殷宏再次到淮南国宣布诏令。刘安开始听说公卿主张杀掉自己，没有听说最后决定削夺自己土地。听到殷宏又来了，以为是来诛杀自己，又跟太子密谋造反。殷宏到了之后第一句话就是祝贺他，告诉他皇帝不会处死他，于是刘安又犹豫了，决定暂时不反。就这样反复折腾数次，天下人皆知刘安谋反只是时间问题。

被削夺两县的刘安从那以后每天跟手下研究地图，制定作战计划，准备皇帝驾崩之后趁乱起兵，夺得皇位。但是，这次又出问题了。问题仍然出在他那个前世冤孽的宝贝太子身上。

刘安有个庶子叫刘不害，因为不是正妻的儿子，刘安也不喜欢。王后和太子都不把他当作家人。刘不害有个儿子叫刘建，对父亲遭受歧视很是不满，而对于他父亲不能承袭爷爷的爵位他更是气愤。因此他私下结交豪杰，想除掉太子，使父亲能够取而代之。太子知道之后，几次把这个侄儿抓起来暴打。刘建知道太子密谋刺杀汉中尉，于是让人上书朝廷告发。朝廷知道后十分震惊，让有关官员审查此事，刘安谋反的具体计划逐渐浮出水面。

廷尉上书刘建告发的事情牵涉太子刘迁，皇帝命令廷尉监和淮南中尉一起逮捕太子。淮南王想杀掉两位大臣起兵，但是中尉受诏不与淮南王相见，刘安的计划再次流产。最后太子看大势已去，决定自杀，但是这倒霉孩子自杀都没能死成，足见其剑术拙劣。此时刘安的手下伍被又把刘安谋反的所有事实向朝廷告发，淮南王刘安、王后、太子以及在淮南国的宾客数千人全部被逮捕，淮南王在押解至京途中自杀，其他人最后也全部被诛杀。两代淮南王的谋反征程终于走到了尽头。

西汉第一任淮南王是英布。英布原来是项羽的得力干将，后来背叛项羽投靠刘邦，为刘邦最后取得天下立下了汗马功劳，和韩信、彭越一起被列为汉初三大名将。由于三人战功显赫，所以汉初韩信被封为楚王，彭越被封为梁王，而英布被封为淮南王。

但是草野起兵的刘邦深知权力诱惑之大，对异姓功臣他始终是心怀戒备的。因此不久之后他就设计抓捕了韩信，废为淮阴侯，之后又杀掉了这个得力手下；紧接着他又和吕后一起以谋反为名逮捕了彭越，杀掉彭越之后，还把他剁成肉酱，分发给各个诸侯，以示警告。至此，三大名将惨死两个，剩下的英布当然成为惊弓之鸟，被逼造反。

非我族类，其心必异

英布的造反应该是在预料之中，也是正中刘邦下怀的——朕等你空出位子已经很久了。所以英布一造反，刘邦就忙不迭把自己才三岁的小儿子刘长立为淮南王，统治九江、庐山、衡山、豫章诸郡。

刘邦的想法很简单：非我族类，其心必异。天下是我姓刘的打下来的，怎么能让外家的人坐享其成！另外，他相信"血浓于水"，自己的兄弟儿子，当然胳膊肘是向内拐的。刘邦未必不知道在他几十年之前的春秋战国，为了权力父子相杀兄弟相残的事例可谓数不胜数；就是在秦朝，胡亥为了上台，矫诏杀掉公子扶苏和其他皇子的事情也余响未定——韩信、彭越、英布等异姓王靠不住，难道刘长、刘安、刘濞这些儿子孙子侄子就能跟朝廷一条心吗？

但是他也没有选择。一个人是治理不了天下的，必须要大臣的辅佐。但是谁才是可信的？刘邦曾对他老爹炫耀说天下是他打下的家业。在家天下时代，权力只能属于皇家。所以鲁迅先生说"二十四史"不过是二十四家的家谱而已。皇帝未必不知道，在权力的巨大诱惑面前，即便是亲人也不可信任，但是除了亲人，他还有谁可以信任呢？所以任人唯亲，不见得是出于对江山稳固的执着，更像是一种无奈之下的自我安慰。

不过刘安之所以觊觎帝位，还跟一个人有关系。建元二年（前139年），刘安奉命入朝，与他交好的一个大臣迎接他，对他很严肃地说："当今皇帝没有太子，大王您是高祖嫡亲的孙子，又喜欢施行仁义，天下人没有不知道的。如果有一天皇帝去世，除了大王还有谁有资格当皇帝呢！"刘安听说之后大喜，从此开始积极为当皇帝做准备。

这个人就是时任太尉，后任丞相，汉景帝王皇后的弟弟，武安侯田蚡。

王皇后的姓田的弟弟
——田蚡与窦婴的恩怨情仇

王皇后的弟弟

刘安谋反，跟汉景帝王皇后的弟弟武安侯田蚡的暗示是分不开的。皇后姓王，怎么会有一个姓田的弟弟呢？这得从他们那个非同一般的母亲说起。

王皇后的母亲名叫臧儿，是以前燕王臧荼的孙女，也算名门之后。汉朝建立之后，六国时期的贵族都沦落为平民，臧家也不例外。臧儿最先嫁给槐里的王仲为妻，生了一个儿子叫王信，又生了两个女儿。后来王仲去世，臧儿改嫁长陵田氏，生了两个儿子，一个叫田蚡，一个叫田胜。而在王家生的大女儿，就是后来的王皇后。

当时这个大女儿已经嫁给了一个叫金王孙的人，生了一个女儿。后来她母亲臧儿去占卜，占卜结果说两个女儿以后都是大富大贵的命。臧儿觉得现在的金家女婿怎么看也不可能飞黄腾达，于是要夫妻俩离婚，让女儿再嫁高门。金家当然十分生气，坚决不肯离婚，可是丈母娘又步步紧逼，金家一气之下，我得不到的，你也别想得到，干脆把老婆送进太子宫，让丈母娘干瞪眼。

谁知道王氏进太子宫之后，竟然深得太子宠爱，还生了三女一男。她怀着儿子时，曾经梦见太阳扑进了自己怀里。她把这事告诉太子，太子说："这是大贵的吉兆啊！"这个儿子生下来后起名刘彻，就是后来的汉武帝。

景帝最初的皇后并不是王氏。景帝的父亲是文帝刘恒，刘恒的母亲是薄太后。景帝还是太子时，薄太后就为他指定了薄家的一个女子为太子妃，后来景帝即位，薄妃就成了皇后。皇后一直生不出儿子，所以得不到宠爱。后来薄太后去世，薄皇后失去了靠山，皇后也就被废了。之后一段时间，汉景帝处于皇后空缺状态。

景帝的长子叫刘荣，他的母亲姓栗，被称为栗姬。由于皇后没有生育，所以刘荣被立为太子，也就是栗太子。但是栗姬没有被立为皇后，皇后之位仍然空缺。

到最后，曾经嫁给金家，生了一女的王氏居然成了皇后，这可谓奇迹。而这其中，少不了一个重要人物的力量，这就是长公主刘嫖①。

公主这个词源于先秦。当时周天子嫁女儿，自己是不主持婚礼的，而叫同姓的诸侯主持。先秦实行公侯伯子男五等爵位制，而天子女儿的婚礼一般就交给公爵主持，所以就称为公主。到了西汉，只有天子的女儿称为"公主"，而诸侯的女儿则称为"翁主"。而从汉代开始，当朝皇帝的姐姐就被称为"长公主"，先皇的姐妹就被称为"大长公主"。

刘嫖是汉文帝的女儿，也是窦太后唯一的亲生女儿，更是汉景帝唯一的同母姐姐。

汉景帝刘启像

———————————

① 刘嫖：当时的长公主。嫖（piāo），指勇健轻捷的样子。

她的封地在馆陶，所以也被称为馆陶长公主。

作为景帝的姐姐，刘嫖跟皇帝弟弟关系极好，景帝的后宫美人几乎都是通过她进宫的，而且她推荐的美人景帝都十分宠爱。长公主刘嫖有一个女儿，为了巩固自己的势力，她希望把女儿嫁给栗太子，亲上加亲。这也是当时的常态。可是没想到，栗姬竟然拒绝了！

栗姬显然不知道长公主权力的边界在哪里，更不知道自己这个轻率的决定将给自己和太子带来怎样的灭顶之灾。

在栗姬那里碰了钉子的长公主转而找到王夫人提亲，王夫人很爽快地答应了，让自己的儿子刘彻娶了长公主的女儿，这个女儿就是以"金屋藏娇"典故闻名的陈阿娇。

同王夫人结成同盟的长公主开始回过头来收拾不识抬举的栗姬。她对景帝说：栗姬和那些贵妇人聚会，经常让侍者在背后吐口水，搞巫蛊邪术。后宫女子搞巫蛊之术在汉代是十分忌讳的，因此景帝逐渐开始不满栗姬。

景帝身体不好，心情也很糟，他害怕自己要死了，就把自己的儿子们托付给栗姬，说自己如果去世，栗姬要好好抚养他们。谁知栗姬竟然大发雷霆，绝不答应。景帝十分愤怒，但是嘴上没说。

长公主刘嫖经常在景帝面前称赞王夫人，景帝也想起王夫人说的梦日入怀，因此萌发了重立太子的想法。王夫人这时候兵行险着，以退为进，暗中唆使大臣上奏皇帝，立栗姬为后。大行礼官不明就里，冒冒失失上奏立太子母栗姬为后，正窝着一肚子火的景帝大怒："这是你应该说的吗？"下诏诛杀大行礼官。可怜礼官连情况都没有搞明白，就成了老谋深算的王夫人的牺牲品。

景帝杀了大行礼官之后，索性废了栗太子，将其降为临江王，栗姬忧愤而死。最后，景帝立王夫人为皇后，她生的儿子刘彻为太子，并封皇后的哥哥王信为盖侯。景帝去世之后，太子刘彻即位，是为汉武帝。武帝即位后，尊他外婆臧儿为平原君，封他舅舅田蚡为武安侯，田胜为周阳侯。此前臧儿还把自己的小女儿也送入太子宫，生了四个儿子。后来都封了王，臧儿"两女皆富贵"的预言终于实现了。

田蚡与窦婴

田蚡虽然是王皇后的同母弟弟，但是由于长于民间，出身低微，所以在景帝早期并不起眼。那时候他只是担任个郎官的闲职，跟在朝廷的显贵后面亦步亦趋，人家喝酒就去斟酒，人家骑马就去牵马，而他最殷勤侍奉的一个人，就是当时的大将军魏其侯窦婴。

窦婴是汉文帝窦皇后堂兄的儿子。汉文帝即位后，他曾经担任吴国国相，后来因病免职。景帝即位后，窦皇后成了窦太后，窦婴担任詹事，这个官职主要是掌管皇后和太子的家事。

窦婴在朝廷初露锋芒是在梁孝王事件上。

梁孝王是窦太后的儿子，景帝的弟弟，窦太后很爱这个儿子。有一次梁孝王朝见景帝，大家就在宫里摆家宴。景帝栗太子刚被废，刘彻还未被立为太子，趁着酒兴，景帝说："我死后，就让梁王即位当皇帝。"太后一听大喜。正在这时候，窦婴举着一杯酒敬献景帝，说："天下是高祖传下来的天下，父子相传，这是大汉朝廷的约定。陛下怎么能够擅自传给梁王！"

自古天子无戏言。周代时，叔虞是周成王的弟弟，成王即位的时候还年幼，所以由周公旦辅政。一次，成王和叔虞两个一起玩，成王把一片桐叶剪成玉圭的形状，对弟弟说我把这个封给你。周公知道之后就问成王想把哪块地封给叔虞，成王说我是闹着玩的。周公旦严肃地说：天子无戏言，怎么能随便说说？于是成王就把叔虞封于唐。后来叔虞的儿子把国家迁到晋水岸边，改国号为晋。这就是春秋强国晋国的由来。

可以这么说，如果没有窦婴的力争，景帝的一时戏言很难说不会成真，那样的话，景帝的儿子刘彻无法即位，自然就不存在什么汉武帝了，中国的历史很可能就要改写。而对于窦太后和梁孝王来说，到嘴的皇位居然被自家人打飞了，当然十分恼怒。

窦太后讨厌窦婴还有一个原因。西汉初年，朝廷主要思想是老庄的无为之道，而窦太后是笃信老庄的，但是窦婴信奉儒家思想。这跟窦太后分歧很大，加上梁孝王事件，窦太后更加痛恨窦婴。窦婴也看不起这个詹事的官职，干脆辞职。而窦太后竟然把窦婴逐出窦氏宗族，取消了他的朝拜资格。

但是窦婴并没有就此沉沦潦倒下去，很快他就抓住一次机遇，东山再起，登上人生的顶峰。这个机遇就是发生在景帝三年（前 154 年）的七国之乱。

这一年吴楚带头的七个诸侯国造反，朝廷一时间黑云压城。皇帝看过来看过去，宗室的这些大臣哪个都比不上窦婴，只好把免官的窦婴召回朝廷。窦婴还记着太后把自己逐出家门的事情，坚决不愿出山。最后皇帝恳请窦婴："天下危急，王孙怎能谦让呢？"王孙是窦婴的字。古人称对方的字是十分恭敬的表现，而皇帝称臣子的字，是十分给面子了。窦婴挽回了颜面，终于答应出任大将军，与名将周亚夫一起带兵平叛，仅仅三个月，叛军就土崩瓦解。

立了大功的窦婴被封为魏其侯，与条侯周亚夫威震朝野。景帝每次遇到大事必然跟他俩一起商议，朝廷公卿没有人敢与他们分庭抗礼。窦婴的权势达到顶峰，各地的贤人争着投奔他，希望成为他的门客，就连朝廷官员也争相趋奉，以能跟着魏其侯混为荣，这其中就包括初涉江湖的田蚡。

盛极必衰，物极必反。窦婴达到了人生的顶峰，他性格中骄横任性的致命弱点也暴露出来了。景帝第一个太子是栗姬生的栗太子，当时让窦婴做太子的师傅。后来景帝决定废掉栗太子，作为师傅的窦婴力谏而不得。恼怒的窦婴干脆托病不上班，几个月就在蓝田隐居。后来一个叫高遂的人劝他："能让您富贵的是皇帝，能让您亲近的是太后。现在太子被废，您强谏又不能成功，失败又不愿自杀，跑到这里来隐居过逍遥日子，这分明是彰显皇帝的过错，您这样恐怕有灭族之祸！"

听了这话窦婴恍然大悟，马上回到朝廷正常上班，但是他不知道自己的行为已经给皇帝留下了阴影。后来丞相刘舍被罢免，窦太后多次跟皇帝说窦婴可以当丞相，景帝说："您难道以为我爱惜丞相这个位子不给窦婴吗？窦婴这个人沾沾自喜，做事轻率，难以担任需要老成持重品格的丞相。"

至此，窦婴的黄金时期已经过去，在仕途上开始走下坡路。而另一个人的前途却蒸蒸日上，不可限量，这人就是一直跟在窦婴屁股后面混，把窦婴当爹一样侍奉的田蚡。

田蚡的上升是在景帝晚期的时候，他的地位日益尊崇，担任了中大夫。田蚡相貌丑陋，但是喜欢读书，很有口才，王太后很爱这个弟弟。景帝去世，当天太子刘彻即位，新皇登基很多事情都是田蚡和宾客负责张罗，武帝即位后，封田蚡为武安侯。

田蚡是王皇后的弟弟，窦婴是窦太后的侄子，窦太后是王皇后的婆婆，所以田蚡和窦婴在辈分上是同辈。但是由于窦婴入朝比较早，资历较深，之前官位也高，所以田蚡以前是把窦婴当父亲侍奉的。而现在田蚡上升势头一发而不可挡，他就把目光盯到了丞相之位上。

这时候一个叫藉福的人劝说田蚡："窦婴显贵很久了，资历很老，如

果皇帝要您当丞相，您不如让给窦婴当；窦婴当丞相，您肯定就当太尉，两个位置是一样的，而且您还有让贤的名声。"田蚡听从了建议。果然，窦婴成了丞相，而田蚡成了太尉。

窦婴和田蚡两个人都爱好儒术，而当时的窦太后喜欢道家学说。两边发生了激烈冲突，冲突的结果是窦婴和田蚡双双被免职，回家休养去了。

但是武安侯田蚡即使被免职，仗着王皇后的面子，他的势力仍然很大。窦太后去世后，田蚡重新入朝担任丞相权倾天下。

重新得势的田蚡抛弃了以前的谦卑恭谨，逐渐飞扬跋扈起来。他的嚣张后来连皇帝都忍受不了了。当时田蚡推荐人当官，有的直接就要担任两千石的高官。武帝按捺着怒火问他："您授官授完了没？我也想授点官。"有一次田蚡想占用少府考工室的土地扩建自己的宅邸，皇帝大怒问："你怎么不找我要武库的地盘？"

与田蚡的权势熏人形成鲜明对比的是窦婴被废弃之后一蹶不振。原来争着趋奉他的门客也大多散去，转而投奔田蚡门下。但是有一个小兄弟一直矢志不移追随窦婴，这个人叫灌夫。

灌夫的父亲原来叫张孟，因为曾经当颍阴侯灌婴的门客，后来做了两千石的高官，所以冒姓灌。七国之乱的时候，灌孟跟着灌婴的儿子灌何平叛，担任校尉，灌夫也带着一千士兵跟着出征。当时灌孟年事已高，在灌何坚决邀请之下无奈从军，不幸战死在吴军中。

当时军法规定，父子一起从军，其中一个牺牲，另外一个可以服丧回家。但是灌夫坚决不肯，而要上阵取吴军将军首级为父报仇。于是他招募了几十个志愿者跟自己一起出战。走出军门的时候，很多人都胆怯了，开了小差，只有两个骑士和十几个奴仆跟着他。

灌夫带人冲进吴军，杀了几十人，回到汉军壁垒时，只剩下他和一个骑士。灌夫身上受了十多处重伤，幸好当时有万金良药才治好了他的伤。伤好后他请求再次出击，太尉周亚夫看重他的英勇，害怕他死在战场上，驳回了他的请求。七国之乱平定后，灌夫也名闻天下。

失势的窦婴与灌夫结盟，很大程度上也是想借此扩大自己的声势，以能与新贵田蚡抗衡。但是窦婴没有意识到，灌夫的勇猛在和平时期更多地表现为无礼和莽撞，拉拢灌夫，其实是给自己找了一个猪一样的队友。

灌夫先后任中郎将、代国国相、淮阳太守、太仆、燕国国相等职，但是每个官职都没有善始善终，不是因为犯法被免官，就是因为打人被撤职，最后只好闲居长安。由于他好酒任性，出口无忌，长安的贵族对他都没有好印象。而他的宗族宾客也经常仗势欺人，被称为颍川一霸，当地的童谣说：颍水清，灌氏宁；颍水浊，灌氏族。

失势的窦婴交结新一代灌夫，是想给那些背弃自己的门客一个正面的榜样；初涉江湖就被弄得灰头土脸的灌夫投靠久已成名的前辈窦婴，也是想借窦婴的声望来提高自己的身价，而两个人共同的敌人就是如日中天的武安侯田蚡。

曾经有一次灌夫还在服丧期，跟田蚡闲聊，田蚡随意说我本来想跟你一起去拜访窦婴，但是不巧你在服丧。灌夫一听急忙说：您要去窦婴家做客，我怎么会拿服丧作为托词！我马上去告诉他准备迎接，您明早早点来。田蚡答应了。

灌夫马上告诉窦婴，窦婴和夫人火速杀牛买酒，通宵大扫除，第二天一大早就做好迎接准备。可是左等右等丞相就是不来。中午了，窦婴尴尬地说：是不是丞相忘了？灌夫很不快，自己到丞相府，结果田蚡还没起床。灌夫提醒之后，丞相才慢悠悠地往窦婴家走去。灌夫更不高兴了。酒宴中，灌夫起舞邀田蚡共舞，可是田蚡根本不起身。灌夫大怒，在座

位上说了些难听的话，老到的窦婴一看势头不对，马上把灌夫劝离酒席。

之后，田蚡和窦婴又因为田产的事情发生一些纠纷，灌夫又在其中帮窦婴，从此田蚡与窦婴、灌夫的矛盾更加深重。而双方矛盾的总爆发是在一次朝廷宴会上，导火索仍然是猪队友灌夫。

这一年田蚡娶燕王女儿，太后下诏让列侯宗室都去祝贺。灌夫其实也知道自己喝高了就要惹祸，本来不想去，但是窦婴再三相劝，他只好勉强出席。果然，酒过三巡之后，灌夫又出问题了。

此前田蚡给大家敬酒，所有人都离开座席伏地感谢，但是窦婴给大家敬酒，只有几个老朋友离开席位。灌夫心里已经不高兴了。等到他给田蚡敬酒的时候，田蚡又推说酒量不好只能喝半杯。灌夫没有办法发火。可是等他向临汝侯灌贤敬酒的时候，临汝侯没看见，正在跟西宫校尉程不识聊天。灌夫一下子火了："你平时不是说程不识一钱不值吗，现在我老夫给你敬酒，你怎么跟他像小儿女一样咬耳朵？"

一时间举座皆惊。当时程不识任西宫校尉，飞将军李广任东宫校尉，两人经常并称。田蚡听了灌夫的话警告他："你骂程不识，也就是不给李广将军面子。"已经癫狂的灌夫说："哪里管什么李广、程不识！"窦婴一看他又闯大祸，急忙招手让灌夫离开，但是已经晚了。怒火中烧的田蚡宣布今天的宴会有太后旨意，弹劾灌夫犯了不敬罪，应判死刑，并派人马上追捕灌夫的家人。灌夫手中本来捏着田蚡的隐秘罪行，因为家族纷纷逃亡也没人能去告发。

心急如焚的窦婴决心冒死救出灌夫，于是上书辩解灌夫只是酒后狂言，罪不至死。皇帝下令在朝廷举行公开辩论。两人互不相让，朝臣首鼠两端，武帝无法决断。而王太后得知情况之后向皇帝发火："我还在有人就这样欺负我弟弟田蚡，我死了之后大概都成别人的鱼肉了吧！皇帝你是石头做的吗？"武帝无可奈何说："都是外戚，所以才在朝廷公开辩论，不然这事一个狱吏就解决了。"

武帝说双方都是外戚并没错，但是有一点他没有说：窦太后的侄子窦婴是过气外戚，只是明日黄花，已经日薄西山；而田蚡则是当朝太后弟弟，如日中天，孰强孰弱，一目了然。

皇帝命令御史调查窦婴为灌夫做的辩护，结论是多与事实不符，于是以欺君之罪逮捕了窦婴。景帝在位时窦婴曾接受遗诏，说事情紧急可以直接面见皇帝。这时候事情危急，窦婴就叫家人上书申明遗诏的事。可是朝廷检视，没有发现这道遗诏，这下窦婴罪大了。他被弹劾伪造先帝遗诏，罪当弃市。

这一年的五月，灌夫被族诛；十二月，魏其侯窦婴被处死刑。第二年春天，武安侯田蚡也发狂死了。死前，他呼号着谢罪的话。家人找了巫师来，巫师看见窦婴和灌夫守在田蚡身边，好像要杀他的样子。

田蚡死了以后，刘安谋反败露。武帝知道了田蚡给淮南王的许诺，说：要是武安侯田蚡还在，一定诛他一族！

汉武帝后宫的女人们

——从窦太后到钩弋夫人

后宫的女人们

　　古代皇后那边的亲属被称为外戚，类似于现在女儿的孩子被称为外孙子或者外孙女。这里的外显然不是指分工，而是指血缘的亲疏。在男权社会，即便是与丈夫同呼吸共命运的妻子，也只能算外来人，甚至只能作为家族的生育工具，按理说也是不能进入权力核心的。更何况，皇帝后宫三千，"外"的亲戚实在太多了。

　　《汉书·外戚传》列举了皇帝女人们的种种名号，除了皇后，皇帝的妾都称为夫人，夫人之中又有各种等差，如美人、良人、八子、七子、长使、少使等名号。到武帝时又增加了婕妤、姪娥、容华、充衣等名目，到元帝时由于后宫膨胀，又增加昭仪的名号。可谓百花争艳，万紫千红。但是这也从另一个方面证明，能够在史书里留下名字的外戚，也必然非等闲之辈。

　　西汉初年最有名的外戚无疑是吕氏家族了。作为汉高祖刘邦的结发妻，吕后也算是皇帝陛下征程中的亲密战友，不仅为他生下了孝惠帝和鲁元公主，还在沛公倒霉的时候做过人质。但即便是这个亲密战友也在汉高祖死后夺权，几乎取刘氏而代之。这也让汉朝的大臣们开始警惕：外戚如果不加以限制，其权力甚至有可能颠覆朝廷。因此，吕氏被诛灭后，吕后扶植的小皇帝被废，大臣们讨论该由谁即位时，大家都认为，鉴于吕氏专权的教训，一定要选择家风仁善的皇子即位。据说当时的代王王太后薄氏性格温和，没有太强的权力欲，于是大臣一致同意迎立代王刘恒为帝，就是后来的汉文帝，而他的母亲薄太后居然成了汉文帝即位的重要原因。

外戚很多出身于一般贵族甚至平民，所以他们的命运经常是极具传奇色彩的。比如汉景帝的母亲窦太后。

窦太后原来是赵地的人。吕后的时候被征入宫侍奉吕后。一年，吕后把自己宫里的人赏赐给诸王，每个王赏赐五个人，当时还是少女的窦姬就在其中。窦姬家在赵地清河，所以希望能够分配得离家近点，于是事先托主持分配的宦官，让他一定把自己放在赵地的名单中。

谁知道分配事宜繁杂，宦官忘了，就把窦姬放在了代地的名单中。木已成舟后，窦姬大哭，不愿上路，后来被强迫着上车。谁知道到代地之后居然就马上受到了代王的宠幸，生了一个女儿，取名刘嫖。这个名字现在看起来让人有点惊诧，其实"嫖"在古代的意思是轻快的样子。窦姬之后又生了两个儿子。此前代王已有王后，生了四个儿子。代王还没有即位成为文帝的时候王后就去世了。四个儿子也生病死去。代王被立为文帝之后几个月，大臣请求文帝立嗣，此时窦姬生的儿子年纪最大，于是就被立为太子，而出身低微误打误撞来到代地的窦姬则成为大汉帝国的皇后。

此时窦姬的父母已经去世，她有一个哥哥叫窦长君，一个弟弟叫窦广国，字少君。窦姬年轻时家里很穷，窦少君四五岁的时候就被卖给了别人，家里人也不知道他被转卖到了哪里。后来他被转卖十余家，到了宜阳，为主人烧炭。一次他和工友们劳作累了，在岸边崖壁下休息。突然崖壁崩塌，压死百余人，只有少君死里逃生。惊魂未定的少君去占卜，相士说他大难不死，几天后就会封侯。

之后他跟着主人来到长安，听人说新立的窦皇后和自己是同乡，少君被卖的时候虽然年纪小，但还记得自己的家乡，心里想这会不会就是自己失散多年的姐姐？他小时候和姐姐一起采桑曾经从树上摔下来，于是就写了这件事，上书认亲。窦皇后把这事告诉了文帝，召见了窦少君。听他说小时候的事情，都一一符合。又问他还有什么证据。少君说："姐姐离开我的时候，在旅社里和我分别，向主人讨了水来给我洗头，又要了食物给我吃，之后才离开。"

窦皇后听到之后抱着少君大哭，左右都伏地而泣。文帝于是赏赐少君田宅金钱，让他住在长安。此时诸吕之祸刚刚平息，周勃、灌婴等大臣私下商议说："咱们的命以后都悬在窦长君和窦少君这两个人身上了，两人出身又低微，没有什么见识，一定要选择适当人选担任他们的师傅宾客，不能再让吕氏之祸重演。"

因此他们选择了很多长者和有节操的士人与二窦交往，史书说二人后来都被称为谦退君子，不敢因为富贵而盛气凌人。

文帝去世之后，太子，也就是窦皇后的儿子即位，是为景帝。窦少君也被封为章武侯，窦皇后也成了窦太后，她就是汉武帝刘彻的祖母。

景帝还是太子时，他的祖母薄太后就给他选择了薄家的一个女子为太子妃。景帝即位后，太子妃就成了皇后。但是皇后没有儿子，也得不到景帝的宠幸。薄太后去世之后，皇后也就被废了。之后景帝立了栗妃的长子刘荣为太子。但是宫廷斗争风云变幻，本以为胜券在握的栗姬怎么也想不到自己会被一个曾经嫁过一个丈夫，生过一个女儿再入宫廷的王姬后来居上，不仅夺了自己的宠幸，甚至导致自己的儿子被剥夺太子之位。这个王姬就是后来的王皇后，她的儿子就是被封为胶东王，后来被立为帝的汉武帝刘彻。

王皇后先嫁给金王孙，生了一个女儿。后来被送入太子宫，受到当时还是太子的景帝的宠爱，生下了武帝。武帝即位之后，他的宠臣韩嫣告诉他，他有一个同母异父的姐姐住在长陵。武帝说："怎么不早说？"于是先派使者去探视，得知姐姐在家。然后带着护卫仪仗出宫门直趋长陵，一直到金家门口。金家人惊恐万状，女子藏到床下躲避。武帝让人把她扶出来，拜谒说："大姐，你怎么藏得这么深啊！"

武帝带着姐姐回到皇宫，面见太后，家人相拥而泣。之后武帝为太后祝寿，赐姐姐钱千万，奴婢三百人，公田百顷以及府邸，封姐姐为修成君。修成君有一儿一女，女儿嫁给了刘安的儿子刘迁，儿子被称为修成子仲，却是个标准的纨绔子弟，经常仗着太后的宠爱为非作歹，成为长安一害。

武帝被立为太子，他的姑母馆陶长公主，也就是刘嫖在其中起了决定性的作用。据说武帝四岁的时候，刘嫖抱着他坐在膝上，问他："阿娇（刘嫖的女儿，汉武帝的表妹）好不好？"汉武帝回答："若得阿娇作妇，当以金屋贮之。"这就是野史传说的金屋藏娇的故事。后来陈阿娇果然被许给汉武帝，成为他的第一个皇后。

金屋藏娇的故事固然浪漫，但是宫廷斗争是现实而残酷的。陈阿娇被立为皇后之后，仗着自己母亲为皇帝即位出过大力，越来越骄横。可是她自己却一直无子，这也成为她后宫争斗落败的主要原因。此时，武帝的注意力已经转移到另一位出身低微但是色艺双绝的女子身上，她叫卫子夫。

卫子夫原来是平阳长公主家的歌姬。武帝刚即位的时候没有儿子，平阳长公主搜求了十多个良家女子养在家里，悉心调教，盛装打扮，专

等武帝前来。一次武帝参加上巳节祭祀回来拜访平阳长公主，公主就把十几个美女叫来侍奉皇帝，但是武帝一个都不喜欢，只喜欢唱歌的卫子夫。之后武帝起身上厕所，善解人意的平阳长公主叫卫子夫前去伺候，武帝宠幸了她。之后长公主把卫子夫送入宫中，抚摸着她的背说："去吧，注意身体，努力保重。如果富贵了，别忘了我。"

可是卫子夫进宫之后一年多，再也没见到皇帝的影子。之后武帝要淘汰一批宫人，卫子夫也在其中，她哭着向武帝告别，皇帝顿起爱怜之心，重新宠幸了她，之后卫子夫生下三女一男，男孩名叫刘据。

面对情敌日益受到宠爱，陈皇后怒火中烧，多次寻死。这让皇帝更加厌恶她了。据说陈阿娇为了能挽回汉武帝的心，还曾经花重金请当时的文豪司马相如写了一篇《长门赋》，希望能够打动武帝，但是最终还是徒劳。一千多年后，辛弃疾在他的词作《摸鱼儿》中还写到此事：

> 长门事，准拟佳期又误。娥眉曾有人妒。千金纵买相如赋，脉脉此情谁诉？

走投无路的陈皇后病急乱投医，竟然想到了用巫蛊来转败为胜。这在古代宫廷里是犯大忌的。最终，陈皇后因此罪名被废，卫子夫被立为皇后，她的儿子刘据被立为太子。

—李夫人像—

这场争斗，卫子夫全胜。因为她受到皇帝宠爱，弟弟卫青也被提拔，后来成为大将军，卫青的三个孩子还在襁褓中也被封为列侯；她的外甥霍去病也成为抗匈奴战争中的名将。卫氏家族因卫子夫而显要，以军功起家，共有五个人被封侯，风光一时无两。

此后，汉武帝又有了王夫人、李夫人等新宠，卫子夫实际上已经失宠，但是有卫青、霍去病的权势，更重要的是有太子刘据的存在，卫家的势力仍然很大。但也就在卫家权势达到顶峰的时候，一场巨大的灾难却在悄悄逼近。这就是巫蛊之祸。

武帝晚年，神志昏乱，重用江充，穷治宫中巫蛊之事。江充把矛头直接对准了卫皇后和太子刘据。最后太子与皇后被迫起兵，诛杀江充，与丞相的军队在长安大战五日，死者上万。太子兵败后自杀，卫子夫也含恨自尽。

在与陈皇后的争斗中，卫子夫可谓全胜。但是她最后的下场其实还不如陈皇后。陈阿娇被废之后一直居住在长门宫，其待遇跟皇后时一样，最后也算得以终其天年，死后与自己母亲馆陶大长公主刘嫖葬在一起。而卫子夫的经历则可谓天上地下，战胜了陈皇后，自己被立为后，儿子被立为太子，家族五人封侯，显贵一时，可是天有不测风云，转瞬之间大厦崩塌，落得白茫茫一片大地真干净。

作为九五之尊的皇帝，后宫三千，阅人无数，这种冷血的宫廷争斗应该是司空见惯的。不过偶尔也有例外，甚至能让皇帝显示出有些情痴的一面。比如李夫人。和卫子夫一样，李夫人本是歌姬，出身低微。她的哥哥李延年是皇帝的乐师。有一次宴会李延年唱了一首歌：

北方有佳人，绝世而独立。一顾倾人城，再顾倾人国。
宁不知倾城与倾国！佳人难再得！

武帝听了之后叹息说："世上难道真有这样的人吗？"
旁边的平阳长公主（就是推荐卫子夫那位）趁机说李延年的妹妹就是这样的美人。皇帝召见李延年的妹妹后，十分喜爱，这位李夫人之后

生了一个男孩，就是后来的昌邑哀王刘髆。刘髆的儿子刘贺是第二位昌邑王，刘贺在昭帝死后曾经做过二十七天皇帝，后来被霍光废了。

相比于其他皇后宠妃，李夫人是幸运的，最幸运的就是她在很年轻的时候就死了。相传她病势沉重的时候，武帝前来探望，李夫人说："我久病，形容憔悴，不能见皇帝，就请皇帝在我死后照顾我的儿子和兄弟。"武帝说："你病得厉害，也许再也不会起来了。你让我见一面，再把儿子、兄弟托付给我不是更好吗？"

李夫人坚持说自己容貌不如以前，不能见皇帝。武帝更坚持说："你只要让我看一下，我就赐千金，再给你兄弟升官。"可是无论武帝如何请求，李夫人只是转身对着墙壁哭泣。武帝只能离开。李夫人的姐妹就数落她："您难道就不能让皇上看您一眼，当面把兄弟托付给皇上吗？为什么要让皇上这样扫兴？"

李夫人的话倒是发人深省："之所以不愿意见皇帝的面，就是想好好托付。我姿容美丽时被皇帝宠幸。以色侍君者，色衰爱弛，爱弛则恩绝。皇帝之所以还想再看我，是想着我曾经的美貌。现在见我这样憔悴，肯定会厌恶我，这样如何请求他照顾我的兄弟？"

李夫人去世之后，武帝以皇后礼节安葬了她；又把她的哥哥李广利封为贰师将军、海西侯，另一个哥哥李延年封为协律都尉。李夫人可谓深谙与皇帝保持关系的秘诀，就是一个"色"字。她死后，武帝对她还念念不忘。一个叫少翁的方士说能招来李夫人的魂魄。于是武帝命他在宫里设置道场作法。恍惚间，似乎真看到李夫人出现在帷帐中，却又不得近前相见。于是武帝写了一首缠绵悱恻的情诗，这首诗一直流传至今：是邪，非邪？立而望之，偏何姗姗其来迟！

据《汉书》记载，武帝因为怀念李夫人，还亲自作了一篇篇幅不短的赋，赋中以"秋气憯以凄泪兮，桂枝落而销亡"表现对失去李夫人的痛心，以"思若流波，怛兮在心"表现自己痛失爱侣的凄凉和对李夫人的思念。

但是，绝不要认为汉武帝真的就是一个重情重义的情种。皇帝与感情是不能兼容的。在后宫，皇帝会偶尔沉迷于新欢，甚至有时候会忘乎所以。但是一旦牵涉到政事，他马上会恢复阴冷严酷的本来面目。李夫人死后，武帝对她思念至极。但是后来李延年获罪，李广利投降匈奴，武帝仍然毫不犹豫地下令将李家灭族。

立子杀母

巫蛊之祸后，很长一段时间汉武帝没有立太子。其间觊觎太子之位的人也不少。比如燕王刘旦就曾经上书皇帝，请求入宫宿卫（其实是想接近皇帝，以求被立为太子）。武帝得书后大怒，诛杀了派来的使者，并削去燕王三县。之后李广利又和丞相刘屈氂串通，想立李广利的外甥，李夫人的儿子昌邑王刘髆为太子，事发之后李广利投降匈奴，刘屈氂被腰斩。

直到汉武帝死的前一天，他才立幼子刘弗陵为太子，武帝死后太子即位，是为昭帝。昭帝的母亲，就是被称为钩弋夫人的赵婕好。

赵婕好的经历颇有传奇色彩。当年武帝巡狩经过河间，望气者说当地有一个奇女子，武帝派使者把那女子召来。到了之后，女子两手都紧握着拳头，任何人都掰不开。武帝伸手一摸，女子的手一下子就打开了。后来她受到宠爱，被称为拳夫人。之后被升为婕好，住在钩弋宫，于是也被称为钩弋夫人。

钩弋夫人后来有了身孕，怀胎十四个月才生产。皇帝说："我听说尧也是十四个月才被生下来，现在这个孩子也是这样。"还下令把孩子降生宫

—钩弋夫人像—

殿的大门命名为尧母门。

太子刘据死后，燕王刘旦等诸王都不让皇帝满意，皇帝唯独觉得钩弋夫人的儿子身材健壮，智慧聪明，很像自己。此时武帝就有了立他为太子的想法。武帝曾让画工画了一幅"周公辅成王"的画赐给奉车都尉霍光，暗示自己死后霍光要效法周公辅佐幼主。但是此时的皇子才五六岁，钩弋夫人又年少，武帝害怕吕氏之祸再次发生，于是他决定先除掉孩子的母亲。

就在武帝赐给霍光"周公辅成王"画作的几天后，他随便找了个由头斥责钩弋夫人。不知就里的钩弋夫人卸下首饰叩头谢罪，但是铁石心肠的皇帝丝毫不为所动，说："拉下去，送掖庭狱！"被拉走时，钩弋夫人回头望着武帝，武帝大声说："快点走，你今天反正是活不了了！"

钩弋夫人死在云阳宫，据说死时风暴突起，天昏地暗，得知消息的百姓也为之感伤。钩弋夫人死后，武帝谈及此事时说："以前国家动乱，就是由于主少母壮。吕后的事情难道不是前车之鉴吗？"

与屈原并称的西汉天才
——贾谊

天才贾谊

作为中国纪传体史书乃至整个正史系统的开山鼻祖，司马迁其实是一个很有想象力的历史学家。这种想象力，从他对传主的安排就可以看出来。例如将孙武与吴起一起列传突出其深通兵法，将老子和韩非子一起列传突出其哲学建树，将樗里子和甘茂一起列传突出其智慧过人，而将廉颇和蔺相如一起列传表现其忠勇为国……但是，最富有想象力的安排，莫过于将屈原和贾谊一起列传了。

屈原和贾谊，一个是楚国贵族，一个是汉代官员；一个贵为三闾大夫，曾起草楚国宪令，一个贵为西汉的太中大夫，曾向皇帝进献无数定国安邦之策。屈原死后的第七十八年，贾谊才出生，应该说，两个人是没有什么直接关系的，但是，司马迁却将两人一起列传，也就是《屈原贾生列传》，这不仅表现了史迁（司马迁）对贾谊才华的高度认同，也说明，在司马迁眼里他们的命运是有着某些共同点的。

还有一点值得注意，在这篇传记中司马迁对两个人的称呼都不是正常对传主的称呼，而是用的敬称。屈原名平，字原，古人称字是对对方恭敬的表示；而司马迁称贾谊竟然直接称为"贾生"，仿佛他就是自己邻家的小哥，对其偏爱可见一斑。

贾谊是洛阳人，年少即以博学而闻名郡中。河南守吴公被提拔为廷尉的时候，向汉文帝推荐了贾谊。于是文帝招贾谊为博士。

汉代的博士就是向皇帝提供国事咨询的。当时贾谊才二十出头，是最年轻的博士。每次皇帝要求大家商讨国家大事时，各位老先生还没说话，贾谊总是第一个发言，弄得老先生们只好在他说完之后尴尬地笑笑，说："小贾的观点就是我想说的啊！"并且大度地表示对他才华的欣赏。汉文帝也十分欣赏贾谊，于是一年之内就破格提拔他为太中大夫。获得皇帝赏识的贾谊更是意气风发，积极参与朝廷大事，也越来越得到皇帝的信任。于是，汉文帝打算再提拔贾谊，让他担任公卿之位。但是，皇帝的想法遭到了前所未有的阻力。

钱钟书先生曾说："三十多岁的女人，对十七八岁的少女还不吝惜溢美之词，但是对二十七八的少妇就十分挑剔了。究其原因，无外乎在年龄上，十七八岁少女跟自己距离尚远，还可优容，但是少妇跟自己就太近了，其存在已经直接威胁到自己的切身利益。"贾谊的困境与此类似。当贾谊少时在洛阳还是神童的时候，大家尽可以高高在上地表扬他、鼓励他，但是，现在他已经不是以前的那个乡下小子了，甚至朝廷的老博士们他都不放在眼里，于是，很多人有了强烈的危机感。周勃、灌婴、张相如、冯敬等一帮老臣纷纷上书说："贾谊这个洛阳的小子学问不高，却妄想擅权，扰乱朝纲。"

周勃、灌婴等人是诛杀诸吕，一手把文帝扶上皇帝宝座的大功臣，居功至伟。文帝明知道他们是嫉妒贾谊，但是也无可奈何，只好断了提拔贾谊的念头，同时鉴于当时的情况，贾谊也无法在京城再待下去，于是，文帝让他离开长安，去当长沙王的老师。实际上也就是把贾谊撵出了政治核心。

在贾谊担任长沙王太傅后的一年里，汉文帝有一次十分思念贾谊，就征召他到朝廷，在宣室召见贾谊。史书说，当时皇帝对鬼神之事很感兴趣，于是就与贾谊谈到半夜，皇帝谈兴很浓，多次把自己坐的席子往前移，还说："很久没有见到贾生了，我都以为我超过他了，现在见到才知道自己还是不如他啊！"

一千多年后，唐代的诗人李商隐以此事为题材，写了著名的《贾生》：

贾 生

【唐】李商隐

宣室求贤访逐臣，贾生才调更无伦。

可怜夜半虚前席，不问苍生问鬼神。

李商隐诗中的愤懑是显而易见的：贾谊乃治国之大才，皇帝召见他，竟然只是询问一些鬼神之类无聊的事情，皇帝未免也太八卦了一些！于是后代很多论者也跟着李商隐一起愤懑，好像不把汉文帝说成一个糊涂的昏君就决不罢休。但是，事实也许并非如此。

汉文帝对贾谊的才能是十分清楚的，贾谊在当太中大夫时，文帝就让他参与一些重要法令的制定和修改，文帝时期著名的让列侯回封地的政策，就源自贾谊的建议。这个建议让一帮老臣既胆战心惊又切齿痛恨，因为离开京城就意味着离开皇帝，而也就失去了对朝政的影响力，甚至自己的人身安全都会受到威胁。因此，对此事件的始作俑者贾谊，他们怎能不切齿痛恨？

而且贾谊在著名的《治安策》里，甚至明确提出：要对付当时势力过于强大的诸侯国，需要废除以前嫡长子才能继承封地的规定，改为让诸侯国国君的子孙都有权利继承国土。这样，一代国君之后，国家就会分为若干小国，再往下分，国家越多，分得的土地越少，实力越弱，再也无法跟中央抗衡。

这个办法既逐渐削弱了诸侯国的势力，又使数量占绝大多数的国君的少子们从此得到了分封土地的权利，可以避免矛盾激化。如果汉文帝采纳了贾谊的建议，也许，汉景帝时期的七国之乱就不会爆发。多年之后，丞相主父偃向汉武帝提出了颁布"推恩令"的建议，"推恩令"的提出，对汉代的国家安全有着极其重要的意义，因为它有效地削弱了诸侯国的势力，使国家走向安定，而"推恩令"的核心思想和操作程序，全部出自当时年仅二十余岁的贾谊，主父偃只不过做了一个成功的盗版而已。

所以，欲将贾谊诛之而后快的不仅有周勃等老臣，可能还有吴王、楚王等一帮诸侯王。

贾谊是一个天才文学家，作为汉代最著名的辞赋家之一，他的《过秦论》直到现在都是高中语文的重点课文；他还是一个天才政治家。他具备了文人独有的敏锐，政治家必备的远见，其前途本是无可限量的，但是，他缺少了一件重要的东西：年龄，或者说凭借年龄而享有的资历。

中国是一个讲资格的国度，虽然很多决策者都提倡唯才是举，但是，对才能的完全认可无异于对资历的变相否定，而有资历的人往往也是重权在握的人，作为既得利益者，他们决不允许别人染指自己的禁脔。因此，到底是举才还是举资历，这种争论在历史上一直没有停息过，唐代为了照顾老革命们的情绪，就推出过"循资格"，就是不管贤愚，提拔人才都以白胡子的数量为标准；北魏的"停年格"亦与此类似，也是凭年限来确定官吏的优劣。

而贾谊以一个新进后学的身份，竟无视这种潜规则，不是老老实实、一步一个脚印从基层干起，而是妄图坐直升机，想凌驾于各位老博士乃至朝廷公卿之上，遭到大臣们的集体反对甚至痛恨也是必然的。

汉文帝也未必就不了解贾谊的才华，否则他不会如此重用他，即使是在宣室夜谈也不谈国事，在这里我看到的不是文帝的昏庸，恰恰是他的精明：此时与手无权力而且向来遭人忌恨的贾谊谈国事，无疑是变相置他于死地——那帮刚刚对贾谊"放心"了的重臣必然会再次群起而攻之，那时候，贾谊的结局就不仅是当某个王爷的老师那样简单了。

甚至我还不妄揣测，汉文帝将贾谊逐出京城，也许跟唐玄宗被迫将姚崇逐出京城一样，表面上是贬斥他，其实是在保护他。

公元 8 世纪，韦皇后和女儿安乐公主毒死唐中宗李显，想独揽大权。此时李隆基发动政变，杀死了韦后和安乐公主，拥立他的父亲李旦即位，是为睿宗。

睿宗即位后，武则天的女儿太平公主权力依然很大。而且她想仿效母亲，成为第二个女皇。当时任宰相还不到一年的姚崇建议把太平公主送到洛阳安置，让她离开权力核心，其实也就是变相废黜了公主。并将诸王派往各州，扫清李隆基即皇帝位的障碍。结果懦弱无主见的睿宗竟将此事告诉了太平公主，公主得知后大怒。为了保护姚崇，李隆基以退为进，以"离间兄妹"（太平公主是睿宗的妹妹）的罪名把姚崇贬出京城去当地方官。

开元元年（公元 713 年），唐玄宗李隆基即位，消灭了太平公主的党羽，马上召姚崇进京。在打猎的时候听取了姚崇的建议，同意了他关于改革朝政的十条建议（即"十事要说"），并再次任命姚崇为宰相，这就是著名的"唐玄宗走马任姚崇"。之后唐玄宗和姚崇齐心协力，开启了开元盛世。

汉文帝驱逐贾谊与这事其实很相似。不能排除这样的可能：贾谊的政见触怒了一帮老臣，而立足未稳的文帝还不完全具有保护贾谊的能力，于是暂且把他调离这是非之地，等到那些老臣退休的退休，归天的归天，再把他召回来，一起干一番大事。

可惜，贾谊没能等到这一天，这与命运有关，也与他个人的性格有关，更与他的经历有关。贾谊是年少得志的典型，也可算政治上早慧的典型。但是早慧有时候也意味着早衰，甚至早夭。

"初唐四杰"年少时无一不是早慧的神童。骆宾王七岁作《咏鹅》诗，王勃九岁写学术专著《汉书注指瑕》，卢照邻十多岁任邓王府典签，杨炯十岁应神童考试及第。过早的成功使他们跳过了体验人生艰难的这个阶段，也使他们在应对后来的一些挫折时少了韧性，多了轻率。所以后来王勃二十七岁就溺水而死，骆宾王死于乱军，而卢照邻因病半身不遂，最后因忍受不了病痛折磨而投水自杀。四人中只有杨炯稍好一些，不过仕途也挺困顿。

中国的家长总是希望孩子赢在起跑线上，但是他们却不知道，人生的道路很长，有时候起跑线上的胜利并不能给孩子带来一生的幸福，反而可能成为他以后人生无法卸去的包袱。

年少得志最大的一个后遗症就是一遇到挫折就陷入沉郁，甚至一蹶不振。贾谊被贬到长沙时，渡过湘水。那里也是屈原自沉之处。此时年纪还很轻的贾谊跟怀才不遇的屈原产生得了共鸣，他写了一首《吊屈原赋》。这篇赋作语言很像《离骚》，无非在抱怨朝政不清，小人得志，忠臣被逐。贾谊说：今天的朝政，莫邪宝剑被认为是钝刀，而真正的钝刀却被捧为宝剑（莫邪为钝兮，铅刀为铦），圣贤的大臣被驱逐，而朝政的正义已经被颠倒（贤圣逆曳兮，方正倒植）。才二十多岁的贾谊竟然发出了不想再活下去的哀叹。（于嗟默默，生之亡故兮！）

鹏鸟来了

贾谊在长沙三年后，有一天，他的房子里飞进来一只鹏鸟。

鹏鸟长得很像猫头鹰，被认为是一种不祥的鸟。贾谊看到它飞进自己的屋舍，心想也许是自己将不久于人世。于是他写了一篇《鹏鸟赋》。

这篇赋中，贾谊借自己与鹏鸟的对话，引用了很多老庄的观点，认为人生无常，运不可期，也安慰自己人生应该无欲无求，恬然自安。但是他的一些文字里依然透出深深的忧愤。他说：且夫天地为炉兮，造化为工；阴阳为炭兮，万物为铜。这个故事源自《庄子·大宗师》。庄子说：有个铜匠在炼铜汁，突然有铜汁跳起来说我要成为干将莫邪那样的宝剑。铜匠一定会认为这股铜汁中邪了，是不祥之物，应该弃去不用。今天的社会也是这样。万物都在炉中熔炼，突然有什么跳出来说：我是人！我是人！天地也会认为他中了邪，一定会弃去不用。这其实就是屈原"举世皆浊而我独清，众人皆醉而我独醒"的另一个翻版。虽然贾谊在文末说"德人无累兮，知命不忧"，但这看上去更像他的自我安慰，也就是在全面的低沉中勉强给自己打气罢了。

贾谊终究还是没能熬过来。贾谊后来又被任为梁王刘胜的太傅。梁王一次骑马的时候从马上摔下来死了。作为老师的贾谊认为自己没有尽到师傅之责，常常自责哭泣。一年后，郁郁而死。一代才子，就此凋零。

贾谊从十八岁成名，到三十三岁去世，仅仅在西汉的政坛上停留了十五年，而十五年，对于政治来说，实在与瞬间无异，太短太短。

晁错与袁盎的生死之争
——七国之乱

郡县与分封

刘邦建立汉朝之初，就有一个严峻的问题摆在了他面前：新的朝代，到底应该采用西周的分封制^①，还是秦朝的郡县制^②。其实别说是刘邦，这个问题在漫长的古代社会里，几乎一直都有人提起。

秦朝的时候，就有一帮儒生在秦始皇耳朵边絮叨说分封制就是好，把皇帝惹火了，干脆把这些儒生活埋了事。直到唐代，柳宗元还专门写了一篇《封建论》论述这个问题，说明这事到唐代都没有争论出个所以然来。而汉初比较流行的观点是：西周的分封制把天子的兄弟、儿子分封到各地为诸侯，利用血缘关系加强了统治，有利于国家的长治久安。但是，郡县制也有其优势：利用行政手段加强了中央对地方的控制，避免了

---

① 分封制：中国古代国主或皇帝分封诸侯的制度。商代已开始分封诸侯，周灭商和东征胜利后，大规模地将封地连同居民分赏王室子弟和功臣。诸侯在其封国内享有世袭的统治权，也有服从天子命令、定期朝贡、提供军赋和力役、维护周室安全等责任。

② 郡县制：自春秋、战国到秦代逐渐形成的地方行政制度。中央通过设立郡县来管理地方，而不是靠任命诸侯间接管辖。郡县制标志着官僚政治取代血缘政治，是中国古代政治制度的一个大的进步。

分封制容易形成的独立王国的局面。而西汉建立之初，曾经跟着刘邦一起打天下的一帮大臣都在眼巴巴地等着封地，完全采用郡县制无疑会使他们失望，不利于安定团结。于是，刘邦采取了折中政策：即将一部分功臣和皇室成员分封到各地为诸侯，而其他的地方沿袭了秦朝的郡县制。

中国人向来相信血浓于水，虽然这话多少有些自欺欺人——自己和亲人血管里流的是血，难道别人血管里流的就是水不成？在利益面前，血缘和友谊一样都不是完全靠得住的。西周的分封制好，但是春秋五霸与战国七雄哪一个不是诸侯王势力增强尾大不掉的呢？因此，在汉初，刘邦就相继剪除了韩信、陈豨等诸侯王，并且在后来杀白马盟誓，规定非刘氏不得封王。但是，剩下的同姓诸侯，最后成了国家安全的最大隐患。

这个问题刘邦没有完全解决，于是留给了汉文帝，但是汉文帝也没能解决，又留给了自己的儿子汉景帝。这时，一个注定要用自己的生命来改变历史的人——晁错，登上了历史舞台。

在汉景帝当太子的时候，晁错就是他的重要谋士，被称为"智囊"。那时候，晁错就多次上书汉文帝主张削藩，即削弱诸侯王势力，加强中央集权。其实这个问题贾谊早就说过，而且还提出了具体的措施，但是削藩触动的是一个庞大的既得利益集团，谈何容易！

所以贾谊招来了很多人的忌恨，皇帝只好把他赶出京城去做王爷的家庭教师，最后死在外地。因此，当晁错提出削藩的建议时，汉文帝没有采纳他的建议，但还是比较赏识他的才干，提拔他当了中大夫，但是晁错也招来了很多王公大臣的忌恨。

文帝去世，景帝即位，晁错担任内史。作为太子的老臣，晁错受到了重用，皇帝对他言听计从，他一时权倾天下。这使得厌恶他的大臣越来越多，就连当时的丞相申屠嘉也恨不得能置其死地而后快。有一次，晁错为了出入方便，就在官衙的墙上另开了个门，谁知挖了太庙的一部

袁盎像

分墙，这在古代可是大罪，于是申屠嘉上书皇帝要杀晁错。

晁错知道之后连夜到皇帝那里求救，第二天上朝的时候，皇帝轻描淡写地就把这事给糊弄过去了。申屠嘉下朝回来之后十分愤怒，说要是自己先斩后奏就不会有这事了，结果气得吐血而死。此后，晁错的权力就更大了。而最痛恨晁错的，其实还是曾担任御史大夫的袁盎。两个人势同水火：只要有晁错在的地方，袁盎绝对不去；两人根本不对话。

袁盎，字丝，是楚国人，开始他只是贵族家里的门客，后来他的哥哥袁哙当了官，就"内举不避亲"地举荐了自己的弟弟，袁盎因此当了郎中。史载袁盎喜欢直谏。丞相绛侯周勃因诛灭吕氏有功，甚为自得，文帝对他十分恭敬，散朝时经常目送他离去。袁盎因此进谏，问文帝："陛下觉得丞相是什么样的人？"

汉文帝回答："丞相是社稷之臣。"

袁盎说："丞相只是所谓的功臣，不是什么社稷之臣。如果是社稷之臣，皇帝在臣就在，皇帝亡臣也亡。吕氏专权的时候周勃是太尉，掌管着军权，但是不能挽回局面。吕后死了之后，大臣共谋诛杀诸吕，他正好碰上了成功，所以他只是功臣。丞相在陛下面前有骄傲的神色，陛下却对他十分谦让，我以为这样是有失君臣之礼的。"

后来上朝的时候，文帝对周勃就威严了些。周勃知道事情的原委后责备袁盎说："我跟你哥哥关系不错啊，你怎么背后说我的坏话！"袁盎对此也不做任何解释。

后来有人诬告周勃谋反，皇帝大怒，把他扔进监狱。当时众臣没有谁敢为周勃说话，只有袁盎力排众议，坚持说周勃无罪。最后周勃终于被释放。经过这件事，周勃明白袁盎有君子之风，于是开始跟袁盎结交。袁盎也因此名重朝廷。

文帝有个宠幸的宦官叫赵谈，一次文帝让赵谈跟自己乘坐一辆车，袁盎跪在车前劝谏说："臣听说能跟天子坐一辆车的，都是天下的豪杰之士，现在汉朝虽然缺乏人才，但是也不至于要和一个宦官同乘一辆车吧？"皇帝大笑，让赵谈下车，而赵谈也只好哭着下去。

文帝喜欢游猎，袁盎也以安全为由劝阻，文帝无可奈何只好停止游猎。甚至对皇帝的家事，袁盎也经常犯颜直谏。一次文帝与皇后、他宠爱的慎夫人一起出游。在后宫的时候，皇后和慎夫人就经常坐在一起，出游的时候，她们也坐在一起，袁盎就想把慎夫人拉开。慎夫人大怒，不肯，皇帝也大怒，离开了座位。袁盎上前说："我听说尊卑有序则上下和洽，慎夫人是妾，怎么能与主人一起坐呢？陛下这样对待慎夫人，恰恰是害了她。陛下是否还记得高祖刘邦宠爱戚夫人，高祖死后，吕后斩断了戚夫人的手脚，把她扔到厕所里，变成'人彘'的事情？"

皇帝听了之后转怒为喜，并把袁盎的话转告了慎夫人，慎夫人于是赐袁盎五十斤金。但是袁盎也因为多次直谏弄得皇帝很不自在，被调出京城，担任陇西都尉。陇西靠近边境，战事频繁，袁盎爱护士卒，因此士兵争着出战，愿意为他而死。

晁错是一个刻薄严厉的人，袁盎跟他相反，为人宽厚，喜欢结交朋友，而且为人宽厚。袁盎因病在家休养的时候，乡里有一个叫剧孟的赌徒，名声很坏，袁盎却与他交往。有一个当地的社会名流觉得不可理解，袁盎回答说："剧孟的确是一个赌徒，但是他母亲死的时候，来为他母亲送葬的车有一千多辆。这就是他的过人之处。朋友相交，遇到有事的时候，能不以父母为托词，不以自己不在为借口，全力帮忙的，天下只有两个人，一个是季布的弟弟季心，一个就是剧孟。"

袁盎接着说："像阁下这样的人，经常带着几个人招摇过市，一旦有难，他们能够帮忙吗？"于是他把这位名流大骂了一顿，不再与他交往。

袁盎虽然宽厚，却总与晁错势同水火。晁错被升为御史大夫，在皇帝的支持下，他正式提出了削藩的主张。此议一出朝廷哗然，大臣在朝堂之上就指着晁错的鼻子骂他。消息传到诸侯国，以吴王刘濞为首的七个诸侯国起兵叛乱，他们提出的口号就是"诛晁错，清君侧"，这一年，是前154年。

叛乱发生后，景帝有些慌了手脚，他找来晁错商量对策。此时，袁盎刚刚因为被怀疑接受了吴王的财物而被免官，于是晁错趁机说："袁盎接受了吴王的财物，从前他就替吴王说话，说吴王不会造反，可见他一直在包庇吴王，应该把他抓来处死。"

皇帝找来袁盎对质，袁盎要求屏退左右，连同晁错在内，晁错十分气愤，但是无计可施。左右退下之后，袁盎说："七国之所以造反，是因为痛恨晁错离间皇帝骨肉，所以他们打出的旗号都是'诛晁错，清君侧'。只要杀了晁错，七国自然会罢兵。"

诛晁错，清君侧

景帝听了之后，便叫中尉陈嘉以皇帝的名义把晁错骗出家门。晁错以为是皇帝找自己有事，欣然上车，结果，还穿着朝服，就被腰斩于东市。

晁错死了之后，袁盎受命到吴国通报消息并劝说吴王罢兵。袁盎当吴相的时候，曾经有一个手下与他的侍妾私通，袁盎知道这事之后，不露声色，还跟以前一样对待那个人。有人告诉那人说："袁盎已经知道你们的事情了。"

于是那个手下仓皇逃跑。袁盎知道之后亲自追上那个人，干脆把侍妾赐给了他，又提拔他担任从史。

袁盎到吴国劝说吴王罢兵。吴王不但不从，还要袁盎担任自己的将军，袁盎不肯，吴王就派兵守住袁盎的住所，想天明之后杀掉他。此时担任守卫袁盎任务的一个军官恰恰就是当年曾与袁盎侍妾私通的那个人。于是那个人冒着生命危险，灌醉了其他士兵，放走了袁盎。

之后，谒者仆射邓公从前线回来汇报军情，景帝问他："晁错已经死了，吴楚罢兵了吗？"

邓公回答："吴楚计划造反已经有十多年了，晁错只不过是个借口，就算已杀晁错，他们也是不会罢兵的。晁错建议削藩，其实是为了帝国万世之业着想，现在刚拿出计划就被诛杀，对内封住了忠臣的口，对外替造反的诸侯报仇，我私下觉得陛下这样做是不可取的。"

景帝默然良久后说："你说得很对，我也感到十分遗憾。"

其实，在此之前，晁错的父亲就感觉到了形势的严峻。他来到京城，劝说晁错："皇帝刚刚即位，你一当权，就离间皇室骨肉，你到底想要做什么？"

晁错说："我不这样做，天子就没有尊严，宗庙也不会安全。"

他父亲说："刘氏安全了，我们家却危险了，我不想见你这样下去了。"

他父亲回到家服毒自尽前说："我不想看到大难到我的身上！"

晁错父亲自杀后十余天，晁错被杀。晁错穿着朝服被骗往东市处以死刑，这就是著名的"朝衣东市"的故事。透过这个故事，人们看到的是专制政权下，即便是朝廷高官也可能朝不保夕。早上你还穿着朝服，昂昂乎庙堂之器也。说不定因为什么事情得罪了皇帝，连囚衣都没换上就掉了脑袋。据说朱元璋时代官员上朝时都对家人交代好后事，因为他们不知道今天能不能活着回家。如果侥幸活着回来了，全家都会开心庆

祝——又多活了一天。

晁错死得很冤，而袁盎的结局也没好到哪里去。七国之乱平定之后，袁盎因病回家休养，但是皇帝还是经常派人向他询问国事。当时梁王想继承皇位，希望取得袁盎的支持，袁盎不愿意，招来了梁王的忌恨。因此梁王派出刺客刺杀袁盎。刺客到了袁盎的乡里，向乡人询问袁盎是一个怎样的人，结果所有人对袁盎都赞不绝口。刺客就找到袁盎说："我接受了梁王的报酬来刺杀阁下，但是我打听到您是一个好人，不愿杀您。但是梁王派出的刺客有十多组，希望您自己小心！"之后，袁盎果然被后来的刺客刺杀。

有人说，晁错的死是一个性格悲剧，因为史书记载晁错"峭直深刻"，就是说他为人很直，而且不给人留余地。跟他水火不容的申屠嘉、袁盎其实都不是坏人，申屠嘉正直，袁盎喜欢直谏。而晁错最后的死，最初也是因为他公报私仇，想要了袁盎的命，谁知弄巧成拙，反要了自己的命。但是，政治斗争，也许并不仅仅是性格悲剧这么简单。众所周知，削藩触动的是帝国最有势力的一帮人的根本利益，但是不削藩影响的可能是国家的命运，在这两者之间，晁错是没有太多选择的。作为一位政治家，他不会不知道削藩的后果，有一个贾谊当例子在那里摆着，再明显不过了。但是，他仍然选择了这条路。他是不是"知其不可为而为之"我不知道，但是，他的悲剧是注定的。因为在那个变乱的时代，必须有人做出牺牲，而上天残酷地选中了他。

七国之乱三个月之后被平定，原来对中央形成巨大威胁的几个诸侯国元气大伤，已无力与朝廷抗衡。之后，汉武帝颁布了"推恩令"，其核心思想其实是贾谊很早以前就提出来的，诸侯国土地越来越少，权力越来越小，中央力量越来越大。

世界上历史最悠久的学校
——文翁兴学

文翁的教化

说起世界上历史最悠久的学校，你会想到哪一所？是清华，还是北大？是牛津，还是剑桥？都不是。世界上历史最悠久的学校，在同一地址办学到今天已经两千多年了。它的历史要追溯到汉景帝时期。

前2世纪的某年，当汉景帝任命一个被后人称为"文翁"的人到蜀郡担任郡守的时候，他大概怎么也没有想到，自己的这个决定，不仅从此改变了蜀地两千多年的发展方向，更是在中华民族教育史上，落下了重重的一笔。

蜀地在中央政府的规划下有系统地开发应该始于战国时期，当时秦国任命李冰担任蜀郡郡守，李冰修建了举世闻名的都江堰，这是人类历史上唯一一座沿用了两千多年，至今仍然在发挥重要作用的水利工程，四川也因此被称为"天府之国"。

文翁像

秦灭六国的时候，蜀地成为秦国坚实的

后盾；楚汉战争的时候，蜀地更是成为刘邦赖以取得天下的大后方。但是，在文化上，直到汉初，蜀地仍然是"辟陋有蛮夷风"的边远山区，其文化发展比起中原地区差距很大。

景帝末年，庐江人文翁被任命为蜀郡郡守。根据《都江堰水利述要》记载：文翁在任职期间，带领人民"穿湔江，灌溉繁田一千七百顷"。他是第一个扩大都江堰灌区的官员。由于文翁注重兴修水利，发展农业，使蜀郡出现了"世平道治，民物阜康"的局面。而这，只是文翁为治的第一步。

史载文翁"仁爱好教化"。当他看到当时的蜀郡文化很不发达之后，就选派了郡里小吏张叔等十余人，到长安去向朝廷的博士们学习。为了保证学习质量，文翁还节省官府开支，省下的钱用来购买一些土特产，托官吏带到长安，作为礼物送给博士。几年之后，这些"留学生"学成回乡，文翁都署以高职。

文翁兴学

紧接着，文翁又做了一件远远超越了他那个时代的事情：兴办学校。在文翁之前，中国的教育大多是孔子式的私人收徒教学，由中央及政府兴办的学校主要招收贵族子弟为学生，但是在地方并没有公立学校，更没有面向平民的教育机构。

文翁以学成回乡的官吏为教师，在成都南门兴办了蜀地第一所，也是中国第一所地方公立学校。他招收治下的百姓子弟为学生，免除他们的徭役，学习成绩优异的，就署以官职，次一等的也予以表彰。他处理公务的时候，经常让学校里的学生坐在一旁观摩，出去巡视的时候，也经常把品学兼优的学生带在身边。

　　于是吏民都以能在学校学习为荣，争着想当学校弟子，富人甚至出钱以求入学。蜀地风俗为之一变，蜀地的学者到京师学习的，跟当时文化教育发达的齐鲁之地一样多了。景帝知道之后，下令嘉奖文翁。到武帝时，更是下令全国郡县都必须建立学校。

　　文翁建立的学校叫"文翁精舍"，因为学校是用石头修建的，一般人也称为"文翁石室""玉堂"。学校从建立开始，就历代不绝：1701 年，改名为"锦江书院"；1902 年，改名为"成都府师范学堂"；1904 年，改名为"成都府中学堂"；1940 年，改名为"四川省立成都石室中学"；1949 年后，改名为"川西石室中学""成都第四中学"；1983 年，恢复"石室中学"校名。从前 141 年学校建立到如今，石室中学在同一校址办学已达两千一百多年，培养了无数的人才。这是世界上历史最悠久的学校。

　　文翁后来在蜀地去世。他死之后，吏民为他建立祠堂，岁时祭祀不绝。而文翁真正的贡献，绝不仅仅是建立了一所学校，而是用教育这双翅膀，将文化这个精灵载入了巴山蜀水，正如《汉书》中所说："至今巴蜀好文雅，文翁之化也。"也许文翁自己也没有想到，当民族的文化与岷江的波涛、峨眉的群峰、青城的古木、剑门的雄奇融合在一起之后，就孕育出了一个新的精灵。这个精灵也许没有燕赵的豪迈，没有江南的柔美，没有黄土高原的醇厚，但是拥有青山绿水孕育的绚烂文辞，拥有险峰峻岭培养出的瑰丽的想象，拥有历史赋予的广阔和厚重。

　　文翁去世以后，蜀地很快就涌现出了两位辞赋大家：司马相如、扬雄。在以后的岁月里，这片土地更是人才辈出，至今不绝。而包括诗仙李白、文学家苏轼、学者郭沫若在内的蜀地的所有人才，其渊源都可以上溯到两千多年前那间狭窄甚至简陋的石室，上溯到那位用自己超越千年岁月的眼光来泽被后世的郡守的书案前。

　　我从其他资料查到文翁名觉（一说名党），字仲翁。但是《汉书》里没有说他叫什么名字，只是称他"文翁"，这在正史中是很少见的。我愿意将此理解为这是班固对这个中国历史上第一位校长的尊重，就如司马迁要固执地称贾谊为"贾生"，以表示自己对他的尊重一样。因为在历史的长河中，属于政治的官员太多，属于民众的官员太少；急功近利搞政绩的官员太多，眼光远大、泽被后世的官员太少；经济仕途的官员太多，经济教育的官员太少，所以，昙花一现的官员太多，而真正流芳千古的官员太少。但是，四川有过文翁，巴蜀幸甚！民族幸甚！

视死忽如归
——田横五百壮士

《田横五百士》

20 世纪 20 年代末，中国处在内忧外患之中，内部政局动荡，外部日本侵略者蠢蠢欲动，随时准备发动战争。在这种情况之下，著名画家徐悲鸿先生创作了一幅油画巨作《田横五百士》。

这幅画选取了田横与海岛五百壮士诀别的场面，着力表现了"富贵不能淫，威武不能屈"的鲜明主题。作品一问世就引起了巨大的轰动。

《田横五百士》 徐悲鸿绘

极大地激励了国人团结一心抵御外侮的勇气，直到现在，这幅画传达的精神也对人们有着极大的激励作用。

那么画作里面的田横到底是谁？五百壮士又是怎么回事？徐悲鸿先生为什么要选择这个题材创作作品呢？

秦末大乱，群雄逐鹿，一些原来六国的贵族也趁机起兵反秦，想恢复故国，齐国贵族田横就是其中的一个。田横趁刘邦和项羽争夺天下的时候，率兵收复了齐国的城邑，成为一支不可忽视的力量。平定齐地三年后，刘邦派郦食其劝降田横，田横听从了劝说，并撤掉了防御部队。谁知道，韩信在谋士蒯通的撺掇下，不愿郦食其独得功劳，于是发兵，趁齐国无备攻打，击破齐国驻扎历下的部队。田横大怒，烹杀郦食其，投奔当时处于中立的彭越。

一年多以后，项羽被剿灭，汉朝建立，田横害怕被诛杀，于是率领手下五百余人，逃到海岛上。田横本来就是齐国贵族，在齐国深得民心，刘邦怕他留在海岛上成为隐患，于是派使者招降田横，并承诺赦免他。田横说："我曾经杀了陛下的使者郦食其，现在听说他的弟弟郦商在汉为将，我怕遭到他的报复，我希望能当一个老百姓，在海岛上终老。"

刘邦知道之后，派遣使者对郦商说："田横投降之后，你敢动他一根毫毛，诛杀三族！"之后再次派遣使者招降田横："田横投降，大则封王，小则封侯，不来的话，皇帝马上派兵诛杀！"

田横无奈，与手下二人前往洛阳。距目的地还有三十里的时候，田横说："臣子见天子应当沐浴以表示恭敬。"于是在旅舍中住下。田横对两个手下说："以前我和刘邦都是诸侯，现在他当天子，而我成为俘虏北面事之，这已是奇耻大辱。何况我也不能与被我杀了兄长的郦商一起并肩侍奉皇帝。皇帝之所以想见我，无非是想看我的面貌罢了，现在相距三十里，如果砍了我的头，骑马把我的头送给皇帝，面貌还不至于改变。"

于是田横自杀，让手下带着自己的头见刘邦。刘邦知道之后大惊，为之流涕，拜田横两个手下为都尉，派两千士兵，以王礼埋葬了田横。田横下葬之后，两个手下在墓旁挖了个洞，然后自杀，以身殉主。

刘邦知道之后大惊说："我知道田横的门客都是壮士，但是没有想到会这样。"刘邦听说田横还有五百多手下在海岛上，于是再派使者前去招降。然而，这五百余人听说田横已死，全部蹈海自杀。

人不可无傲骨

司马迁在叙述这个故事的时候，文笔简练得令人惊叹，也许他明白：在叙述这种惊天动地的故事时，任何枝蔓和修饰都是多余的，刀锋一样尖锐的故事，就应该用刀锋一样干净锋利的文笔来描述，而不是描绘。因为，真正打动人的绝不是矫揉造作的词藻，而是用最平静的语气叙述最直接的事实。也许，鲁迅称《史记》为"无韵之《离骚》"，原因就在于此吧。

因此，面对这样的故事，什么样的评价都是苍白的。从那以后，五百门客自杀的那个岛就被命名为田横岛。这个名字一直沿用至今，本身就已经足够说明问题了。

但是，司马迁仍然在传后的评论中不无遗憾地说："这世上并非没有善于画画的人，可是为什么就没人想起给田横和他的五百壮士画像呢？"

司马迁之后漫长的封建社会中，有没有画家以田横之事为绘画的题材我不知道，但是田横和五百壮士宁死不屈的精神一直被后人赞扬。

田横事件发生后，刘邦喟然长叹说："哎呀！三兄弟出身百姓，兄弟三人轮番为王，怎么可能不贤能呢？"

三国时期诸葛亮也对刘备说："田横只是齐国的壮士，尚且能坚守正义不愿受辱，何况您这样的王室之胄呢？"

宋代苏轼说："当年田横是齐国遗留下来的遗民，汉高祖放弃追究他杀郦食其的仇恨，派遣使者来到海岛，说服田横归顺，大则封侯，小则封王。他还能自杀，不肯被刘邦侮辱。"

清代史学家、《康熙字典》的总修官陈廷敬曾经写诗盛赞田横：

《咏汉事六首》其六

【清】陈廷敬

田横能得士，高义陵千秋。

横来大者王，横来小者侯。

慷慨五百人，不与韩彭俦。

富贵苟不乐，沈殒遂所求。

至今沧海上，天风激清流。

徐悲鸿先生曾经说过一句著名的话："人不可有傲气，但不可无傲骨。"其实，一个人是这样，一个民族也是这样。

从飞将军到右校王
——李广和李陵

李广难封

出　塞

【唐】王昌龄

秦时明月汉时关，万里长征人未还。

但使龙城飞将在，不教胡马度阴山。

唐代著名诗人王昌龄的《出塞》是唐诗中脍炙人口的名篇。有人认为在这首诗里被王昌龄推崇备至的飞将军，就是西汉有名的李将军——李广。

李广是陇西成纪（今甘肃天水秦安县）人。先祖叫李信，是秦国的将军，曾经率军追杀燕太子丹。李广的家族世世代代都学习射箭，汉文帝时，李广从军抗击匈奴，因为善射，立下战功，被授予中郎官职。李广曾经跟随汉文帝出猎，面对猛兽，他英勇无畏地与之搏斗，汉文帝长叹说："可惜，你要是

李广像

生在高祖时候，得个万户侯是不在话下的！"

其实，即便是在当时，李广也还是很有用武之地的。汉景帝即位后，七国之乱爆发，李广跟从太尉周亚夫去平叛，斩将夺旗，声名大振。李广的勇猛很受梁王的青睐，于是梁王授予他将军的印绶。可是正因为他私下接受了诸侯王的封赏，皇帝对此很不满意，因此，虽然他在平叛中立下了功劳但没有得到朝廷的奖赏。不久匈奴入侵，李广先后担任上谷、上郡、陇西、北地、雁门、代郡、云中等地的太守，与匈奴转战各地，赫赫有名。

一次匈奴大举入侵，皇帝派亲近的宦官跟着李广学习打仗。这位宦官带着几十个骑兵跑在前面，看到三个匈奴骑兵，于是上去接战，三个匈奴人边跑边射箭，射伤了这位宦官，手下骑士也几乎被杀尽。宦官逃回来求李广救命，李广说："这一定是匈奴的射雕手。"

李广带着一百骑兵追杀三人，三人的马死了只好步行，李广追上后射杀两人，活捉一人，审问后发现，果然是匈奴被称为射雕者的神射手。

李广他们刚刚把俘虏抓上马，前面突然出现数千匈奴骑兵，他们看见李广的一百骑兵，以为是诱敌的骑兵，一时不敢攻击，而是在山上排开阵势。李广手下大惊，想要逃跑。李广说："我们距离大部队几十里，如果逃跑，匈奴人就会追杀我们，我们一个都活不下来。如果留在这里，匈奴人一定以为我们是诱饵，不敢攻击。"

于是李广命令手下前进到距离匈奴陈地两里的地方停下，卸下马鞍休息。匈奴人一看，果然更不敢攻击了。

过了一会儿，有一个骑白马的匈奴小将出来维持阵形，李广看见后，飞身上马，快速奔去射杀了他，之后又若无其事地回来休息。匈奴人不知底细，始终不敢攻击。到晚上的时候，匈奴人怕汉军有埋伏，退兵离开，李广也带着一百骑兵在天明时回到大营。

李广治军宽松。当时他与另一位将军程不识齐名，程不识的军队行军戒备森严，军吏处理文书一直到天明，而李广的军队则是哪里有水草就在哪里扎营，士兵都选择舒适的地方休息，不敲击刁斗（古代军队打更的用具），军吏也不用处理那么多文件，只是远远派出侦察兵巡视情况。程不识说："李广治军崇尚简易，但是如果敌人突然来犯很难抵御。不过他的士兵因此很轻松，而且都愿意为他效死。我的军队虽然军务烦杂，但是敌人也不会轻易攻击我。"

汉武帝时期，在文景之治后，国家已经从战乱的疮痍中恢复过来，国力大为增强，于是汉武帝决定大举出击匈奴。李广也投入了抗击匈奴的战争中。

一次，李广率军从雁门出击，遭遇匈奴大部队。军队大败，李广也受伤昏迷，被敌人俘虏。由于李广名声很大，单于早就下令："跟李广作战，一定要活捉他。"匈奴人抓住了李广，两个骑兵中间拉了一张网，让李广躺在网上，准备献给单于领赏。

走了十多里后，李广装死，偷偷瞥见旁边一个骑兵骑着良马，于是趁敌人不备突然腾身跃起，将匈奴骑兵推下马，夺取了他的弓箭，向南疾驰而去。他在路上找到了自己被打散的部队。匈奴骑兵数百人追击，李广用夺来的弓箭射击，前面的追兵纷纷落马，后面的不敢再向前，李广终于带着手下回到了汉地。但是由于他兵败又曾经被俘虏，所以被判处死刑，后来交纳了赎金，才免死而成为庶民。

成为百姓的李广住在蓝田，经常出去打猎。一天晚上他带着一个手下出来，在霸陵亭遇见了霸陵尉，当时霸陵尉喝醉了，呵斥李广。手下说："这是以前的李将军！"霸陵尉说："就算是现在的李将军也不能夜行，何况是以前的李将军！"于是李广只好在亭里过了一夜。

据说一次李广打猎的时候，看见草丛中的石头，以为是老虎，张弓搭箭就射过去。之后去看，才知道是石头，而箭头已经深深射进了石头中。唐代诗人卢纶写了一首诗，讲的就是这件事：

塞下曲

【唐】卢纶

林暗草惊风，将军夜引弓。

平明寻白羽，没在石棱中。

几年后，匈奴又大举进犯，李广被重新起用，担任右北平太守。得到任命，李广就请求带着霸陵尉一起上任，到军营后，他就找个由头杀了霸陵尉。

李广为人廉洁，他担任两千石的高官数十年，家里没有什么多余的财产，得到赏赐马上分给手下，饮食也和手下共享。他为人沉默寡言，没有什么爱好，最大的爱好就是和朋友比赛射箭、喝酒。他带兵出征的时候，到了有水的地方，士卒全部喝完前，他不喝水；吃饭时，士卒全部吃完前，他不吃饭，所以士兵都喜欢为他效力。他打仗喜欢冒险。敌人前来攻击，如果不是在几十步以内，只要估计不能击中他绝对不射箭，但只要箭离弦，敌人必然倒下。所以他带兵多次面临险境。在射猎的时候他也是这样，所以也多次被猛兽所伤。

李广勇武的声名远扬，但是官运一直不佳。元朔六年（前123年），李广担任后将军，跟从卫青攻击匈奴，很多将军都遇见了敌人，立了战功，李广却没有功劳。两年后，李广再次出击，这次遇见了匈奴左贤王率领的四万大军。敌人将李广的军队重重围住，大家都十分惊恐。李广叫自己的儿子李敢冲击敌军。李敢率领几十个骑兵穿透敌军阵营，又从敌人两翼绕回来，对李广说："敌人很好对付。"士兵们听到这话才稍稍安心。

敌人大举进攻，箭矢如雨下，李广士兵死者过半，汉军的箭矢也要用尽了。李广让士兵张弓不要发箭，自己亲自用强弩射杀匈奴裨将，又杀了几个敌兵。面对敌人的重围，将士们都面无人色，只有李广神气自若，大家都佩服他的勇武。后来援军终于到达，匈奴人见大势已去只好退兵。李广此战手下折损殆尽，回到朝廷，功过相抵，没有惩罚也没有奖赏。

李广从军数十年，很多他以前的手下都封侯了，他却没有得到爵位。有一次他与一个擅长望气的叫王朔的人聊天，不由得开始发牢骚，王朔问他："将军自己想一下，你是否做过一些亏心事？"

李广想了很久说："我以前当陇西太守，羌族人造反，我诱降了他们，之后又一天内把投降的八百多人都杀了，我最大的亏心事就是这个了。"

王朔说："祸莫大于杀降，将军不能封侯，应该就是因为这件事了。"

两年后，大将军卫青、骠骑大将军霍去病大举出击匈奴，李广多次请求随同出击，汉武帝认为李广太老，没有答应。但是李广一直坚持，汉武帝才同意让李广当前将军。

大军出塞之后，卫青通过俘虏探知单于所在地点，于是率精兵轻装袭击，而让李广从东道出击。东道迂回路远，路上水草很少，不适宜大军驻扎，李广请求说："我是前将军，大将军却命令我出东道，我从成年起就与匈奴作战，现在终于有跟单于接战的机会，我希望能够作为前锋与单于决一死战！"

可是卫青出发前，汉武帝曾私下告诫他，李广年老，而且运气不好，不要让他直接攻击单于，否则大家都会受他连累，于是拒绝了李广的请求。

李广从东道迂回，由于没有向导，结果迷路了，错过了与卫青大军会师。卫青与单于遭遇，结果单于逃跑了。战役结束后，卫青派手下责问李广军队为什么没能按时赶到，并要李广的手下到幕府做交代。李广悲愤地说："我手下校尉无罪，是我自己迷了路，我自己去交代！"

李广到幕府后，对官吏说："我自从成年就与匈奴大大小小打了七十多场仗，现在很幸运跟从大将军一起出来攻打单于，但是大将军又要我的部队绕路，结果迷路了，难道不是天意吗？！我已经六十多岁了，终究不愿意去面对那些刀笔吏。"

于是李广拔出佩刀，刎颈自杀。李广自杀的消息传出，军中所有人都非常痛苦，百姓听到这消息，老老少少都为他垂泪。

李广有三个儿子：李当户、李椒和李敢，都担任郎中。其中李当户和李椒都死在李广之前。李敢跟从李广出击匈奴，曾经夺取左贤王旗鼓，建立战功，被封为关内侯。

李敢一直认为大将军卫青陷害父亲李广，于是打伤了卫青，卫青隐瞒了这事不想追究，但是骠骑将军霍去病咽不下这口气。一次李敢跟从汉武帝出猎，霍去病找机会射杀了李敢。霍去病是汉武帝宠信的大将，汉武帝也不好追究，因此对外谎称李敢是被鹿角刺死的。

李当户去世的时候妻子已经有了身孕，之后不久孩子出生，起名叫李陵。李陵长大后担任建章监官职，和他的祖父一样，他也擅长射箭，爱惜士卒。汉武帝因为李家世代为将，就让李陵率领八百骑兵侦察匈奴。李陵带兵深入匈奴两千多里，侦察地形，获取情报，完成任务回到朝廷，被封为骑都尉。

悲情李陵

天汉二年（前99年）秋天，汉武帝派贰师将军李广利率领三万骑兵出击匈奴，派李陵率领五千步兵从居延深入，想借此分散匈奴兵力。

李陵的部队出居延，到达浚稽山（今蒙古人民共和国境内），一路上士气高涨。李陵派手下陈布乐返回朝廷向皇帝报告，汉武帝很高兴，拜陈布乐为郎中。

但是李陵的军队突然与单于主力相遇，匈奴三万骑兵包围了李陵的五千步兵。李陵命令用战车围成工事，率步兵应战。前排手持戟和盾，后排手持弓弩，刚一交战，敌人就被射杀无数。匈奴人败退上山，李陵率军追击，消灭敌人数千。

单于初战失利，于是召集更多部队围攻，匈奴八万骑兵一齐攻击李陵五千步兵。李陵率军且战且退，他下令受伤三处的坐车，受伤两处的驾车，受伤一处的继续作战。一次战斗中，汉军射出的弩箭差点杀死了单于。汉军逃到一处树林，匈奴下令放火，李陵则让士兵将四周树丛草木烧光，挫败了匈奴的企图。

这一战打得单于怀疑人生，他怎么也想不通，对方区区五千步兵，自己的八万骑兵竟然奈何不了。匈奴内部军心开始动摇，有的将领建议退兵。可是这时候李陵手下的军候管敢投降了匈奴，他报告匈奴人说汉军无后援，箭矢也要用光了。他还告诉单于：李陵和成安侯韩延年各领一支部队作战，双方以旗号通报信息，只要射死传令兵，汉军就会大乱。

由于叛徒出卖，单于发动猛攻，汉军损失惨重，箭矢耗尽，士兵仅剩下三千多人，没有武器，他们放弃了辎重，把车辐条砍下来作为武器，文职官员甚至把削竹简的小刀作为武器，与敌人做最后的抗争。军队最后退入一个峡谷，匈奴人从山上滚下巨石，汉军伤亡殆尽。李陵与韩延年率十余人突围，途中韩延年战死，李陵见大势已去，无奈投降匈奴。

　　李陵投降匈奴之后，汉武帝大怒，责问陈布乐，陈布乐无言以对，被迫自杀。满朝大臣墙倒众人推，纷纷说李陵的坏话。只有司马迁仗义执言，结果惹怒了皇帝，下了蚕室，受了腐刑。

　　一年后，有汉朝使节回报汉武帝，说李陵在帮助单于练兵对付汉朝，汉武帝大怒，诛杀了李陵全家。其实帮助单于练兵的是以前投降匈奴的汉朝都尉李绪。李陵悲愤之下派人杀了李绪，而李绪是单于母亲大阏氏的红人，于是大阏氏下令追杀李陵，单于把李陵藏到北方，直到大阏氏死后才让他出来。单于很看重李陵，封他为右校王，并把女儿嫁给他。

　　几年后，汉武帝死了，汉昭帝即位。这一年，汉朝的使节来访，李陵和丁灵王卫律接待使者。使者是李陵以前的好友任立政。席间任立政不住对李陵使眼色，又抚摸佩刀的环，意思是暗示李陵"还"，又时常摸自己的脚，暗示李陵回到故土。李陵会意却不为所动。

　　看李陵没有反应，任立政故意说："现在朝廷已经宣布大赦，国人安居乐业，新登基的皇帝年轻力壮，锐意进取，霍光和上官桀执掌朝廷大权了。"

苏李别意图（局部）

　　李陵听了淡淡地说："我已经穿上匈奴的服装了。"

　　过一会儿，卫律起身上厕。任立政说："少卿，你辛苦了！大将军霍光和左将军上官桀让我问候你。请你回到故国，富贵荣华是不用担心的。"

　　李陵称呼任立政的字说："少公，回去很容易啊！可是，我怎么能再次受辱呢？"

话还没说完，卫律进来了，坐下说："李陵将军是贤者，不是只能居住在一个国家的。从前范蠡遍游天下，由余离开戎到秦国为官，现在提到他们，谁又说他们不是英雄呢？"

宴席散了，任立政和李陵一起走出大帐，又在李陵耳边小声说："将军想回去吗？"李陵说："大丈夫，还能第二次受辱吗？"

从龙城到狼居胥山
——卫青和霍去病

龙城飞将

前文提到过，王昌龄的《出塞》有"但使龙城飞将在，不教胡马度阴山"的名句。一般人认为，这里的飞将指的是被称为"飞将军"的李广，但是也有人提出异议，原因就是李广终其一生也没有打到匈奴的龙城，称他为"龙城飞将"似乎无从谈起。因此他们认为文中"龙城飞将"所指代的另有其人，那就是在汉武帝时期同样以抗击匈奴立下赫赫威名的大将军卫青。

卫青，字仲卿，是汉武帝皇后卫子夫的弟弟。由于卫子夫受到汉武帝的喜爱，卫青也受到了汉武帝的提拔（详见《汉武帝的外戚们——从窦太后到钩弋夫人》）。然而，在卫子夫受到汉武帝青睐之前，卫青也不过是一个身份卑微的家奴而已。

卫青的父亲叫郑季。前文说过，中国古代兄弟排行"伯仲叔季"为序，这样的名字其实就是"老幺"的意思。卫青父亲曾经是在平阳侯曹寿府里工作的官吏，在这期间他与平阳侯的侍妾卫媪私通，生下了卫青。这位卫媪此前已有三女一男，其中三女儿就是后来贵盛无比的卫子夫。

　　说卫青的父亲身份低微还有一个证据，就是卫青生下来后居然没有跟着他姓郑，而是跟着母亲姓卫。而已经有了三女一男的卫青的母亲也觉得带着这个私生子脸上不好看，于是卫青在年少时就跟随父亲生活。当家的出趟差，结果就带回来个私生子，可以想象郑家人很难将其当家里人看待，卫青同父异母的兄弟们更是将卫青当作奴隶一般对待，而卫青的父亲也让卫青去牧羊，母爱、父爱、兄弟之爱一样没有的卫青，其童年的悲惨可想而知，他也认为自己此生大概也就是当羊倌的命了。

　　有一次，卫青遇到了一位刑徒。那位刑徒在给卫青相面后，便对卫青说："你是个贵人，以后会位至封侯。"

　　卫青听后苦笑着回答："我与人为奴，能不被打骂就已经满足了，怎么还会去想封侯的事情呢？"

　　当卫青长大后，他便回到了自己母亲身边，成了景帝之女、武帝的亲姐姐平阳公主的骑奴。虽说也还是奴，但是给公主当奴好歹胜过伺候羊，也算是改变了点命运。不过，卫青命运真正的改变还在后面。

　　建元二年（前139年），卫青同母异父的姐姐卫子夫进入宫中，得到了汉武帝的宠幸，因此卫青也有了进入宫廷的机会。此时的皇后还是陈皇后，陈皇后一直没有产下皇子，因此对突然受宠的卫子夫心生妒忌之情。碍于武帝龙威，陈皇后当然不敢直接跟卫子夫发难，于是逮住她尚默默无闻的弟弟撒气，陈皇后将卫青囚禁了起来，想要将他杀死。幸好卫青的好友公孙敖带着人把他救了出来，才让卫青免于一难。

　　大难不死，必有后福，不过卫青的后福也着实大了些，汉武帝得知此事后，为了给心爱的女人压惊，立刻任命卫青为侍中、建章监，对卫青的赏赐甚至在几天内就达到了上千金，就连公孙敖也因此事逐渐声名显赫。在卫子夫成为汉武帝的夫人后，卫青也成了太中大夫。

　　自西汉创立以来，匈奴便一直是汉朝北部边境的不稳定因素。汉高祖刘邦就曾带兵亲自征讨匈奴，结果被冒顿（ mò dú ）单于围困在了白登山，靠着给单于的王后送礼才得以逃脱。（详见《伴君如伴虎——陈平与周勃》）自此以后，汉朝便一直对匈奴采取着和亲交好的策略。刘邦去世后，冒顿单于写了一封言语轻佻的信给吕后，而吕后也只能强行咽下这口气，继续与匈奴进行和亲。然而匈奴却未因为和亲而停止对汉朝的袭扰，汉朝也只能对此采取被动防御的态势。而当汉武帝即位后，这位雄心勃勃的皇帝便开始着手打破这样的局面。

元光二年（前 133 年），汉朝派马邑的商人聂壹假装向匈奴出卖马邑城以诱使匈奴入侵，并在马邑四周埋伏了三十余万精兵，打算在单于大军入侵的时候进行伏击，一举歼灭敌人。作为对匈奴主动出击的第一仗，汉武帝无疑是采用了无比谨慎的战术。

然而，这样精心准备的计划最后仍然功亏一篑。在聂壹见到单于后，单于信以为真，带领十万骑兵准备入主马邑城。然而单于在发现马邑周围牛羊遍地却没有人放牧时，已经起了疑心，后来又从一个被俘虏的汉朝小吏嘴里得知了汉军的计划。单于大惊，立刻引兵退还，汉朝三十余万大军无功而返。

虽然马邑之围看起来只是一场没有达成目的的伏击，但是汉朝为了达成围杀单于的目标进行了精心的准备。调动三十余万大军所需要部署的物资人力不可胜数，此次战役无功而返，可以说汉朝是遭受了一场不小的失败。马邑之围的主谋聂壹也因此得罪了匈奴人，以至于他的家人从此被迫更名改姓以避怨。不过，马邑之围的失败并未能阻挡汉武帝攻打匈奴的决心。汉武帝相信，在经历了文景两代的经营积累后，他已经有足够的能力对匈奴发起进攻了。

在马邑之围的五年后，汉武帝拜卫青为车骑将军，从上谷出击匈奴。而公孙贺、公孙敖和李广也从不同方向出击匈奴。然而在战役结束后，公孙贺无功而返，公孙敖损失了七千兵马，而李广也被匈奴俘虏后逃回（详见《从飞将军到右校王——李广和李陵》）。只有卫青在龙城斩杀并俘获了数百匈奴士兵。

卫青的这一场胜利对于当时的大汉帝国甚至是未来历代封建王朝都有着相当重要的意义。首先，卫青的这次胜利可以算是汉朝第一次对匈奴主动出击取得的胜利。在文帝时期，虽然汉朝也有过击败匈奴的记录，但均为在匈奴袭扰之下的被动反击。而与卫青同时出击的公孙贺等将军在此役中不但无功，甚至还有所损失，这也使卫青的胜利被凸显得极为可贵。其次，龙城是匈奴人祭天圣地，几乎等于是匈奴人的首都。虽然卫青在龙城只有斩获数百人的战绩，却给匈奴人留下了巨大的威慑。

而最重要的，也是影响最为深远的是卫青为后世开拓了一种对抗游牧民族的全新战术。在与北方的游牧民族对抗之时，对方强大的机动性始终是中原农耕民族无比头痛的问题。游牧民族的军队多以骑兵为主，来去如风；且游牧民族逐水草而居，不像中原文明有着固定的城池；游牧民族全民皆兵，即使是匈奴的女人都有着马上骑射的本领，其军队自备战马武器和干粮，对后勤依赖极小。因此，匈奴对汉朝经常都是以袭扰劫掠为主。而当汉朝想要对匈奴组织反击之时，却又经常会迷失于茫茫大漠之中，并被匈奴灵活的骑兵玩弄于股掌之间。因此，在第一次对匈奴发动攻击的马邑之围中，汉武帝就是使用了大军团对匈奴进行围杀的战术，目的是诱敌深入，希望以此抵消匈奴骑兵强大的机动性。可惜马邑之战因消息走漏而功亏一篑。然而卫青的龙城之战则为后世的中原王朝开辟了一种新的战术——利用小股部队（通常几千人）分道长途奔袭，直抵匈奴腹地实施斩首行动。

匈奴人全民皆兵，而当他们不需要作战的时候便会恢复牧民的身份。这样使得匈奴人能始终保证充足的战斗力与灵活的作战方式。然而，当没有战事的时候，匈奴人往往散居于各处，这也使得他们在面临突发情况时很难迅速集结并调动兵力。

由于匈奴散居的生活特点，深入敌境的汉军也不用太担心会被切断退路而导致全军覆没。所以汉朝的精锐士卒深入匈奴腹地打击时，单于往往无法及时调动还是牧民的匈奴人，很容易被打个措手不及。而小股精锐部队同样拥有不亚于匈奴骑兵的机动性，对后勤依赖也较小，从这个角度讲，也算是以其人之道，还治其人之身了。

这样的战术也被汉朝以及后世广泛运用，在东汉末年，曹操在北征乌桓时，就听从谋士郭嘉的建议抛弃粮草辎重千里奔袭，最后在白狼山一战斩杀乌桓蹋顿；而唐朝的卫国公李靖在与东突厥作战时，也是带领三千精锐骑兵奇袭颉利可汗，从而取得了对东突厥的胜利。

所以，卫青的龙城之战虽然战果有限，但是意义却极为深远。它为后世对抗游牧民族提供了一个成功的先例。而龙城的这次战功，也成了后世将王昌龄诗句中的"龙城飞将"与卫青联系在一起的依据之一。

元朔元年（前128年）秋，卫青又带领三万人出击匈奴，斩首并俘虏了上千人。第二年，卫青又从云中出击匈奴，一直打到了陇西，俘虏了上千人，获得了数十万牲畜，还赶走了匈奴的白羊王和楼烦王。这一系列的胜利显然让汉武帝颇有面子，而汉武帝也专门发言表彰了卫青的功劳，又给了卫青三千户的封赏。

元朔五年（前124年）春，卫青又和苏建、李沮、公孙贺、李蔡一起出击匈奴，诸将均由卫青管辖。匈奴右贤王认为汉军不可能长途奔袭赶来与他们作战，高枕无忧，喝得大醉。结果汉军在晚上就将其包围，右贤王大惊，带着自己的爱妾和几百青壮亲卫仓皇向北逃命。这一战，汉军俘虏了十数个匈奴小王，匈奴男女被俘虏的有一万五千余人，还获得了百十万头牲畜。这一战后，汉武帝派来使者，将卫青封为大将军。

在被封为大将军后，卫青拥有了指挥汉军所有将领的权力。元朔六年（前123年）春，卫青又率领六路大军从定襄出军，斩杀了匈奴上千人；一个多月后，卫青再次带兵斩首并俘虏了匈奴上万人。在这次战役中，苏建与赵信带领的军队遭遇了匈奴单于的主力。原本就是胡人的赵信又投降了匈奴，而苏建则

霍去病墓前的石雕

在力战后孤身逃回了军中。由于这样的损失，卫青在这次战役后并没得到汉武帝的过多封赏。然而，却有一个十八岁的年轻人在此战中表现突出，在这次战役中立下了冠绝全军的功绩，并从此开始崭露头角。

冠军侯霍去病

这个年轻人叫霍去病。霍去病是卫青的姐姐卫少儿的儿子，卫少儿和他的父亲霍仲孺私通生下了他。在卫子夫得到汉武帝的宠幸后，霍去病也随之进入了宫中。霍去病年少时就擅长骑射，在十八岁时就被拜为骠骑将军，跟随他的舅舅——也是此时大汉帝国的大将军卫青出征匈奴。

在这一战中，霍去病率领八百精锐骑兵长途奔袭，甚至把卫青率领的大部队都抛在了身后。霍去病在这一战中斩获两千多人，其中还包括了相国、当户这样的高级官员，甚至连单于的祖父和叔父也分别在这次战役中被斩和被俘。可以看出，霍去病的打法明显是沿用了卫青在龙城之战创立的以少量精锐部队奇袭匈奴腹地的战斗方式。甚至可以说，在

整个西汉，将这种战斗方式发挥到极致的人就是霍去病。也正是在这场战役中，霍去病立下了冠绝全军的功绩，因此被汉武帝封为冠军侯。

在被封侯三年后，霍去病率军从陇西再次出击。这一次霍去病的战功更加卓著，不但差点抓住了匈奴单于的儿子，更是将匈奴用来祭天的金人当作了战利品，斩获更是达到了八千九百六十人之多。在同年的夏天，霍去病再次孤军深入敌后。虽然损失了十分之三的人马，却斩获了匈奴三万零二百余人；收降了匈奴单桓、酋涂王、相国、都尉以下的两千五百人；俘虏了匈奴五王、王母、单于妻儿共五十九人；被俘虏的匈奴的将军、当户、都尉有六十三人。可以说，霍去病此时已经成了汉匈战场上的头号人物，甚至有将卫青都甩在身后的趋势。就连匈奴那里已经有人因为霍去病的威势，准备向汉朝投降了。

匈奴的浑邪王由于屡次被霍去病击败，招致了单于的怒火，单于甚至一度想要将浑邪王诛杀，浑邪王也由此产生了投降汉朝的想法。汉武帝担心浑邪王是通过诈降来袭击汉朝的边境，于是派出霍去病带来军队前去迎接浑邪王。看来在汉武帝眼中，霍去病已经成为对付匈奴的专业将领了。

当霍去病已经与浑邪王的军队隔河相望之时，浑邪王手下的许多士卒改变了心意，打算放弃投降并逃回匈奴。霍去病在此时再次展现了他敏锐的军事直觉，他迅速冲入了浑邪王的军营与之相见，并斩杀了想要逃跑的八千多名士卒。在稳定局面后，他将浑邪王单独送往了长安，随后率领着浑邪王的数万人回归了汉朝。浑邪王归降汉朝后，汉匈之间的一大片边境得以稳定，且浑邪王在匈奴中地位不低，他的归降对于汉武帝来说无疑是一场巨大的对外胜利。浑邪王归降汉朝时，汉武帝派出两万辆车去迎接浑邪王，这样庞大的阵仗连官府都负担不起，只能向民间赊购马匹。在浑邪王归降汉朝后，汉武帝不但将其封为万户侯，还赏赐给浑邪王数十万金钱。汲黯劝说汉武帝不必如此劳民伤财，反而招致了汉武帝的不悦。

在浑邪王归降的第二年，汉武帝和诸将商议说："赵信在投降后一直在为匈奴出谋划策，他一直认为汉朝的军队不能轻易越过沙漠。现在如果我们派大军进攻，一定能打他们一个出其不意。"

此时的汉武帝雄心勃勃地想予以匈奴一记重创。然而在长年累月的征战之下，由文景二世积攒而来的雄厚国力早已在战争中消耗殆尽，甚至都不足以供养军队。面对如此现状，汉武帝不得不卖官鬻爵来筹集资金，甚至还设立了专门的"武功爵"。那些购买武功爵到千夫级别的，便可以优先入仕。这样一来，做官变得无比烦琐复杂，甚至连官职都已经任命完了。但为了给予匈奴致命一击，汉武帝还是在元狩四年（前119年）发动了对匈奴规模最大的一次战役——漠北之战。

经过了由卫青和霍去病取得的一系列胜利后，汉武帝也信心大增，敢于出动大军团与匈奴展开正面对决了。在这一役中，霍去病和卫青各带领五万骑兵对匈奴发起攻击，而在此役中动员的步兵达到了数十万，所有能征善战的士卒都由霍去病指挥。此时对于汉武帝来说，霍去病的地位似乎已经超过卫青了。

在得知汉军发起进攻后，赵信对单于说道："汉军即使能渡过大漠，到时候也一定都人马俱疲了，我们就可以轻松取胜。"

单于采取了赵信的建议，将精锐士卒都驻扎在沙漠北部，而卫青此时也已经出塞了千余里。对于这次充满决战气息的大规模战役，卫青再次采取了最初如同马邑之谋一般的使用大军团对匈奴进行围杀的战术。

然而由于李广带领的部队迷了路，合围的态势并没有成功形成。面对改变的战场态势，卫青作为久经沙场的名将也立刻采取了新的对策。他知道，无论如何也不能在广阔的大漠上与剽悍的匈奴骑兵正面对决，于是卫青用战车围绕起来搭建起了营寨，并用五千骑兵朝着匈奴发动了冲锋，而匈奴也派出一万骑兵与汉军交战。

当时的环境极其恶劣，沙漠上吹起了大风，粗糙的沙砾猛烈地拍击着士兵们的脸颊，双方军队甚至都不能看见彼此。当两军的先锋骑兵还在相持之时，汉军又从左右两翼对匈奴发起了进攻。汉军人多势众，更兼兵强马壮，匈奴很快就陷入了劣势。匈奴单于见事态不利，带着数百精锐骑兵突围逃走，卫青紧随其后，却未能抓住单于。最后，卫青斩获匈奴上万人，并追击到了窴颜山的赵信城，并将城中储存的匈奴人的军粮焚烧殆尽。但汉军在这次战役中也有不小损失，卫青在战后并没有得到进一步的封赏。

相比起卫青的大军团作战，霍去病再次采用了率精兵深入敌后的战术。当卫青在正面战场与匈奴对抗之时，霍去病以李广的儿子李敢为副将，从代地和右北平出击，穿越大漠，与匈奴的右贤王交战，斩获了七万四百四十三人；俘虏了匈奴屯头王、韩王等三人；匈奴的将军、相国、当户、都尉被俘的有八十三人。也就是在这次战役中，霍去病立下了中国古代对外战争最具代表性的功绩——封狼居胥。霍去病在狼居胥山进行祭天仪式，无疑是替代汉武帝对这片土地宣告其主权。从此以后，封狼居胥便成了对外建立功勋的代名词之一。而卫青和霍去病也成了后代将领学习的典范之一。曹操的儿子曹彰就曾说过："大丈夫就应当像卫青、霍去病那样，率领十万大军驰骋沙漠，驱除戎狄，建功立业。"

漠北之战是汉武帝对匈奴发起过的规模最大的战役，这一仗以歼灭匈奴主力为目标，几乎动用了当时所有名将。虽然汉朝在漠北之战中同样损失惨重，然而在漠北之战后，汉朝逐渐在与匈奴的对峙中占据了上风。而在这次战役中立下最大战功的霍去病也受到汉武帝大加封赏。

霍去病少言寡语，却有着非同一般的气魄，行事敢作敢为。汉武帝曾经想要为霍去病建造宅邸，霍去病则回答："匈奴还没有消灭，怎么能先经营自己的家业呢？"但霍去病出生在富贵家庭，又值年少血气方刚，因此性格也较为张扬，不善于体恤士卒。李广自杀后，其子李敢认为卫青陷害父亲，便打伤了卫青，卫青对此事隐而不发。霍去病知道后，便在狩猎中将李敢射死。他出征时汉武帝专门派人给他准备了数十车的精美食物，但霍去病并没有将这些食物分享给饥饿的战士，以至于这些食物最后都变质被丢弃了。当他的军队在塞外因为缺少粮食而体力不支时，他却还在军营中踢蹴鞠取乐。

相较于霍去病，卫青的性格便较为谦恭退让，这可能是与他低微的出身有些许关系。汲黯曾经和卫青行礼时行拱手礼。其他官员劝说汲黯对卫青行跪拜礼以示尊重，然而汲黯并没有因为卫青尊贵的地位改变对待卫青的礼节。卫青在听闻这事后，反而对汲黯更加尊重。而由于卫青较为年长，所以卫青在为人处世方面的智慧也更加高明。卫青始终把自己摆在应有的位置上，不会有任何逾越职责的举动。当初苏建全军覆没，孤身一人逃回军营中，有人便建议卫青将苏建斩首以立威。面对这样的建议，卫青说："我有幸能以外戚的身份在军中任职，不用担心没有威信，这个建议使我立威，却是不符合臣子的本分的。虽然我拥有斩杀将领的权力，但是我却不敢擅自行使生杀大权，而将他交给天子，让天子自行作出裁决。以此来显示我作为人臣而不敢专权，不也是很好吗？"

最后，卫青将苏建囚禁起来送到了长安。后来苏建劝谏卫青招贤纳士，却被卫青以不是自己的职责为由拒绝，霍去病也对此持有相同的态度。

漠北之战后，霍去病的声名与日俱增，逐渐将卫青都抛在了身后，就连卫青的许多门人都转而去选择侍奉霍去病。不过，霍去病和卫青都是同属于卫氏外戚集团的大红人，因此其实本质上仍是卫氏集团的壮大。一时间，卫氏集团名震天下。

但是在距离漠北之战仅仅两年后的元狩六年（前117年），霍去病便因病英年早逝，年仅二十四岁。元封五年（前106年），卫青病逝。随着两位风云人物的接连逝去，曾经盛极一时的卫氏家族也逐渐威风不再。而当巫蛊之祸的阴影笼罩了大汉帝国的天空，这个西汉时期最为显赫的外戚家族也终于落下了帷幕。

皇帝的好帮手
——酷吏

酷吏登场

汉朝经历了剿灭功臣、吕后专制、七国之乱等风波后，对政权有较大的威胁的人已经被挨个铲除了。到景帝和武帝的时候，皇帝的眼光转向了豪门大族这个群体。这个群体因为韩信、英布的死亡，刘濞的惨败而变成了皇帝面对的最扎眼的障碍，专制集权不容许率土之滨有异于皇权的权力存在。于是，从景帝开始，一场针对豪门大族的严打风暴开始刮起，而站在这风暴最前端的，就是被《史记》和《汉书》分别列入"酷吏列传"和"酷吏传"的一批官员。

郅都鹰

《酷吏列传》第一个就是郅都。

郅都在汉景帝的时候曾担任中郎将，负责皇帝的保卫工作。但是他似乎不满足于自己的本职，还经常玩点跨界。史书说他敢直谏，经常在朝廷上驳斥大臣。而真正让他声名显赫的是一次郊游发生的事情。

一次郅都跟着景帝到上林苑玩，陪同的景帝的妃子贾姬内急去上厕所。汉代的厕所大概是很原生态的，贾姬刚一进去，一头野猪就跟进去了。皇帝给中郎将郅都使眼色要他进去救，郅都不动。理由很明显，皇帝的女人走光了比丢命严重得多。景帝看不行，要自己拿着兵器进去救。郅都伏地阻拦说："陛下死了一个女人，马上会有另外的女人进献。天下难道还会少了陛下一个女人吗？陛下纵然看轻自己的性命，那宗庙和太后怎么办呢？"

听了这话，皇帝最终没有进女厕所英雄救美，而野猪也奇迹般没有伤害贾姬。郅都的话后来让太后知道了，太后十分赞赏，赐郅都金百斤，郅都由此被皇帝重用。

此时济南有一个豪强瞷氏，宗族有三百多家，声势赫赫，前后几任地方官都拿他们没办法。景帝就拜郅都为济南守。郅都到任之后就诛杀了瞷氏为首作恶的人，其他的人吓得两腿打战。郅都任职一年多，济南民风大变，达到了路不拾遗的程度。不仅他治下的百姓害怕他，就连附近的郡守也像怕自己长官一样怕他。

后来郅都被提拔为中尉。他为人高傲，即使见了丞相他也只是作个揖而已。执法时，他从来不顾对方是否地位高，因此列侯宗室都对他侧目而视，称他"苍鹰"。

郅都最后死在了他得罪的贵人手里。景帝先立的太子是刘荣，但是由于刘荣母亲栗姬的原因，刘荣后来被废为临江王。景帝中元二年（前148年），刘荣因为侵占宗庙土地而被治罪，审理他的就是中尉郅都。郅都审问很严，刘荣十分惶恐，请求郅都给他刀笔，自己写奏章向皇帝谢罪。郅都置之不理。后来是窦太后的侄子魏其侯窦婴偷偷派人给了刘荣刀笔。刘荣写完谢罪奏章之后就自杀了。

窦太后听说此事后大怒，一心想置郅都于死地。郅都被免职回家。

景帝一直信任郅都，于是派使者拜他为雁门太守防备匈奴。匈奴人一向听说郅都威名，都引兵远离边塞，到郅都死前都不靠近汉地。匈奴人还按照郅都的形象做成人偶，让骑兵驰射，竟然没有人能够射中。

景帝对郅都的偏爱最终还是没能救他的命。窦太后后来还是坚持要杀郅都。景帝求情说："郅都是忠臣。"窦太后反驳说："临江王难道不是忠臣？"最后郅都还是被杀了。

郅都之后，宁成接替了中尉的职位。宁成为政跟郅都相似，喜欢杀伐，不避权贵，但是廉洁不如郅都。因为当时人们传说："宁见乳虎，无值宁成之怒。"意思是：宁愿碰上正在哺乳幼虎的母老虎，也不愿碰上发怒的宁成。不过宁成和郅都一样，也因为执法不避权贵，结果被权贵陷害，下狱受刑。

汉代的官员以受刑为耻，大多都在入狱前就自杀，以求保全名节。但是宁成却忍辱受刑。之后他私造令符逃出函谷关回家。仕途失意的宁成干脆在家乡种田务农，顺带放点高利贷，几年后居然也成了当地的豪门大族。

郅都、宁成之后，著名的酷吏还有义纵，不过比起前两者来说似乎在"酷"上并没有提升到一个新境界，这几个充其量只能算酷吏的初级版本。真正让人毛骨悚然的升级版，应该是王温舒。

王温舒年轻时候就是游手好闲的主，主要的营生就是月黑风高之时在僻静的小道上等候过往行人，用铁椎杀死，然后抢劫财物，最后还负责埋掉尸首，服务周到，配套齐全。就这么一个凶徒，后来被提拔为亭长，结果因为不称职而免官，之后又到县衙门当小吏，逐渐升为廷尉属官。后来，王温舒投靠有名的酷吏张汤，担任广平郡都尉。他任用了一批有案底的亡命之徒，用以前的劣迹来要挟他们，如果捕捉"盗贼"有功，则王温舒对前罪一概不问。如果捕捉不力，轻则杀头，重则灭族。

王温舒的工作得到了上级领导的充分重视和肯定，因此，不久后他被提升为河内郡太守。这时候，王温舒的"能力"可以说发挥到了极致。上任之后，他就准备私马五十匹，部署在京师到河内的路上，作为另一套驿站，并且要求凡是河内到京师的往来文书必须以最快的速度送达。之后将郡中豪强大族基本抓获，并牵连不少无辜百姓。之后向皇帝上书，提出对这些人的惩处方案：大者灭族，小者杀头，家产全部充公。以前驿站传递文书很慢，但是由于王温舒事先的安排，书奏不过两日，皇帝的允准诏书就送达了。河内官民对如此神速的速度无不感到惊讶。诏书一到，尸积成山，血流成河。汉朝法令规定：春夏禁止杀人，秋冬方可。眼看春季到来，王温舒顿足叹曰："假如冬天再长一个月，我就可以办完我的事情了！"

而就是这样一个近乎变态的杀人狂魔，却得到皇帝的无比赏识。由于在河内的功绩，他被提拔为中尉，由一个地方官成为京官，后来又成为廷尉，位列九卿，权倾天下。这决不是皇帝脑子进水一时糊涂，其根本原因是，王温舒是皇帝手中一颗重要的棋子。

每一个王朝的建立，都是一个利益再分配、重新洗牌的过程。从西汉建立开始，皇帝们就为专制集权的巩固而殚精竭虑。西汉初年，一批战争中的功臣纷纷被封王侯，建立起了自己的诸侯国，而这些国中之国也成了中央集权的心腹之患。于是汉高祖刘邦诛韩信、杀彭越、平英布，又杀白马盟誓，基本剪除了异姓王对中央的威胁。但是，同姓的王爷们在权力利益的引诱下也不见得就让中央省心，于是，汉景帝时期爆发了七国之乱，这次叛乱朝廷只花了几个月的时间就迅速平定，可见中央对此是早有准备的。

七国之乱平定之后，朝廷又通过颁布推恩令等手段进一步削夺诸侯王势力，剩下的王国越来越小越来越弱，再也无法跟中央抗衡，于是，中央由大到小的国有化行动终于落到了豪强的头上。而对豪强的打击，除了进一步稳固中央政权，一个重要的目的就是将豪强们的土地收归国有，所以，这实际上是继刘邦灭异姓王和景帝削同姓王之后的又一次轰轰烈烈的国有化运动。而王温舒等酷吏，就是这场国有化运动中必要的棋子。

比起郅都和宁成，甚至义纵，王温舒的个人操守要差得多。《汉书》记载他善于谄媚，喜欢侍奉有权势的人。对没有权势的当作奴隶一样使唤，而有权势的人家即使罪恶累积成山他也不闻不问。

王温舒这样做无疑是为了自保。但是他并不知道，即使是这样对权势胁肩谄笑，也未必能保住自己的命。因为究其根本，他不过是一颗棋子而已。棋子的价值只存在于棋局当中，一旦棋局结束，棋子也就没有任何利用的价值了。因此，王温舒的"事业"蒸蒸日上的时候，也是他丧钟悄悄敲响的时候。不久，他因为一些小罪下狱，被诛三族。与此同时，他的两个弟弟也因为其他的罪行分别被灭族，有人感慨道："古代只有诛三族的例子，王温舒却被诛了五族。"

赢家只有一个

这场棋局中，赢家只有一个——皇帝。

《西游记》里面有一个有趣的现象：很多法力高强的妖怪，不是神仙的坐骑，就是佛前的侍卫，下凡之后无恶不作，多次险些坏了取经大业。当然，最后收伏这些妖怪，也往往是神仙们亲自动手。于是这些妖怪做过什么坏事似乎都不重要了，重要的是神仙们不辞辛劳降妖除魔，即使刻薄如孙悟空者，也免不了此时要对神仙们感恩戴德，至于神仙和妖怪们背后有没有什么暗中交易，此时都不重要了。

皇帝一手培养的酷吏弄得民不聊生、天怒人怨，之后再由皇帝重拳出击为民除害，于是万姓胪欢山呼万岁，这时候你怎么可能不由衷地赞叹一句："皇上圣明！"

《汉书》说，汉朝建立之初，"是时民朴，畏罪自重"。意思是人民本性十分朴实，害怕犯罪，循规蹈矩。但是郅都、宁成、王温舒等人的滥杀使人人自危，而他们的继任者大多也是杀人无数的刽子手，所以"吏民益轻犯法，盗贼滋起"。汉武帝时，南阳、楚地、齐地、燕赵等地都有百姓奋起反抗，有的多达数千人。百姓攻打城池，抢劫兵器，释放死囚，帝国动荡不安。无奈之下，汉武帝任命张德等人穿着绣衣，拿着符节虎符，用战时的命令发兵镇压。这就是史书说的"绣衣直指"。几年之后，诛杀了一些首领，但是余众据守山谷，朝廷无可奈何。

这时候皇帝宣布执行"沉命法"，其核心意思就是地方官所辖范围有百姓造反没有及时发觉，或者发觉了但是没有及时剿灭的，两千石以下到小吏全部判处死刑。这样的严酷刑法的后果想都想得到：地方官害怕被杀，于是辖区发生了动乱也根本不敢上报，上下一起隐瞒。所以反叛越来越多，但是朝廷得到的消息还是形势一片大好。

到汉成帝的时候，社会的动荡甚至连京师也不得幸免。《汉书》说，当时长安豪猾浸多，竟然组成了杀手团伙。他们接受酬劳刺杀官吏，每次刺杀前他们会聚在一起从口袋里取弹丸，拿到红丸的杀武官，拿到黑丸的杀文官，拿到白丸的给死去的兄弟办丧事。这就是被后世称为"探丸杀吏"的死亡游戏。于是长安长期尸横遍街，报警的鼓声鸣响不绝。

治安的恶化催生了新一代酷吏的成长，他们比前面的郅都、宁成、义纵、王温舒更残忍更野蛮，其手段也不断刷新人类容忍的下限。严延年就是其中具有代表性的一个。

严延年，字次卿，东海下邳人。他父亲曾经做过丞相掾，他从小也就在丞相府学习法律。后来担任侍御史。因为曾经弹劾权倾一时的霍光而被朝廷注意，后来从军讨伐西羌，胜利后被任命为涿郡太守。

当时的涿郡情况十分混乱，有毕野白扰乱治安，又有西高氏和东高氏两个大族横行不法。当地人外出都要张弓拔刀，警戒万分才敢上路。严延年到任之后，就要求手下一个叫赵绣的小吏撰写高家的罪状。这个小吏看严延年是新来的，不知道深浅，于是他写了两个罪状，一个轻的一个重的，打算先给严延年看轻的，如果他发怒了再给他看重的。谁知道小吏的小算盘被严延年识破了，太守下令搜身，找到了那个重罪的文书，当夜即刻把赵绣扔进监狱，第二天早晨就杀了。随即派官吏分别查究两个高家的罪状，诛杀了十多人。一时间郡中震恐，风声鹤唳。

严延年表面看是个嫉恶如仇的守法官员，其实他不过是摧毁豪强借以立威。法令在他手里就是随意捏的橡皮泥。大家都认为应该判死刑的，他心血来潮就给放了；大家都认为应该活下来的，他却歪曲法令给杀了。大家都无法猜透他的心思。而对付他忌恨的人，一定会把案子做成铁案，让人永远无法辩冤。

每到冬天，就是这些酷吏大显神威的时候。严延年做了河南郡太守后忙着派驿车转送囚犯，在堂上审理后大多都被他判死刑，郡内流血数里，河南人称他为"屠伯"。

而就是这个屠伯，却认为自己居功至伟，应该加官晋爵。但是他的凶残让朝士为之侧目，他的官位也一直没有升迁，反而因为一些小事被贬斥。严延年对此愤愤不平。

严延年手下有一个叫义的老丞，一直畏惧这位领导，害怕有一天也死在他手里。其实严延年在当丞相史的时候就和这个人是同事，一直关系不错，从来没有想过对他下手，反而经常送些礼物给义。谁知道这让义更加恐惧，他认为这是严延年要对自己下毒手的预兆。于是他请假到长安，给朝廷写了一封奏折，列举了严延年的十大罪状。奏折送上去之后，义就自杀了，以表明自己没有欺骗皇帝。

事发后，朝廷追查严延年的罪行，证明一切属实。曾经让人闻风丧胆的严延年最后被斩首。严延年的残暴不仅让多年的老部下害怕，连他母亲都震惊。一次母亲来看严延年，进入治所境内就看见到处在处决人犯，严母大惊，不愿意到官府去住，而住在了都亭。严延年不知道出了什么事，到都亭去拜见母亲。过了很久母亲才出来见他，严厉训斥他说："你当朝廷的郡守，没有实行仁爱教化，让人民安居乐业，反而用刑法滥杀百姓，借此立威，这哪里是父母官应该做的？"

这个母亲无疑是深明大义的。她还规劝儿子："天道神明，不能擅杀人命。我不想老了还看见儿子犯法被杀！"

可惜严延年并没把母亲的话当回事。他更不会意识到以杀戮对人，自己最终也会死于杀戮。不知道他临刑的时候是否会想起母亲的劝告，但此时如同李斯刑前还回想跟儿子牵黄犬出东门围猎一样，都已是奢望了。

在酷吏的舞台上，如果认为严延年已经登峰造极，那就错了。这时候一个比严延年更残忍的酷吏登上了历史舞台，他叫尹赏，字子心，曾经担任楼烦长和郑令等官职。后来长安治安恶化，他被任命为代理长安令，并允许他便宜从事。尹赏到任之后，第一件事是改造长安监狱。他在监狱里挖了很多大坑，每个都有几丈深，内壁用陶片镶砌，再用大石头盖在上面。尹赏给这种装置起了个名字叫"虎穴"。

安排好之后，尹赏就部署手下调查长安著名的轻薄恶少，连同没有市籍的商人，甚至就是穿得比较鲜艳经常手持兵器的人，把这些人全部登记造册。一切部署好之后，尹赏一天之内集合长安官吏，几百辆车，分头搜捕，全部以勾结盗贼的罪名抓起来。尹赏亲自审理，每十个人释放一个，其余的人全部投入虎穴，每个虎穴投一百个人进去，然后盖上大石。几天之后移开大石，这些人全部惨死在里面。尹赏派人把尸体运出来，堆放在外示众，还附上每个人的名字。一百天后才让家属收尸。家属号哭声震天动地，就连路过的人也为之垂泪。当时有人写了一首歌谣："安所求子死？桓东少年场。生时谅不谨，枯骨后何葬？"

而尹赏释放的那些人，其实恰恰是恶少中的首领，或者家里有势力的子弟。尹赏把他们的罪行全部赦免，让他们立功自赎，将其作为自己的左膀右臂。这样一来，长安的盗贼的确得到了遏制，而尹赏也因此声名大震。后来尹赏被任命为江夏太守，但是由于他实在太过残忍，之后还是被免官了。

晚年的尹赏在死前对他几个儿子说："当官因为残忍被免官，总比因软弱被免官好。前者即使被免，过不了几年朝廷会想起你的能力，迟早会重新任用你。但是如果因为软弱被免官，那你一生都不会有东山再起的机会。"

一代"屠夫"的毕生经验居然是这样一句话，这真是历史的悲剧！

班固评价一个叫周阳由的酷吏，说他"所爱者，桡法活之；所憎者，曲法灭之"。事实上这也是酷吏的共同特点。法律只是他们手中的一个工具，其作用就是拉拢同党，剪除异己，当然更重要的是奉承上意。表面上看起来，酷吏在治理动乱、维护社会治安方面都做出了不小的贡献，但是从另一个角度说，他们自己其实就是社会动乱的始作俑者。

《汉书》指出汉朝建立的时候人民质朴，自尊自爱，很少犯法。正是景帝、武帝任用

班固像

郅都、宁成这些酷吏以血腥手段铲除豪强，才造成了后来的民怨沸腾和社会动荡；之后再由王温舒、尹赏这些酷吏"挽狂澜于既倒"，超越法律限制进行"严打"，而这样做的结果，就是法律的客观和威严荡然无存。

对这一点酷吏是心知肚明的。武帝时的杜周就是这样的人。史书说他"善候司。上所欲挤者，因而陷之；上所欲释者，久系待问而微见其冤状"。意思就是他善于揣测皇帝旨意，皇帝想要谁死，他就不顾一切陷害谁；皇帝想放了谁，他就把谁长久关押，同时打探他的冤情（上报给皇帝）。有人对他的所作所为很看不惯，责问他说："大人为天下决断公平，却不依据法令办事，只把皇帝旨意作为断案的依据，治狱难道应该是这样的吗？"

杜周回答："法律从哪里出来的？先皇制定的叫律，后来皇帝制定的叫令，都是当时皇帝认为正确的东西，哪里有恒定不变的法律？"

杜周的话虽然蛮横，但是也点出了君权统治下法律的实质：不过就是皇帝的旨意罢了。皇帝喜欢道家的时候清静无为就是法律，皇帝喜欢儒家的时候诗书礼教就是法律，而皇帝喜欢法家的时候严刑峻法就是法律……换而言之，法制的精神在君权下是不存在的，几千年来的中国不过是人治，更确切地说就是皇帝一个人的意志代替了整个国家的法律。

《史记》和《汉书》评价最高的法官应该是张释之了。他曾在汉文帝时任廷尉主管司法。他主张法律不能以皇帝的意志为转移，而且反对皇帝以个人意志随意修改或者废除法律。他在执法过程中若与皇帝意志发生冲突往往能够坚持守法，这是难能可贵的。

比如当时发生了一个案子：一个小偷偷了高庙中的玉环。张释之按照法律规定判他死刑。汉文帝很不高兴，认为犯下这样的大罪应该族诛，张释之据理力争，最后让皇帝收回了成命。

汉文帝一次出巡，经过中渭桥的时候，一个人突然从桥下窜出，惊了皇帝的车驾。张释之调查后知道这个人是躲在桥下，想等皇帝车驾过了之后再出来。谁知道皇帝车驾过了很长时间，他以为已经过完了，于是出来。张释之按照法律判处这个人罚金。汉文帝很不高兴："这个人惊了我的马，幸好我的马性情温顺，如果换其他的马不就会伤害我吗？而你竟然只是判处罚款！"

张释之的回答很有意思："法律是皇帝与天下共有的。法律本来就这样规定了而我们却随意从重处罚，这样法律就无法取信于民了。况且当时如果陛下派人直接杀了他也就算了，现在已经把案子转到廷尉，廷尉是为天下断公道的，如果我随意歪曲法律，以个人好恶随意轻重处置，那么百姓该怎么办？"

张释之前面的话是义正词严，也颇得法律公正之精髓。但是这段话的有趣之处在于后半部分："况且当时如果陛下派人直接杀了他也就算了"。也就是说，即便是被称为执法最公平的张释之，也默认皇帝可以不经审判杀掉自己讨厌的人。换而言之，他也同样认为皇帝其实是凌驾于法律之上的。从这个层面说，他跟曲法奉承君权的杜周其实没有本质的不同。封建制度下，坏司法者也好，好司法者也好，他们都不是真正的司法者。

高危职位
——那些不得善终的京兆尹

难当的京兆尹

虽然京师从地理上说只是一个地区，与其他的地方并无本质的不同，但是因为国家建都在此，所以从政治、经济、文化上自然还是与别处区别很大的。而京师的治理自然也是王朝重点考虑的问题。

秦代时就专设了内史管理京师，汉武帝时分置左右内史。太初元年（前104年）又改右内史为京兆尹。汉代管理京师的主要有三个官员：京兆尹、左冯翊①、右扶风。而其中以京兆尹地位最为重要。

京兆在汉代被称为辇毂②，意思是天子车轮之下。这里权贵众多，关系复杂，其治理难度远非一般地方可比。因此担任京兆尹表面看上去风光，实际上却战战兢兢、如履薄冰，稍不留意便会祸从天降。张敞曾经做过九年京兆尹，最后得以善终，算是十分幸运的了。他的不少同僚都由于各种原因而身败名裂，比如赵广汉和韩延寿。

---

① 左冯翊：左冯（píng）翊是官名兼行政区名。汉时将京兆尹、左冯翊、右扶风称三辅，即把京师附及近地区归三个地方官分别管理。
② 辇毂：辇是天子的车驾，毂（gǔ）是车轮，这里指京师。

严刑峻法赵广汉

赵广汉，字子都，涿郡蠡吾人。年少时就担任郡吏和州从事，以廉洁聪明、礼贤下士而闻名。由于治理成绩优异，先被升迁为京辅都尉，之后代理京兆尹。

掾吏杜建自恃资格老，交游广泛，骄横不法；他的门客也肆无忌惮触犯法律。赵广汉上任前先警告杜建，但是杜建充耳不闻，赵广汉毫不留情将他扔进监狱。一时间说情的宾客填塞门户，而赵广汉不为所动。杜建的门客见软的不行，决定强行劫狱。而他们的计划已经被赵广汉打听得一清二楚，他警告说："如果你们敢劫狱，我就灭你们的族！"之后他只让几个小吏押着杜建上刑场，杜建的党羽没有一个敢动。这件事让赵广汉威震京师。

这之后，赵广汉被任命为颍川太守。颍川多豪强大族，他们相互结为姻亲，关系牢固，盘根错节。赵广汉到任之后，首先分化瓦解，选择豪强中可以任用的人，让他们为自己提供情报。之后又故意泄露他们的姓名，让豪强内部相互仇视；同时设置检举箱，一旦收到检举信，就把姓名隐去，说是某个豪强写的信，使豪强大族互相成为仇敌。这样一来，赵广汉轻松掌握了所有情报，颍川风俗为之一改，他的名声也流传出去，甚至匈奴投降的人也知道他了。

就在赵广汉担任颍川太守的第二年即本始二年（前72年），赵广汉奉命带兵出击匈奴。从军回来之后，再次被任命为京兆尹。

即便是担任两千石的高官，赵广汉礼贤下士的作风还是没有变。《汉书》说他"以和颜接士……殷勤甚备"。工作有了成绩，他总是归功于手下："这件事是我手下某某做的，他的才能我可比不上。"他并非嘴上说而已，行动也发于至诚。所以手下都愿意为他所用，即便送死也不会回避。

赵广汉也很能知人。他手下的才能他心里都很清楚，也就能够知道他们是否尽力。如果有辜负他的，他会首先口头讽喻，如果不改，立刻收捕，无人能逃。而受罚的手下也立刻认罪，从不逃避。

赵广汉似乎天生就是做官员的料，他精力充沛，接见手下和百姓可以通宵达旦，让人惊讶。而他最擅长的就是推理。《汉书》说赵广汉"尤善为钩距，以得事情"。这里的"钩距"其实就是推理。如果赵广汉想知道马的价格，他会先问狗价格，之后再问羊，问牛，最后才问马，然后将各个价格进行对比，就能大致不差地知道马的真实价格。这种手段别人也想模仿，但是赵广汉一直被模仿，却永远无法被超越。他将这种能力运用于治理上，几乎就成了西汉的福尔摩斯。

一次长安有几个少年聚在一间空屋子里预谋抢劫，还没等他们商量完毕，赵广汉的手下就来抓捕他们了。

有一个叫苏回的人很有钱，他在朝廷当郎官。两个劫匪劫持了他。很快，赵广汉就带着手下赶到劫匪的家里，站在庭院里，让手下敲门对劫匪说："京兆尹赵广汉先生问候两位了！你们不要杀死人质，他是皇上宿卫的官员。你们立即释放人质束手就擒，赵京兆会善待你们。万一你们碰上大赦，还可以活命。"

两个劫匪十分震惊，又久闻赵广汉大名，于是马上开门释放人质。赵广汉竟然跪谢劫匪："幸好你们释放了郎官，你们对我太好了！"

两个劫匪被关入监狱，赵广汉谨守承诺，给予他们很好的待遇。到冬天，劫匪要被处死了，赵广汉预先为他们准备棺木和丧葬事宜。两名罪犯都说："死无所恨！"

赵广汉的信息之灵通有时候到了匪夷所思的地步。一次他召见湖都亭长议事。路上湖都亭长遇到了界上亭长，界上亭长开玩笑说到了府上，替我问候赵明府。湖都亭长到了之后，跟赵广汉交谈，事情完毕，正要走，赵广汉说："界上亭长不是叫你转告问候吗？你怎么没有转达？"亭长大惊，叩头承认确有此事。赵广汉又说："替我谢谢界上亭长，让他认真工作，我不会忘了他的。"

在赵广汉的治理下，京兆政治清明，吏民交口称赞。老人们说自从汉朝建立，治理京兆没人能比得上赵广汉。赵广汉也是踌躇满志，他甚至觉得左冯翊和右扶风的治理太差，罪犯经常跑到自己地界捣乱，长叹说："搞乱我的治理的就是这两个地方！要是让我同时治理左冯翊和右扶风，简直就完美而简单了！"

此时的赵广汉已经处于人生的巅峰，却不知道大祸正在朝自己悄悄逼近。长安是皇亲国戚聚集之地，关系复杂，而赵广汉的工作不可避免要触犯到一些人的利益。而且由于他仕途一帆风顺，也渐渐自我膨胀，做出一些事情甚至让皇帝都觉得过为已甚。

赵广汉原先侍奉霍光。霍光去世之后，霍家失势。赵广汉知道皇帝迟早要收拾霍家，于是自己先带人冲进霍光儿子霍禹家中，借口搜查私酒私屠，把霍家坛坛罐罐砸得稀烂，还用斧子砍坏了霍家的门。那时候霍光的女儿还是皇后，知道此事向皇帝哭诉。虽然皇帝心里支持赵广汉，但是这种过河拆桥的手段让其他权贵心寒，这也给赵广汉的覆灭埋下了祸根。

事件是由一件很小的事情引发的。此前，赵广汉的一个门客在长安集市酿私酒（就是赵广汉指控霍禹的罪名，由此看来他自己也并不清白），丞相魏相的手下知道后把这个门客驱逐了。门客怀疑是一个叫苏贤的人告密，就把这事告诉了赵广汉。赵广汉知道之后就唆使手下审查苏贤，说苏贤本是霸上的骑士，但是没有到驻地，违反军令。苏贤父亲知道后上书为苏贤辩冤，同时指控赵广汉的罪行。这事后来经过朝廷调查，赵广汉有罪，被贬官一级。

赵广汉阴沟里翻船，当然愤愤不平。他认定苏贤和他爹没这能力，一定是有人指使他们，那个人他认为是跟苏贤同村的一个叫荣畜的人，于是他找借口把荣畜杀了。然而立刻就有人告发赵广汉枉杀无辜。

事情越闹越大，案子交到丞相御史处审理，追查很急。赵广汉派人天天守在丞相府门口，探听丞相有没有什么不法的行为，好拿作把柄。而赵广汉终于等到了一个机会，但同时也为自己敲响了丧钟。

一天，丞相府里一个侍女犯错自杀死了。手下报告赵广汉，赵广汉认定是丞相夫人杀了侍女。他以此胁迫丞相，让后者不要对自己紧逼不舍，可是丞相不听，追查更急了。赵广汉上书皇帝告发，皇帝下诏让京兆尹赵广汉审理此事。赵广汉得到诏书之后率人冲进丞相府，让丞相夫人跪在庭院中接受审讯，又抓了十多个奴婢回去问话。丞相魏相大怒，上书说赵广汉侮辱大臣。赵广汉审问了丞相奴婢，查明侍女并非夫人所杀，而是自己犯错，出了府后自杀的。

此时的赵广汉败局已定，而司直萧望之则给骆驼背上添了最后一根稻草。萧望之上书说赵广汉"摧辱大臣……不道"。宣帝下旨将赵广汉送进监狱，而此前赵广汉得罪权贵太多，此时他的罪名雪片一样累积起来，终于被判处腰斩。

赵广汉临刑的时候，数万吏民守着府门哭泣，有人还说："我活着对国家也没什么用，愿意代替赵京兆去死，让他继续牧养小民。"

赵广汉被百姓追思是因为他不畏豪强，让百姓安居乐业。到班固所在的东汉，百姓还在歌颂他的恩德。不过作为官员，尤其是首都市长，能否爱民如子，能否清正廉洁似乎都并不重要，重要的是千万不能得罪权贵。否则，赵广汉就是下场。

儒家门徒韩延寿

赵广汉治理京兆的思路基本属于法家，也就是主张严刑峻法，这也是他最后身败名裂的原因之一。而他的一个同僚则用的是儒家的温良恭俭让那一套，其结果竟然与赵广汉如出一辙，这个人叫韩延寿。

韩延寿，字长公，燕地人。他父亲叫韩义，是燕国的郎中。燕王刘旦与上官桀等谋逆的时候韩义力谏，结果被燕王处死。燕王造反被扑灭后，魏相上书皇帝，说韩义因忠心劝谏被杀，应该赏赐他的儿子以示天下。当时执政的霍光表示支持，于是韩延寿被任命为谏大夫，之后转为淮阳太守，因为他治理成绩优异，又被转为颍川太守，成为赵广汉的继任者。

赵广汉在颍川的时候，采取分化瓦解的办法，鼓励豪强互相告密，以此获得自己需要的情报。韩延寿到任之后想改变这一现状，于是他招来乡里的长老一起饮酒聊天、嘘寒问暖，同时让他们互相之间解除仇怨，冰释前嫌。

韩延寿从小学习儒家经典，他的治理也是按照儒家的礼仪进行。他为百姓制定了婚丧嫁娶的礼仪、祭品等级等，让他们不能超过限度，同时让郡里学校诸生穿着礼服给百姓主持相关典礼，百姓都遵守他的教化，颍川风俗为之一改。

《汉书》说韩延寿治理"上礼仪，好古教化，所至必礼聘其贤士，以礼待用。广谋议，纳谏净"。他到处兴办学校，以儒家礼仪教育百姓，手下也乐于为他效命。因此治内有任何风吹草动，官吏都能及时知道，报告上级。

如果有人辜负了他，他不会像赵广汉那样依法处置，而是自己深刻检讨："难道是我辜负了下属吗？他们怎么会做这样的事情？"而他的自我检讨往往能令犯错者无地自容。他的县尉就因自责而自杀身亡，他门下的一个掾吏也因犯错而自杀，幸好被人救下，但是也从此无法再说话了。

韩延寿的有些轶事简直就是标准的儒家教科书。一次他要出门，正要上车的时候手下一个人迟到了，韩延寿按照规定要属下对那个人进行惩罚。回来到府门的时候，车被守门人拦下，守门人说："今天您要出门，正好那个手下的父亲来了不敢进来。他听说之后就去拜谒自己的父亲，所以迟到。因为孝敬父亲而被罚，这不是有亏大人的教化吗？"韩延寿听后说："要不是你，我都不知道自己的过错。"回府后召见这个门卒，后来重用了他。

之后韩延寿担任代理左冯翊，一年之后转为正式职位。上任一年多，他不愿下去巡查。手下劝他出去，他说："每个县都有尽职尽责的县令，我去只是给百姓增加负担。"手下说现在正是春耕时节，您还是应该出去一下劝劝耕桑。韩延寿不得已出去，走到高陵的时候，遇见百姓两兄弟打官司争田地。韩延寿十分伤心，说："我当地方官，百姓骨肉打官司，这是我的责任。"

他回去就称病不上班，住在旅社中闭门思过。整个县的人都不知道出了什么事。手下、三老都把自己捆起来待罪。这时候打官司兄弟的族人责备两兄弟，两兄弟也十分悔恨，像犯人一样剃了头发肉袒谢罪，愿意把田地让给对方，至死不再争执。韩延寿这才大喜，打开房门接见诸人。

韩延寿治理左冯翊，由于他待下以至诚，所以吏民都不忍欺骗他，百姓对他十分拥戴。可是这也改变不了他最后悲惨的结局。

韩延寿在左冯翊的前任就是萧望之。这时候萧望之已经升任御史大夫了。有人向萧望之打小报告，说韩延寿当东郡太守的时候曾经擅自花费公家的钱一千多万。萧望之跟丞相丙吉商量此事，丙吉认为这件事在大赦之前，可以不必深究，但是萧望之坚持追查到底。

韩延寿听说之后，马上上书告发萧望之在左冯翊时擅自花费官钱一百多万，可是追查之后，发现并无此事。而萧望之派遣御史查韩延寿，发现了他花费如此之大的缘由。

原来韩延寿在东郡每年大试骑士，排场之大，耗费之繁，几乎拟于皇家。这样韩延寿在亏空公款之外又多了一个要命的罪名——僭越不道。

在萧望之的建议下，朝廷公卿讨论此案，公卿们认为韩延寿犯法在先，之后又诬告大臣，欲借此脱罪，狡猾不道。皇帝也十分厌恶，判处韩延寿罪当弃市。

所谓弃市，就是在人众多的地方处决人犯，以示与人共弃。而韩延寿临刑那天却是另外一番景象：数千百姓扶老携幼送韩延寿的囚车到渭城，百姓们攀着车轮，争着给韩延寿进献酒肉。韩延寿不忍心拒绝，每个进献的酒他都喝，一路上喝酒一石多。临刑前，他让以前的手下向百姓道谢："让你们远来辛苦，我韩延寿死无所恨。"百姓莫不流涕。

韩延寿临死才明白，京兆尹、左冯翊、右扶风都是高危岗位。甚至不仅如此，踏入仕途也就意味着踏入了危险。韩延寿有三个儿子，本来都担任郎吏。韩延寿临死的时候，告诫儿子们以自己为戒，不要踏足仕途。三个儿子都听从了劝告，辞官不做了。

站在百姓的立场，赵广汉和韩延寿都是好官。他们爱民如子，礼贤下士，而且能力超群，治理水平高超。可惜官员称职与否的判定并不是由百姓决定的，而是由皇帝或者权贵决定的。

在某种程度上，百姓最看重的恰恰是皇帝和权贵最不在乎的。他们真正在乎的只是你在治理过程中有没有损害到他们的利益，如果没有，即便是你贪腐成性、弱智成痴也是好官；反之，即使你廉洁清正、能力超群也必然成为他们的眼中钉，必将除之而后快。

曲学阿世的丞相
——公孙弘

皇帝面前的老实人

公孙弘年轻时曾经当过狱吏，后来因犯罪被免职。因家庭贫困，所以为别人养猪糊口，到四十多岁的时候才开始学习《春秋》。汉武帝刚即位的时候，广招贤才，那时候公孙弘已经六十岁了，被征为博士，皇帝派他出使匈奴，但是未能让皇帝满意，于是他托病免职回家。

元光五年（前130年），武帝再征召贤良文学之士，公孙弘又被推荐。到朝廷之后，皇帝策诏诸儒讲论国事，公孙弘的策论交上去之后，太常判定他的文章属于下等，皇帝看到之后，却认为他的策论很好，于是把他提为第一，并召见他。皇帝看到公孙弘相貌堂堂，十分高兴，于是拜为博士。此后，公孙弘又凭借几篇文章得到皇帝赏识，一年之中，就被提升为左内史。

公孙弘在皇帝面前，完全是一个认真听话的老实人形象。对自己不赞成的事情，他从不在朝廷上与皇帝争论。他和以直谏著称的主爵都尉汲黯一起私下去向皇帝奏事。每次总是汲黯先向皇帝奏明，然后公孙弘再随声附和。奇怪的是皇帝对汲黯总是有些忌惮甚至不满，对公孙弘却十分亲近，所以他的地位日益提高，很快就超过了老臣汲黯，弄得汲黯在皇帝面前发牢骚："陛下任人如积薪，后来者居上。"

有时候，公孙弘和其他大臣约好了跟皇帝商量国事，等到了之后，公孙弘一看皇帝脸色不对，马上背弃原来的约定，顺从皇帝的意思。弄得一帮大臣十分气愤，在皇帝面前就纷纷指责说："这个齐国人狡诈无情，最初与我们商量好了按照这个意思办，但是马上背弃我们，这是不忠。"

皇帝询问公孙弘，他回答："了解臣的，就会认为臣是忠心耿耿的；不了解臣的，就会认为臣不忠。"

公孙弘这句话看似莫名其妙毫无逻辑，其实颇有奥妙：顺着皇帝，就叫忠心。为了这，可以背信弃义、出尔反尔。这种毫无条件的愚忠当然让皇帝十分受用，所以，后来大臣们越是批评公孙弘，皇帝却越厚待他。

当内史几年之后，公孙弘就被任命为御史大夫，位列三公。可是对国事他却经常是信口雌黄、一窍不通。司马相如主张开西南夷的时候，皇帝派公孙弘去调查，回来之后他大肆声称西南夷没有用，劝说皇帝放弃，好在武帝并没有听从他的建议；主父偃建议修建朔方城的时候，公孙弘又站出来坚持说这是劳民伤财于国无益。武帝让朱买臣等在朝堂上和公孙弘辩论，朱买臣提出了修建朔方城的十个理由，公孙弘一条都无法反驳，于是只好当面谢罪。

但是，公孙弘自有办法保持皇帝对自己的信任。他经常说："皇帝最忌不广大，而大臣最忌不节俭。"

因此他身体力行，自己盖布被，吃糙米饭。但是，这种小花招又被汲黯一眼看穿，他上奏皇帝说："公孙弘位在三公，还盖着布被子，这显然是故作姿态欺骗陛下。"

皇帝询问公孙弘可有此事，公孙弘谢罪说："有这事。在九卿之中，关系跟我最好的就是汲黯，今天他在朝廷上当众责问我，的确说中了我的毛病。我身为三公，还盖着布被，的确是想用欺诈的手段沽名钓誉。"

如果你认为公孙弘是在老老实实认错，那就大错特错了，因为他接着马上话锋一转："臣听说管仲在齐国当相的时候十分奢侈，他辅佐桓公称霸，桓公也崇尚奢侈，僭越了天子；晏子在齐国当相的时候，十分节俭，齐国也治理得很好，官员都比照百姓的生活水平生活。现在我当御史大夫却盖着布被，那么九卿以下的官员生活就跟小吏没有什么区别了，汲黯说得的确正确啊！而且，如果没有汲黯，陛下怎么能听到这样的直言呢？"

这段话可谓攻守兼备，对汲黯寓贬于褒，而对自己寓褒于贬，话不多，但是欲扬先抑，峰回路转，不仅成功地挽救了自己，也巧妙地打击了"敌人"。而且，公孙弘很善于抓住皇帝的命门：皇帝最怕的是自己的地位受到威胁。

公孙弘的神逻辑

公孙弘巧妙暗示皇帝大臣生活奢侈，欲望膨胀难免会觊觎帝位，而自己提倡节俭，让官员降低生活标准，其实在去掉皇帝的一块心病，哪怕这种节俭是装出来的。很显然，公孙弘这是在提倡伪君子哲学，可是，武帝不但不认为他欺诈，反而认为他善于检讨，敢于谦让，更是重用他了。

更重要的是，这段话蕴含了公孙弘的一个神逻辑：我的确是在作假，但是我的动机是正确的，那么我作假也是可以理解的。

这种神逻辑的流毒至今依然存在：老师体罚学生是正确的，因为都是为了你好；父母拆看孩子信件也是应该的，因为都是为了你好；宣传模范时多多少少做点假也是正常的，因为宣传正面典型。但是中国人似乎从来就没有意识到，真实的错误再错误，至少还有一点可观——它是真实的；而虚假的正确不但不是正确，甚至连真实也没有了。不过国人似乎并不在乎是否真实，只要合乎自己心意就行了，哪怕全是假的。

公孙弘的"节俭"在后代也有很多粉丝，比如清朝的道光帝。道光帝十分重视节俭，他下诏每年宫里的用度不许超过二十万两银子。他的后妃们一年都无法添置新衣，只好穿着破衣烂衫。道光帝每次接见大臣，都要对他们谆谆教诲节俭之重要。

看到皇上这么节约，大臣们自然也不敢奢侈，大家上朝都不敢穿新衣，一律破衣烂衫，远远望去就像丐帮开会。由于朝臣都需要穿破衣上朝，一时间京城估衣铺里破衣脱销，甚至一件破衣比新衣价格还贵。为了应急，一些大臣索性把家里的新衣拿到市场去换一件破衣，实在没办法，就把新衣故意打几个补丁，再弄点油泥抹上去，看着跟穿了两三代人似的。这样皇帝看着才觉得开心。

庄子曾说："圣人不死，大盗不止。"用儒家崇尚的圣人治天下，就是变相地把天下送给大盗。就像你把财物用斗斛一类的器具装起来，大盗就连着斗斛一起偷走；你把财物用权衡一类的器具过秤，大盗就把权衡这些器具一起偷走；你制造符玺来强调信用，大盗就连符玺一起偷走；你想树立仁义来矫正人心，大盗就连仁义一起偷走。

而大言不惭承认自己撒谎的公孙弘，外表似乎一直在靠近儒家的内圣外王之道，而实际上他就是这种偷走仁义的大盗。

元朔年间，公孙弘被拜为丞相，终于走到了仕途的顶峰。在此之前，汉代的丞相都是从列侯中选拔的。公孙弘从一个牧猪奴到丞相，只用了几年时间，甚至没来得及封侯。于是皇帝特别下诏封他为平津侯，并且以此为例，后来汉代的丞相都是就职之后马上封侯。

《汉书》说公孙弘被提拔主要是武帝当时提倡以儒术治国的缘故，但是事实上公孙弘在儒术上几乎毫无贡献，甚至被一些儒生指为"曲学阿世"。他的发迹，除了时运，其实就是他那让皇帝信任放心的老实人形象。当然，这种形象是以对上阿谀奉承、对下欺骗出卖换来的。史载公孙弘"为人意忌，外宽内深"，一些曾经得罪过他的人，他表面上毫不在意，仍然与之继续交往，但是只要一有机会，必实施报复，甚至置人于死地。

主父偃在设朔方城的事情上让公孙弘丢了面子，于是他一直怀恨在心。后来，在齐王自杀事件中，皇帝已经打算不杀主父偃，但公孙弘穿凿附会、夸大事实，坚持要杀，结果主父偃被灭族，死后几乎无人收尸；董仲舒得罪了公孙弘，也被借故贬谪到了胶西。所以，公孙弘绝不是什么老实人，而是一个披着老实人外衣的伪君子，他抱瓮老人式的淳朴外表下掩盖的是狡诈的机心，他就是一个以踏实淳朴的外表掩盖自己的无能，以狡诈中伤手段打压自己的对手，踩着别人的肩膀往上爬的"老实人"。

把恭敬当饭吃的奴才
——万石君

恭敬家族

石奋跟着高祖刘邦一起混的时候才十五岁，他没有任何才能，唯一的特点就是恭敬，这给刘邦留下了很深的印象。有一天，刘邦问石奋："你家里还有什么人？"

石奋回答："有老母，不幸失明了。我家还有一个姐姐会鼓瑟。"

刘邦本好色之徒，问："能让你姐姐跟着我吗？"

石奋说："我愿意尽力试试。"

于是刘邦招石奋的姐姐为美人，让石奋担任中涓的官职，其实就是刘邦的勤务员，管管卫生、通报什么的。西汉建立之后，刘邦把石奋的家搬到长安的戚里，这里是皇亲国戚聚居地，算是长安的高档住宅区。

刘邦的开国功臣中人才是很多的，韩信、萧何、张良、周勃，哪个都不是等闲之辈，像石奋这样什么本事没有，靠姐姐的裙带关系和自己的恭敬无比爬上来的，实在是太不起眼，因此，在汉高祖和汉惠帝时期，石奋一直是默默无闻的。

虽然没被重用，石奋的恭谨之心却一直不改。他坐车经过宫殿门时，必然下车小跑着经过以示恭敬；在路上哪怕看见给皇帝拉车的马，他都要站在车上向马行礼；在家的时候，遇到皇帝赏赐食物，他都必须先向食物行稽首大礼，然后匍匐在地，才敢享用。

石奋有四个儿子，长子石建，次子石甲，三子石乙，最小的是石庆。这几个儿子在石奋的教育下，都秉承了谦虚谨慎、恭敬无比的优良传统。石建当郎中令的时候，有一次给皇帝写奏章，皇帝写了评语发下来，他检查的时候大惊说："完了完了，'马'字下面四点，再加一个尾巴是五个，我只写了四个！皇帝一定要治我的罪！"

石奋的小儿子石庆担任太仆的时候，有一天为皇帝驾车。皇帝问他车套了几匹马，石庆为了表示慎重，不是马上回答，而是用马鞭子数了半天之后，才很郑重地回报："六匹。"

而在石奋的儿子中间，石庆是最不讲究礼节的一个，即使是这样，他的恭敬也已经有些弱智的嫌疑了。

汉文帝时，石奋担任太中大夫，还是那样不学无术，但是他对皇帝的恭敬却是无人能比的。皇帝当时要为太子选老师，众大臣纷纷推荐石奋，皇帝也十分认可。待到当年的太子当了皇帝，就提拔自己的老师石奋担任九卿，可是这位前任老师循规蹈矩、事事小心，弄得皇帝都很不自在，于是干脆把他派到诸侯国去当相。

到石奋年老的时候，他家已经是名副其实的簪缨世家了。他和四个儿子都当上了部省级官员，汉代的高官都称为"两千石"，因此他们家加起来就是一万石，于是皇帝赐号石奋为"万石君"。

看来，礼貌的确能当饭吃，但是，礼貌不能当才用。任石奋一家如何恭敬，他们父子的无能却没有任何改变。汉武帝时，石庆担任丞相。当时国家多事，桑弘羊管经济，王温舒管法律，倪宽管教育，还有其他大臣都尽心竭力，石庆根本就无事可做。

元封四年（前 107 年），关东水灾，两百多万百姓无家可归，而石庆竟然主张把四十万流民都发配到边远地区去。看在他爹的面子上，汉武帝没有斥责他，只是委婉地让他请假回家休息，而把其他主张流放灾民的官员都治了罪。

石庆也感觉有些惭愧，于是上书请求辞职，这下惹恼了皇帝，皇帝斥责他说："现在国家遭灾祸，你作为丞相，不管束官吏为民造福，反而请求把流民都迁徙到边远地区，扰动百姓！有些孩子还不满十岁，就在你的命令下被迫长途迁徙，太让我失望了！……你知道人民贫困还请求增加赋税，弄得民不聊生就要辞去官职，你想把这烂摊子扔给谁？你给我回家去！"

石庆的弱智此时得到了充分体现，他听见最后一句"你给我回家去"，以为皇帝允许自己辞职了，于是就兴致勃勃地准备移交工作，而手下人提醒他：皇帝这样斥责你，最后叫你回家去那句话其实是在骂你，你现在最好引颈受戮。石庆又忧又恐，想回家又不敢，想自杀又不敢，最后居然又厚着脸皮回去上班了。

石庆担任丞相九年，成事不足，败事有余。但是此时他家当上两千石高官的，已经有十三人，门第之盛，古今罕有。

司马迁对石奋的评价引用了孔子的一句话，说他是"讷于言而敏于行"。讷于言我比较赞成，不管这种"讷"是由于谨慎，还是由于愚蠢。但是用敏于行来评价他，感觉却是滑稽的：石奋那样的勤务兵，再"敏"，也只不过是把长官的靴子擦得更亮而已；而像石庆那样，不学无术又身处高位，一犯傻害的就不是自己一人，而是祸国殃民了。

但是，即使是祸国殃民，这些小过错，皇帝都是可以原谅的，因为他们拥有一个最重要的法宝，这个法宝足以抵消他们所有的愚蠢和无知，那就是恭敬。

在专制社会中，维持森严的等级制度，是政权得以存在的基本前提。

有了这个前提，政权的其他活动才能得到保障。从叔孙通为刘邦制定礼仪开始，汉朝的皇帝们就尝到了坐在神坛之上被万众膜拜的甜头，更明白了礼仪对统治的重要性。

因此，石奋一家虽然都无能透顶，但是他们对皇帝近乎白痴的尊敬，不仅能让皇帝感觉到无上的精神享受，更能以榜样的身份，对其他的官员起到强大的暗示作用。几代皇帝升他们的官，其实就是在向百官明白无误地传达一个信息：你可以无能，但是如果你有礼貌，你还是好孩子。

《史记》合传

司马迁评价石奋"讷于言而敏于行"似乎是对他的赞赏，其实未必如此。太史公不会对这家人的无所作为视而不见的。也许是因为石建等人跟司马迁同时代，官职又比他高很多，所以史迁没有用十分直白的话评价这一家子。但还是用另一种方法表明了自己的态度，这就是合传。

《史记》多把同类人物放在一起立传，比如将精通军事的孙吴并为《孙子吴起列传》，将同样才华横溢却被小人陷害的屈贾并为《屈原贾生列传》。而跟石奋并列的有两个人，一个是郎中令周仁，一个是御史大夫张欧。通过这两个人，我们可以发现司马迁对石奋一家人真正的态度。

周仁，字文，最早因医术而进入朝廷。景帝还是太子的时候，他当太子的舍人，文帝即位后任太中大夫。景帝即位后，周文担任郎中令。

《史记》对周文的介绍是："仁为人阴重不泄。常衣敝补衣溺袴，期为不洁清，以是得幸。"这里的"阴重不泄"学者们有不同见解。服虔认为这个词意思是周仁口风很紧，不会泄露别人的话。但是如果这样解释，后面的穿着补衣溺袴就无法解释了。

晋代张晏说，阴重不泄的意思是周文男性功能发生了病变，经常会尿湿裤子，因此他经常穿着破旧的衣服和被打湿的裤子，他的身体非常肮脏，基本上就是个行走的尿不湿。后来很多学者赞同张晏的解释。

这样的男人如果还能称为男人的话，女人肯定是不感兴趣的。但是反过来说，女人如果不感兴趣，男人才会觉得放心。所以《史记》记载："景帝入卧内，于后宫密戏，仁常在旁。"意思是由于周仁没有吸引女人的能力，跟宦官差不多，所以皇帝很放心他。景帝在后宫跟妃子们干点少儿不宜的事情时，周仁经常在旁边观战。皇帝对周仁的信任真是比山还高，比海更深！

作为官员，周仁在政治上可谓一无建树。皇帝向他询问大臣善恶，他只回答一句："皇上自己去查看吧。"对任何人都不置可否。而也正因为这一点，皇帝更信任他。景帝曾经两次亲自到他家做客，时常赏赐他财物。景帝去世之后，武帝即位。因为他是三朝元老，更加受敬重。周文后来因病退休，子孙都做了大官。

另一个合传者叫张欧，字叔，父亲叫张说，曾经跟从刘邦，后来被封为安丘侯。张欧在思想上属于刑名家，但是这也是个万事不管的人。武帝元朔四年（前125年），韩安国被免职，张欧被任命为御史大夫。这个官职是专门监察官员的，相当于今天的纪检部。但是他任职期间，没有调查过一个官员。皇帝命令他调查，他能推就推，不能推的就流着泪跟皇帝禀报。就是这样一个尸位素餐的官员却一直得到皇帝的宠信。后来他以上大夫的爵禄退休，和擅长观战的周仁一样，他的子孙后来也都做了大官。

不难看出，从石奋到周文再到张欧，他们共同的特点都是不学无术、尸位素餐，但是他们更共同的特点则是对皇帝无比尊敬，近乎弱智的礼貌。而这种礼貌给他们的回报却是丰厚的，三个人都担任高官，子孙也相继上位，这中间的奥妙的确意味深长。

被文学耽误的政治家
——司马相如

司马相如与卓文君

　　司马相如是四川成都人，年幼好读书，喜欢剑术，父母最初给他起的名字是司马犬子。父母称自己的孩子为小狗固然是出于对孩子的爱怜，但是大概没谁愿意这个名字伴随自己一生的。因此，司马犬子长大之后，读书既多，十分仰慕蔺相如的为人，所以就给自己改名叫司马相如。

　　成年之后的司马相如也曾经当过武骑常侍之类的小官，但是他志不在此，因此弃官回家遍游天下，可是一直也不得志，家贫如洗。当时的临邛县令王吉与他关系很好，王吉说："你游宦不成，还不如到我这里来。"于是司马相如投奔了王吉。

　　汉代的临邛是富庶之乡，很多富人居住在那里，其中最有名的一个就是卓王孙。卓家祖先是赵国人，以炼铁致富。秦灭赵后，就把很多赵国人迁徙到当时还地广人稀的蜀地。由于是被迫搬迁，卓家祖先扔掉了大部分财产，夫妻俩推着一个小车在士兵的押解下前往搬迁地，只随身带了很少一些金银。

　　当时其他被迫搬迁的人争着贿赂押解的官吏，希望能够被安排在近一些的地方，所以很多人被安置在了现在四川与陕西交界处的葭萌关。但是眼光独到的卓老先生却说："这个地方地势狭窄，物产贫瘠。我听说汶山下面有沃野万里，土地里出产一种芋头，那里的人怎么都不会受饥荒之苦。当地人擅长做生意，我们也可以在那里从事商业。"所以他反而向官吏请求迁徙到较远的地方。于是卓家被迁到临邛。到了之后，卓家又重拾旧业，开始经营炼铁生意，很快致富，家里仆人上千，富贵享受甚至跟皇帝差不多。

一天，卓王孙大宴宾客，作为父母官的王吉当然是座上客。可是，王吉到了之后，居然连食物都不敢品尝，说最尊贵的客人司马相如没有到，不敢擅自开吃，并且亲自起身去迎接相如。司马相如推说自己"身体不适"，不能前往，但是在王吉再三的"强求"下，"不得已"勉强赴宴。王吉和司马相如合作的这出双簧使满座皆惊，没有谁还敢小看出身寒微的相如。但这其实只是他们的第一步。酒酣耳热，王吉起身捧着琴走到司马相如面前说："我听说相如善于鼓琴，希望您能为我们弹奏一曲。"

例行的推辞之后，司马相如只好"勉强"弹奏了一曲。这琴声不仅让满堂宾客为之倾倒，更是深深打动了一个女子的心，这个女子就是卓文君。

卓文君是卓王孙的女儿，爱好音乐，当时刚刚死了丈夫，寡居在家。这些"资料"，其实王吉和司马相如都早已了然于胸。因此，两人先是你唱我和，演了一场满堂宾客候贵人的好戏，充分调动起卓文君的好奇心；然后再故意让司马相如鼓琴，投其所好。《汉书》记载："相如……以琴心挑之。"足见司马相如其实是蓄谋已久的。当时隆重出场的司马相如雍容娴雅，一表人

卓文君像

才，又才华横溢。因此，当卓文君从屏风后偷看相如的时候，心里只有一个念头：害怕自己配不上这青年才俊。

剩下的事情就顺理成章了。相如命手下贿赂卓文君的侍者暗通款曲，于是在一个暧昧的夜里，卓文君逃出家门，投入司马相如的怀抱。

私奔这种事情，在事前和事后都属于浪漫主义，而在事件当时，还是不折不扣的现实主义，从红拂到崔莺莺莫不如此。得知女儿私奔的消息后，卓王孙十分愤怒，说："养了这样不知廉耻的女儿，我不杀她也就算了，想要我的钱，一个子儿都不给！"

更糟糕的是，当卓文君满怀希望跟着相如回到成都，才知道相如所有的财产其实就是他那一身的行头，而家里除了四面墙什么都没有。卓文君十分生气，但是又无可奈何，日子总得过下去。于是她对司马相如说："还不如再回临邛，即使向兄弟们借钱也可以度日，为什么要在这里受苦呢？"

相如听了妻子的话，一起回到临邛，但是，他却不是打算靠借贷度日。到临邛之后，相如把车马衣服全部变卖，买了一间酒肆，让文君穿着粗布裙当垆卖酒，而自己穿着犊鼻裈，其形制类似今天的夏威夷短裤，在酒店里当杂役洗酒杯。后人说到文君当垆的时候总是夹杂过多的浪漫色彩，觉得似乎有"你挑水来我浇园"一类的甜蜜，其实司马相如的真实意图只有一个：让他老丈人出丑，川人称之为"臊皮"。

果然，卓王孙知道自己的娇贵女儿居然变成低贱的小酒馆老板娘之后坐不住了，又架不住一帮亲戚朋友劝说，只好答应分给卓文君一些钱和奴仆，于是卓文君带着司马相如凯旋，回到成都。

但是，一个大男人靠着老婆养活终究不是什么愉快的事情，于是，司马相如决定再次出游，以求功名利禄。据说，他离开成都的时候曾经发誓说，这辈子如果不能坐着驷马之车（四匹马拉的车，为汉代高级官员乘坐的马车）回来，就不回成都！

离开成都北上，司马相如来到了国都长安，找到了自己的老乡杨得意。杨得意当时是汉武帝的狗监，就是为皇帝管理猎狗的官员，官职不大，但是有接近皇帝的机会。于是，司马相如与杨得意合作，又成功上演了一出自我炒作的好戏。

首先，司马相如把自己的《子虚赋》弄成一本古书的样子，让杨得意带进宫中，杨得意把书放在武帝书架的最上面。一天，武帝闲暇，就打开来看，越看越入迷，看完之后长叹一声："我不能与这位古人生活在同一个时代，真是遗憾啊！"

在旁边守候多时的杨得意看见机会来了，趁机说："陛下，这篇文章的作者不是古人，其实是臣的同乡，叫司马相如。"

皇帝大喜，召见相如，问他文章是否是他所作。相如说："的确是臣所作，但是这篇文章讲的只是诸侯的事情，没有什么可看的，我愿意为陛下做天子游猎的文章。"

武帝十分高兴，命赐给纸笔，于是相如以"劝百讽一"的笔法，把天子出猎时随从的众多，场面的浩大描写得淋漓尽致，这就是有名的《上林赋》。皇帝十分高兴，拜他为郎，司马相如终于迈出了仕途的第一步。

不一样的司马相如

今天人们说起司马相如，大多数人只知道他是汉代著名辞赋家，但是司马相如最大的贡献真的只是在辞赋上吗？

汉代时版图跟现在的中国区别是很大的，今天的西南三省中云南、贵州的全部和四川的大部，包括广西、甘肃一部分地区，在汉代被统称为"西南夷"，尚未划入中国版图，当地的少数民族很多也都处于刀耕火种的原始社会。秦代时，中央政府开始对西南夷进行开发，但是限于条件，开发的程度很有限。司马相如任郎之后，极力建议朝廷开通西南夷，也就是促成与西南夷的交往。司马相如的观点在朝廷引起了争议，一些大臣认为，蛮夷之地，朝廷得之不多，失之不少，没有必要耗费民力去开发。而司马相如却认为，作为一个政治家不应该因循守旧，而应该"崇论宏议，创业垂统，为万世规"，要有兼容并包的肚量。而他的观点，得到了雄才大略的汉武帝的支持。

也许，也是这样的时代，造就了武帝和相如这样目光远大的人物，同时，他们也以自己的目光，影响着历史的走向。可是历史似乎并不是按照渐进的规律发展的。明朝郑和七次下西洋，完成了中国人远航的壮举，在他死后，他的功绩却被大臣们指为"劳民伤财"，而他留下的所有远洋资料，竟然被一个"体察上意"的官员付之一炬！

仅仅在郑和第一次下西洋八十多年后，1487 年，迪亚士率三条船，自里斯本出发，沿西非海岸向南航行，到达非洲的西南端，葡萄牙国王命名其为"好望角"；1497 年，达·伽马率四条船从里斯本出发，沿迪亚士的航线绕过好望角，到达印度，1492 年，哥伦布发现美洲大陆，欧洲人终于开辟了从欧洲到亚洲的新航路，并且决定了此后数百年世界的发展中心。而此时的中国朝廷，正忙着颁布海禁，郑和之后，明朝不再拥有海军。而清朝的海军建设也是一直到了晚期才被洋务派所推广，只是这时，列强的坚船利炮已经不是大清国可以赶得上的了。因此，从这个角度说，司马相如的眼光不仅超越了他同时代的人，甚至超越了一千多年后的很多中国人。很难说，这是司马相如的骄傲，还是后代中国人的悲哀。

但是，在汉代的生产条件下，要在"蚕丛及鱼凫，开国何茫然"的崇山峻岭中打通一条宽阔的大路何其艰难！武帝派遣唐蒙承担通西南夷的重任，但是唐蒙以军事镇压为手段，征发巴蜀吏卒千人，加上负责后勤运输的有上万人，死伤无数，激起民愤。

武帝闻讯之后，斥责唐蒙，拜司马相如为中郎将，派遣他回到成都，继续担负起开通西南夷的重任。当他到达成都之后，太守以下官员全部到郊外迎接，县令背负着弓弩走在前面担任警卫，蜀中的富户纷纷拉关系到相如门下进献牛酒以表慰劳。这时相如的老丈人卓王孙喟然长叹，只恨自己没早点把女儿嫁给相如，并且再次分给女儿财产，使之与儿子们相等。司马相如终于实现了自己"乘驷马之车"回到家乡的夙愿。现在成都北门还有一个地方叫"驷马桥"，据说就是相如回乡的地方。

司马相如发布了著名的《谕巴蜀檄》和《难蜀父老》，在这两篇文章里，他代表朝廷表示了对唐蒙暴虐的谴责，更讲明了开通西南夷对国家和西南各地的重要意义。而谈到开通西南夷的艰难和他的决心时，司马相如写道："盖世必有非常之人，然后有非常之事；有非常之事，然后有非常之功。"

非常，就是非同一般，司马相如无疑认为自己是这非常中间的一员，到西南后，司马相如展开了卓有成效的外交活动，频繁地与各大西南夷首领谈判，大修通往各西南夷地区的道路。《史记·平准书》说："唐蒙、司马相如开路西南夷，凿山通道千余里，以广巴蜀。"西南夷的各个部族首领也纷纷要求归附朝廷。终于，他凭着这非常的坚韧与信念，完成了开通西南夷的宏伟大任，曾经被朝廷衮衮诸公视为"化外之邦"的西南之地，开始逐渐纳入中国版图。于是，现在，我们的词汇中就有了这样的一些词语：西双版纳，黄果树瀑布，丽江古城，攀枝花铁矿，西昌卫星发射基地……

所以，司马相如最大的贡献，也许并不是在辞赋上，而是在开通西南夷上。

就死与偷生
——季布与贯高的选择

忠义贯高

前面讲到曾经被认为二人一体的张耳、陈馀因为利益之争而反目成仇（参看《利益之前，友谊不堪一击——张耳和陈馀》），最后，张耳投奔刘邦，并借其力量杀掉了陈馀，同时，也消灭了赵王。汉高祖四年（前203年），张耳被封为赵王。

张耳当赵王一年以后就去世了，他的儿子张敖继承了王位，并且娶了刘邦的独生女鲁元公主刘乐，张敖也就成了后人所说的驸马。

不过驸马的日子并不像我们想象的那样光鲜亮丽。古代娶公主不叫娶，而叫"尚"，意思就是高攀，如果在民间，其地位也就相当于上门女婿，被人瞧不起也就是很正常的事。这从刘邦这老丈人对待女婿的态度就可以看出来。

汉高祖七年（前200年），刘邦带领四十万大军出击匈奴，结果由于轻敌，反被匈奴围困在平城白登山，差点全军覆没。回来的路上，经过赵国，赵王竭尽全力侍奉老丈人，每天亲自给刘邦奉上饮食，十分谦卑。而刘邦不知道是因为在平城打了败仗窝了一肚子火，还是本来就看不起这个窝囊女婿，态度很不好，经常"箕踞骂詈"。

"骂詈"就是辱骂；汉代人正常坐姿都是跪坐，"箕踞"就是屁股坐在地上，脚放在前面，就像我们野外郊游坐在草地上一样。古人上衣下裳，"裳"有点类似于现在女孩穿的裙子，但是古人是没有穿内裤的，这样坐着，春光乍泄可以想象。荆轲刺秦王受伤失败后，就曾经以这种坐姿大骂秦王。所以，这样的坐姿对对方来说是极度无礼的。

尽管老丈人这样对待自己，赵王张敖还是一如既往谦卑，但是他手下几个老臣忍不住了。贯高、赵午等几个老臣已经六十多了，以前曾经跟从张耳，看到自己的王被皇帝这样凌辱，十分愤怒："我们的大王太懦弱了！"

他们一起劝说张敖："天下豪杰并起，有能力的就可以称王，现在大王对待皇帝如此谦卑，而皇帝却如此无礼，请让我们把皇帝杀掉！"

张敖也许十分纠结，他气愤得把指头都咬出血了，之后说了一段十分正能量的话："你们说得大错特错！先王失去了国土，全赖皇帝帮我们复国，恩德遍及子孙，所有一切都是皇帝赐予的。希望你们别再说这事了。"

张敖不愿造反，但是手下几个老臣还是没有死心，他们私下商量："大王是长者，不愿背弃道义。但是我们的道义就是不能让王受辱。现在皇帝侮辱大王，我们必须杀掉他。事情成功，功劳归于王；如果失败，我们自己承担罪责。"

于是贯高等人在刘邦要经过的柏人这个地方安排了伏兵，准备刺杀刘邦。刘邦经过柏人，询问手下这是什么地方，手下回答柏人。刘邦说："柏人，就是迫人，地名不好。"刘邦没有停留就离开了，贯高等人的计谋也流产了。

一年后，贯高的仇家知道了他们曾经谋划刺杀刘邦的事情，告发了他们。皇帝下诏逮捕赵王张敖以及所有参与谋反的人。赵午等人纷纷想自杀，而贯高大骂说："谁叫你们这样做的？大王本来没有参与我们的计划，现在一起被抓了，你们都死了，谁来证明大王的清白？"

于是他们一起被装在囚车里运到长安。到长安之后，贯高等人受到严刑拷打，挨了几千板子，身体也被刑具刺得体无完肤，但是坚持咬定刺杀刘邦是自己的主意，与赵王无关。

吕后心疼女儿，对刘邦说张敖是自家女婿，应该不会造反。刘邦大怒说："让张敖取得天下，少不得你女儿的好处！"

这时候负责审理案件的廷尉把贯高的供词报告刘邦，刘邦不禁赞叹："壮士！"但是他还是不放心，就找到跟贯高有私交的中大夫泄公再去私下问贯高。

贯高对泄公说："人之常情，哪有人不爱自己父母妻子孩子的？现在我三族都被判死刑，怎么会用大王的命来交换我家人的命呢？希望您对皇帝说明大王的确没有参与，只是我们几个干的。"

泄公把这些话告诉了刘邦，刘邦终于赦免了赵王。

贯高的硬汉性格给刘邦留下了深刻印象，于是他决定赦免贯高。但是贯高说："事情败露时候没有死，只是为了说明大王没有造反。现在大王已经被释放，我的使命也完成了。何况作为人臣有弑主的罪名，还有什么面目再侍奉皇帝呢？"于是他就断颈自杀了。

贯高罪名是阴谋刺杀皇帝，但是刘邦最后竟然赦免了他，无疑是被他的大义凛然打动。面对生死，贯高最初选择的是忍辱偷生，坦然面对严刑拷打和家族被灭的灾难；而当张敖终于被释放，自己的目的已经达成则坦然赴死。这样的坦荡磊落，超出懦弱无能的张敖不知多少，更超出见利忘义的张耳、陈馀不知多少。王羲之曾说："死生亦大矣。"面对生死，每个人的看法、做法可能有所不同，但是能做到如贯高前忍辱偷生，后又坦然赴死者，实在太少了。

　　贯高等人坦然赴死的勇气，跟田横以及五百壮士可以说不相上下，可与日月争辉。但是生存与死亡，仍然是一个重大的问题。激于义而死与忍辱苟活，到底哪一个才算对生命的尊重，似乎很难找到正确答案。田横及五百壮士慷慨赴死固然令人景仰，贯高为了澄清赵王冤情毅然面对严刑拷打和灭族之灾也让人动容。而在汉初，还有一个人也曾经面临生与死的沉重抉择，这个人就是季布。

季布一诺

　　季布原来是楚国人，为人好侠气，曾经当过项羽的将军，在战争中多次险些置刘邦于死地。项羽死后，刘邦悬赏千金抓季布，还宣布谁敢藏匿季布，就诛灭三族。季布躲在河南濮阳周氏家，周氏说："汉朝要抓将军，马上会搜寻到我这里来，你愿意听我的，我就给您出主意；不愿意听我的，请让我先自刎。"

　　季布答应听周氏的，于是周氏剃了季布的头发，给他穿上粗布衣服，打扮成奴隶的样子，把他和十几个奴隶一起，卖给了鲁国的大侠朱家。朱家知道这人就是季布，把他买来之后就安排在田里，但是告诫自己的儿子说："这奴隶干活不干活你都别管他，给他好吃好住，不要难为他。"

　　之后朱家又去见刘邦的大臣汝阴侯夏侯婴说："季布当时追杀皇上，也是各为其主，他有什么罪呢？而且朝廷通缉季布，他肯定会流亡到匈奴或者南越，这不是把壮士送给敌国吗？"

季布像

夏侯婴心里知道朱家是著名的大侠，季布肯定躲藏在朱家，于是找了个机会，按照朱家说的劝说了刘邦，刘邦果然赦免了季布，拜他为郎中。当时的人不仅赞赏朱家的侠义，也赞赏季布能忍辱负重、东山再起的精神。季布后来官至郎中令、河东守。

《汉书》中武帝以前的内容基本上是抄《史记》的，所以，班固对季布的评价和司马迁其实也是一样的，他说："项羽本来就是以勇猛出名，季布在他手下还勇冠三军，屡立战功，的确可谓壮士了。但是当他被当作奴隶而受辱的时候，他没有寻死，而是坚韧地活下去，为什么？因为他自负其才，知道自己的才能还没有施展出来。"

班固和司马迁都不无感慨地说："那些婢妾贱人，有一点不如意就自杀，他们并不是勇敢，其实只是无法想到出头的方式罢了。"

说起忍辱负重，很多人都会想起韩信胯下之辱的故事，其实，在那件事之后，韩信当了项羽的部下，后来又投奔刘邦，当了一个管理仓库的连敖的小官。有一次，他和其他人犯法被执行死刑，当前面的人都引颈受戮之后，韩信直着脖子大喊："主公不是想得到天下吗，为何斩杀壮士？"

当时监斩的恰好也是后来的汝阴侯夏侯婴，夏侯婴觉得这人出语不凡，于是把韩信解救下来，跟他谈了几句，觉得韩信不同凡响，于是推荐给了刘邦，刘邦任用韩信为治粟都尉，使他走出了建功立业的第一步。

夏侯婴像

也许，韩信在受胯下之辱和险些被杀的时候，心里想的大概就是不能让自己一身的才华随着生命的失去而化为乌有，只要留得青山在，就不怕没柴烧！文天祥《〈指南录〉后序》中说的"将以有为也"，其实就是对这种生死观的最好诠释。

可是，当生与死徘徊在尊严和未来的十字路口的时候，谁能有确切的答案，告诉自己到底应该选择哪条路呢？项羽选择自刎乌江，因为对他来说，不仅被刘邦俘虏是一种侮辱，就是回到江东也是一种侮辱，跟着他出生入死的八千子弟兵全都埋骨他乡，他已无颜再见江东父老。项羽并不是没有东山再起的机会，江东子弟多才俊，卷土重来未可知，但是，在尊严和未来面前，他仍然选择了前者。

前195年，刘邦去世，太子刘盈即位，这就是汉惠帝。因为刘盈懦弱无能，实际权力都掌握在吕后手中。刘邦去世的消息传到匈奴，匈奴单于给吕后写了一封信，除了表示悼念，还提出了一个令大汉朝廷上下目瞪口呆的要求：希望吕后能嫁给单于。

原来，当时匈奴有一个习俗，哥哥去世之后，哥哥的妻子就自动成为弟弟的妻子，但是这种习俗对于汉族人来说是闻所未闻的，因此他们把单于的请求看成奇耻大辱。吕后看到信之后大怒，召集群臣商议。上将军樊哙说："请给我十万大军，我去扫平匈奴！"很多大臣为了讨好吕后，也随声附和。只有季布说："樊哙应该处斩！"吕后惊讶地询问原因，季布说："当年高皇帝率军数十万出击匈奴，结果被困在平城白登山，现在樊哙竟然说只要十万人就可以扫平匈奴，这是当面欺君！而且秦朝因为防备匈奴，弄得民不聊生，结果导致陈胜起义。现在大汉刚刚建立，百姓生活还未恢复，樊哙为了逢迎又要煽动战争！"

季布的话一出口，大殿上所有人都吓得面如土色。吕后听了之后也默然了，谁都不再提出击匈奴的事情了。

但是季布的刚直不阿也给他仕途带来一

樊哙像

些曲折。汉文帝即位后，有人向皇帝推荐说季布很贤能，于是汉文帝召见季布，想让他当御史大夫。可是季布来了之后，又有人说季布这个人喜欢喝酒难相处。汉文帝犹豫不决，让季布在客馆里住了一个月。焦急难耐的季布上书说："臣在河东当官没有什么能力，陛下无故召见臣，肯定有人在后面欺瞒陛下（对陛下说臣有能力），现在臣来京城，没有接受任何任务就这样回去，肯定有人在背后向陛下说臣的坏话。陛下因为一个人的好话召见臣，又因为一个人的坏话而让臣离开，臣害怕以后天下的人就能从中窥测陛下的深浅了。"

汉文帝听到之后十分尴尬，沉默了很久说："河东是朝廷重镇，所以我特地召你罢了。"季布回到河东，升官的事情当然也不了了之。

季布跟我们今天经常使用的一个成语还很有关系，说起这个，里面还有一个有趣的故事。

楚地有个人叫曹丘生，是个游走于权贵之门的活动家，侍奉贵人赵同，跟窦长君关系也很好。季布听说之后，托人对窦长君说："我听说曹丘生不是一个忠厚正直的人，请你不要跟他交往。"曹丘生要离开窦长君的时候，请窦长君写一封推荐信让他去拜见季布，窦长君说："季布将军不喜欢您，您不要去。"曹丘生不听，坚持要他写一封信，窦长君无奈只好答应。

曹丘生出发，派人先把信给季布，季布果然大怒。曹丘生来了之后，季布很冷淡。曹丘生说："我听说楚地有一句谚语：'得黄金百斤，不如得到季布的一句承诺。'您怎么会有这样好的名声呢？而且您是楚人，我也是楚人，我周游天下，将您的大名传扬天下，难道这不重要吗？为什么您对我如此抗拒呢？"季布听了之后十分高兴，把曹丘生作为座上宾。后来曹丘生也到处为季布扬名。由此就有了一个成语"一诺千金"。

季布为了未来而忍辱偷生，而当时与他齐名的另一个人却宁愿舍弃自己生命也要坚守心中的道义，这个人叫栾布。

栾布是梁地人，跟刘邦的大将彭越是布衣之交。后来历尽艰辛，成为燕将臧荼的将领。臧荼造反，被汉灭掉，栾布也被俘虏。这时候彭越已经成为梁王，听说了这件事，向皇帝上书极力营救栾布，于是刘邦任命栾布为梁大夫。

后来栾布受命出使齐国，还没回来，彭越被控造反，灭了三族。彭越的头被悬挂在洛阳城门上，刘邦下令："有敢来哀悼的，就抓起来。"

栾布从齐国回来，得知此事，就跑到彭越头下面汇报公事，然后大哭。官吏把栾布抓起来，刘邦见到栾布骂说："你是跟彭越一起造反吗？我下令不许为彭越收葬，你跑去祭奠大哭，肯定是一党！马上把他给我煮了！"武士抓着栾布就要往鼎里扔，栾布大叫说："让我说句话我就死。"

刘邦说："什么话？"

栾布说："当年陛下被困彭城，在荥阳、成皋兵败，项王之所以不能占领西边，完全因为梁王在那里，与汉王一起对付他。那时候，彭越支持楚，汉就会失败；支持汉，那么楚就会失败。垓下之战，没有彭越，项王不可能失败，天下已定，彭越接受陛下的封地，也是想一直传给后代。现在陛下一次向梁征兵，彭越因为生病不能前往，陛下就认为他造反，没有实际证据，就因为一些小事诛杀他，臣害怕功臣从此人人自危。现在彭越已经死了，臣也生不如死，现在您就把我烹杀了吧！"

刘邦听了之后默然无应，最后释放了栾布，任命他为都尉。

不能说季布和韩信做得对，栾布就做得不对，因为不管是为了未来忍辱偷生，还是为了尊严慷慨赴死，其实都是对生命的最高的礼敬。因为，生命的价值并不取决于长度，而是你选择长度的方式。

最后我们再回到两千多年前那场流产的刺杀案。贯高以自己的倔强和从容不仅打动了刘邦，也洗清了赵王张敖的冤情。一切真相大白之后，贯高从容赴死，其他跟随来京城的臣子被释放。赵王也被释放，贬为宣平侯。他对跟随自己进京，以性命为自己辩诬的臣子十分感激，于是向朝廷推荐了他们。皇帝悉数召见谈话之后，发现朝廷的大臣竟然都赶不上他们，于是全部予以重用，任命为郡守、诸侯相。

在这些人当中，有两个人最有名，一个叫田叔，一个叫孟舒。

权力场中的人生沉浮
——田仁、任安与司马迁

文帝求贤

田叔和孟舒最早都是赵王张敖的臣子。田叔以前是齐国王族后裔，喜欢剑术，也学习黄老之术，也就是道家学说。《史记》记载田叔喜欢交结朋友，赵国人就把他推荐给赵国相赵午，赵午又推荐给赵王张敖，田叔在赵王手下担任郎中。由于他直言敢谏，深得赵王赏识，赵王正想升他的官，结果就发生了贯高、赵午及田叔等人谋划刺杀高祖刘邦的案子。

案件平息之后，赵王被贬为宣平侯，除了自杀的贯高，其他跟随赵王一起到京城的大臣都受到了刘邦的赏识，被委以郡守、诸侯王相一类要职，田叔被任命为汉中郡守，而孟舒被任命为云中太守。

十多年时间很快过去了，这十多年间，高祖驾崩，吕后专权，诸吕作乱，之后又被平定。白云苍狗，波谲云诡，扑朔迷离。

前180年，周勃、陈平等老臣剿灭诸吕，迎代王刘恒进京为帝，这就是汉文帝。

汉文帝是刘邦的第四子，并非嫡子，而是刘邦的妃子薄姬所生，本来是没有资格继承皇位的。刘邦死后，即位的是他的嫡长子刘盈。为了亲上加亲，吕后让孝惠帝娶了姐姐鲁元公主的女儿为皇后，相当于娶了自己的外甥女。结婚后皇后没有生育，吕后就把一个宫女的孩子抱来假称是皇子，并立为太子。

刘盈二十三岁就死了，吕后立太子刘恭为帝，是为前少帝。少帝后来知道自己不是皇后的亲生儿子，扬言说长大之后要报复，结果被吕后废黜之后杀了，立了另外一个皇子刘弘为帝，是为后少帝。诸吕被剿灭之后，大臣们说刘弘不是孝惠帝的亲生儿子，应该另立皇帝，于是选中了代王刘恒。

刘恒一开始并不相信这是真的，认为是大臣想把自己骗到京城杀掉，一路上都走得胆战心惊。直到进了皇宫，才知道自己竟然当皇帝了。

帝位来之不易，文帝这皇帝也就当得如履薄冰。他除了安抚好周勃、陈平一帮老臣以外，也时刻注意在朝臣中寻访贤才。有一天文帝就召见了汉中太守田叔。

文帝问："你了解现在天下的长者吗？"

田叔一开始还故作谦虚说："臣哪里有资格知道。"

文帝没有放弃说："您自己就是长者，您应该了解。"

有了皇帝的鼓励，田叔胆子大了起来，说："前云中太守孟舒就是长者。"

汉文帝一听脸色就沉了下来。因为当时孟舒刚刚被免官，原因是匈奴大举入侵，而云中受害严重。于是文帝不高兴地说："先帝让孟舒担任云中太守十多年，匈奴进犯，孟舒不能抵御，士卒战死了几百人，长者就是喜欢杀人的吗？你怎么说他是长者？"

田叔没有退缩，反而坚持己见："这正是我称孟舒为长者的原因！当初贯高谋反，皇帝下诏，大臣有敢追随赵王的，夷灭三族。但是孟舒自己剃光头发（汉代刑罚之一），戴上刑具，跟随张敖，舍命保护，那时候他怎么知道自己以后会成为云中太守。大汉建立不久，楚汉之争已经使士卒疲惫，匈奴冒顿单于刚刚降服了北夷，乘胜攻击大汉。孟舒知道士卒疲惫，不忍让他们迎敌，但是士卒争着上城死战，像儿子为了父亲，弟弟为了兄长，因为这才数百人英勇战死。孟舒难道是故意让士兵去送死的吗？这就是孟舒是长者的原因！"

汉文帝听了之后为之动容，长叹一声："孟舒的确是贤才！"于是重新召回孟舒，继续让他担任云中太守。

几年后，田叔犯法被免官。正好当时出了一件案子，梁孝王派人刺杀了大臣袁盎，此时文帝已经去世，即位的景帝让田叔查办此案，田叔办案深得景帝赞许，被任命为鲁国相。

田叔当鲁国相几年，深得上下拥护，后来他死于任上，鲁国人送来百金祭奠他，却被他的儿子拒绝了，说："不能因为百金而辱没了先人的名声。"

田叔的小儿子叫田仁，田仁有一个好朋友，叫任安。田仁和任安有一个共同的好朋友，叫司马迁。田仁拒绝了鲁国人赠送的百金，再加上他父亲田叔为官清廉，所以家境贫寒，无奈之下，他只好到大将军卫青家当门客，就在这里，他认识了同为门客的任安。

任安是荥阳人，幼时丧父，家境清贫。曾经帮人赶车到长安，就留在了那里，想找个事情做，当个小吏，但是没有机会。为了生计，他决定先在长安附近的武功落脚。武功是扶风附近的一个小镇，没有豪强，任安宁为鸡首，不为牛后，觉得在这里可以迅速建立自己的声望。

任安到了武功后，先是托关系当了亭长手下的求盗和亭父（汉代亭长有两个手下，一个是管清洁卫生的亭父，一个是管治安的求盗），后来又当上了亭长，和刘邦最初的官职一样。

武功的老百姓喜欢打猎，任安就负责给他们分猎获物，同时安排不同的人在围猎时做不同的事情，大家都很高兴，说："我们围猎不会发生死伤，这都是任少卿分配公平的原因。"这时候任安就已经显示出了他的管理才能。第二天再次出去围猎，乌泱泱几百人，任安眼睛一扫问："那个谁今天怎么没来呢？"众人大惊。就这样任安一直做到俸禄三百石的地方官，后来因为皇帝出巡他接待不周被免官。

免官后的任安走投无路，只好投奔当时刚崛起的新贵——大将军卫青，成为卫青的门客。由于家贫，没钱打点将军家管理门客的家监，所以很是受气。跟任安同样遭遇的就是田仁，因为这一点，两个人成了好朋友，经常一起发牢骚。田仁不服气地抱怨："这家监真是狗眼看人低！"

任安附和："大将军尚且不识人，何况这小小的家监！"

两个人虽然是门客，但是经常被当奴隶对待。一次主人命令他们跟奴隶同席而食，两个人竟然拔刀斩断席子跟奴隶分开坐。主人很惊讶，但是也很讨厌这两个不知天高地厚的穷门客。

后来有一天皇帝下诏，要在卫青将军门客中选择贤才任命为郎。卫青就选了门客中富有的，让他们准备好华丽的鞍马、色彩鲜明的衣服和奢侈的配饰，准备推荐给皇帝。正好少府赵禹到卫青家做客，将军就把准备举荐的门客叫来给赵禹看。赵禹挨个谈话，十多个人中没有一个可观的。

赵禹说："我听说将门之下肯定有将种，这十多个人只是有点钱罢了，智力太低，就像木偶穿上了锦绣衣服一样！"

赵禹十分不满意，于是把卫青门客一百多人全部叫来问话，最后只挑选出两个人，就是田仁和任安。

任安说卫青不会识人，还真没冤枉他。赵禹走了之后，卫青对闹腾半天结果挑出这两个穷鬼还是耿耿于怀，没好气地说："你们自己去准备鞍马新衣服！"

两人回以家贫无力置办。卫青大怒道："你们自己家里穷，难道怪我吗？"但是大将军还是很不情愿地把两人推荐给了武帝。武帝与他们谈话之后，发觉两人不仅有勇有谋，而且互相谦让。武帝十分赏识，分别授予两人官职，两人也因此名震天下。

这时候的两人并不知道，一场巨大的灭顶之灾正在悄悄走近，这就是震惊西汉朝野的巫蛊之祸。

巫蛊是指以民间迷信作为观念基础而实施的加害于人的一种巫术形式。具体方法就是以桐木制作成小偶人，上面写上被诅咒者的名字、生辰八字等，然后施以某种术法和诅咒，将其埋放到被诅咒者的住处或近旁。使用巫蛊的人相信经过这样的法术，被诅咒者的灵魂就可以被控制或摄取。

巫蛊曾经是妇女相互仇视时发泄私愤的常用方式之一。汉代宫廷妇女和贵族妇女中因嫉妒而使用巫蛊之术，使得这种迷信意识在上层社会生活中影响很大。在汉代有关这方面的事史不绝书，诸如武帝元光年间，皇后陈阿娇失宠，就曾使用巫蛊之术诅咒其情敌卫子夫。武帝知觉后将她废黜，女巫楚服及宫人牵连被诛者三百余人。

汉征和二年（前91年），年老昏聩的汉武帝怀疑有人用巫蛊诅咒自己，于是命宠臣江充调查此事。江充是个阴险狠毒的小人，他曾经跟太子刘据有矛盾，趁机陷害太子。

江充先从其他大臣和失宠的后宫妃嫔入手，用诬陷和严刑拷打让人服罪，先后诬陷丞相公孙贺和他的儿子公孙敬声涉嫌巫蛊事，诅咒皇帝，事情牵连阳石公主等贵戚。结果，公孙贺一家被灭族，连阳石和诸邑两位公主也被杀。之后，在江充的授意下，在太子宫中也挖出了"罪证"——巫蛊偶人。

此时武帝因为患病在甘泉宫休养，皇后和太子在长安，江充断绝了他们与皇帝的一切联系，在巨大的恐惧下，太子刘据决定起兵自保。

七月壬午，太子在少傅徐德的建议下起兵，假托皇帝命令抓捕了江充，怒斥一番后杀掉了他，并杀掉了江充的帮凶胡巫。听到太子起兵的消息后，政治经验丰富的汉武帝开始还是比较清醒的，他断定这是江充大兴巫蛊案，太子害怕所以被逼急了被迫起兵。

汉武帝派出使者，让使者召太子来甘泉宫见自己。谁知道使者被长安的大乱吓破了胆，不敢进城，回来谎称是太子要杀自己，武帝大怒；同时刚任命的丞相刘屈氂也被突然的变故吓呆了脱身逃跑，连印绶都丢了，这下更是火上浇油，武帝立即下诏让丞相捕杀叛乱者，格杀勿论。

太子迫于江充的构陷仓促起兵，最开始派侍从携带符节夜入未央宫。禀告皇后变乱之事，之后组织了一帮侍卫起兵，长安城里一片混乱，纷纷传言太子造反。为了充实兵力，太子持节到北军门外，召唤任安，要求他发兵。

一边是貌似造反的太子，一边是无法联系、态度不明的皇帝，任安在这种情况下做了大多数人都会做的选择。他出门，跪拜接受了符节，回身进入军门，之后则关闭大门再也没有出来。求兵不得的太子无奈，只好离去，将数万长安市民强行武装起来。这时候丞相刘屈氂受诏已经杀进长安，双方在长安血战五天，血流成河。临时武装的老百姓当然不是丞相手下职业军人的对手，太子大败，往城外逃去。

此时的田仁担任丞相司直，奉命把守城门。太子奔逃到此，田仁天真地以为太子与皇帝是骨肉至亲，于是把太子放走了。

丞相刘屈氂得知田仁放走太子后大怒，逮捕了田仁。而御史大夫暴胜之说田仁也是朝廷两千石大员，怎么能擅自逮捕斩杀，于是毫无主见的刘屈氂又放了田仁。武帝知道此事后大怒，逮捕了暴胜之，责问他：

"田仁私放逃犯，违反国法，你怎么阻止刘屈氂抓他？"

暴胜之惶恐不安，被迫自尽。田仁也被重新逮捕，以私放太子的罪名被诛杀。

相比于田仁私放太子，任安的处理似乎更为稳妥一些。他没有发兵支持太子，而是紧闭军门不出，但是他不知道，即便这样自己也难逃劫数。

武帝最初听到任安的做法，并没有怪罪任安，但是年老多疑的武帝仍对任安的行为表示疑惑。任安手下一个小吏因为犯法挨了板子，为了报复，小吏上书告发任安，说任安曾经跟太子讨要好的装备，试图跟太子一起起兵。武帝大怒说："这家伙是个老油子！看到变乱，就想坐观成败，为臣子有二心！"

也许是为了证明自己的英明，武帝进一步声明："任安以前就犯了很多死罪，我都宽恕了他，现在心怀诡诈，有不忠之心！"

可怜自以为处事稳妥的任安，仍然没有逃脱一死，最后被判腰斩酷刑。

《报任安书》

当任安被绑在刑台上，等待巨斧落下将自己一劈两半时，他想起了自己曾经给好友司马迁写过的一封信。

那时候自己还在担任北军护军，官高位显，意气洋洋。而司马迁因为替投降匈奴的李陵辩护而被下蚕室，受腐刑，在任安眼中，司马迁可谓一蹶不振。于是他好心给司马迁写了一封信，语重心长地要他处事谨慎，要为朝廷推贤进士。

信发出后，司马迁一直没有回复。因为他知道，正处在人生顶峰的任安是无法理解遭受"最下腐刑极矣"的自己的。任安更不能理解，自

司马迁像

己受刑之后最大的人生目标已经不在这个看似煊赫强盛的朝廷，而在更深广更遥远的未来。

直到任安被逮捕下狱，判处腰斩时，司马迁才写了回信，这就是著名的《报任安书》。

司马迁知道，任安位显名重时，是根本无法窥知强权对人的侮辱可以极致到什么程度。他宽解任安，即便是周文王姬昌、李斯、韩信、彭越、张敖、周勃、魏其、季布、灌夫这些王侯将相，权倾一时，也曾经饱受羞辱，低入尘埃之中。勇敢与怯懦是由局势决定的，而强弱不过是外在表象罢了。

司马迁的聪明在于他知道除非人有过同样的生命境遇，否则，人与人之间是根本无法理解的。在任安被判腰斩，在狱中受尽凌辱的时候，他告诉任安，这与自己被判腐刑时孤立无援，绝望到顶点的心理是一样的："家贫，货赂不足以自赎，交游莫救，左右亲近不为一言。"

他也知道，这时候的任安才能理解当初自己受刑之后的痛苦与悲凉："是以肠一日而九回，居则忽忽若有所亡，出则不知其所往。每念斯耻，汗未尝不发背沾衣也！"

但是与任安不同的是，司马迁在遭受了腐刑之后，彻底对高高在上的王权失去了信心，他坚定地相信，真正永恒的价值不是未央宫高高的台阶之上的龙颜大悦，也不在高官们佩戴印绶的意气洋洋，更不是任安劝告自己的所谓处事谨慎推贤进士，而是超越自己生命，乃至于超越自己所处时代的永恒与不朽。

在这封信里，残缺的司马迁告诉好友自己比任何人都要有完整宏伟的愿望："网罗天下放失旧闻，略考其行事，综其终始，稽其成败兴坏之纪，上计轩辕，下至于兹……亦欲以究天人之际，通古今之变，成一家之言。"

这是他忍辱苟活的真正原因，司马迁最终完成了这部巨著，这就是我国第一部纪传体通史，也是"二十四史"的第一本，两千多年后被鲁迅盛赞为"史家之绝唱，无韵之离骚"的《史记》。

画个小人诅咒你
——巫蛊之祸

巫蛊来了

前文提到汉武帝时期的一个大冤案——巫蛊之祸。那么，巫蛊之祸究竟是怎么回事呢？

造成巫蛊之祸这桩冤案的原因很多，诸如汉武帝与戾太子刘据政见不合、卫青势力被逐渐清算、朝廷内部势力纷争等。但是，在这场悲剧中，有一个人却是不得不提的，这个人就是江充。

江充本名江齐，本来是赵国邯郸的市井无赖，靠把妹妹嫁给赵国的太子丹而成为赵王的门客。当时的赵敬肃王刘彭祖本来就不是什么好东西，在赵国，他可以说是无法无天，为所欲为。而他的太子刘丹比其父更是有过之而无不及。仅仅在荒淫无道上，他就足以令人瞠目结舌，他后宫姬妾无数，连他父亲的后宫女子和他自己的妹妹都不放过。

不久，太子丹他怀疑江齐将自己的事情告诉了父亲，于是派人追捕江齐，江齐更名为江充，逃到长安。太子丹抓了他的家人，给他们安了个罪名，全部杀头。江充到长安之后，向皇帝告发太子丹，说他与姊妹奸淫，并交结郡国豪猾，有不轨之心。

汉武帝大怒，派兵围住赵王官，把太子丹扔进监狱要处以死刑。赵王这时候又上书朝廷，说江充是赵国逃跑的小臣，告发太子丹是为了报私仇；并且要求出击匈奴，为太子赎罪。但是武帝不为所动，仅仅是免去了太子的死罪，夺去了他的太子资格。

江充以一介草民的身份击垮了赵王父子，大获全胜，并且得到武帝的赏识。可是，这只是他复仇的开始。

赵王事件过后，武帝召见江充。江充身材高大，容貌壮伟，汉武帝十分喜爱，对左右说："燕赵固多奇士。"

此后，江充自愿出使匈奴，回来之后，就被拜为直指绣衣使者，掌管长安治安。上任之初，江充就对皇帝说很多贵族大臣生活奢靡，应该没收他们的财产，然后把他们发配到北军，参加出击匈奴的军队。武帝同意了他的建议。于是江充马上抓捕多名贵戚大臣，并且限制了他们的人身自由。大臣们十分惶恐，纷纷向皇帝求情，并且愿意出钱赎罪，皇帝答应了，于是几天之内，北军就多了数千万军饷。武帝十分高兴，认为江充忠直，十分符合自己的胃口。

初战告捷，江充又把矛头对准了地位更高的馆陶长公主。馆陶长公主叫刘嫖，是汉文帝的长女，景帝的姐姐，武帝的姑母。有一次，江充遇见刘嫖在驰道上通行，汉代的驰道是皇帝专用的道路，任何人在上面行走都是大不敬，但是别人对刘嫖的趾高气扬已经习以为常，可江充却上前呵斥，刘嫖坦然地说："我有太后的诏书。"

江充回答："即使有太后的诏书，也只能你一个人走，其他随从不行。"于是，没收了长公主所有的车马随从。

武帝知道之后，仍然认为江充对自己忠心耿耿，对其更加信任。江充的势力越来越大，于是，终于拿太子开刀了。江充之所以敢对太子下手，是因为他知道太子刘据在武帝那里已经渐渐失宠了。

—汉武帝像—

汉武帝二十九岁时才有了刘据，这对古人来说算是很晚了，所以武帝最初对太子是很宠爱的。太子长大后性格温和恭谨，武帝觉得这个孩子很不像自己，因此更喜欢其他几个皇子。皇后和太子察觉到了，经常内心不安。

武帝知道后，也觉得自己做得不妥，便对大将军卫青说："汉家什么事情都是草创起家，加上四方蛮夷侵略中原，朕不变更制度，后代就没有效法的对象；不出兵征伐，天下就不能安宁。要做这些事情，就不得不让百姓辛劳。但是如果后世皇帝还效法朕，这就是走秦朝灭亡的老路了。太子敦厚稳重喜欢安静，不让朕忧虑，要寻求守文之主，哪里有比太子更合适的？听说皇后和太子内心不安，害怕朕会废太子，哪里有这样的事情？你去替朕告诉他们。"

不得不说，汉武帝这番话说得真是入情入理，让人心悦诚服。他不仅话这么说，也是这么做的。太子为了讨好武帝，经常请求率兵征伐，武帝总是笑笑说："这些辛劳我来承担，把轻松安逸留给你难道不好吗？"

这期间武帝与太子真可谓是父慈子孝，其乐融融。武帝在外的时候经常让太子留后处置政务。武帝为人威严，多任用酷吏，制造了不少冤案；太子则为人宽厚，经常把这些冤案平反，虽然很受百姓爱戴，却让一些大臣很不满意。皇后担心这样会招致祸患，经常劝太子："你得顺从皇上的意思，不应该擅自释放那些罪人。"武帝听说之后，反而认为太子做得对而皇后是错的。但是由于太子得罪了一帮小人，他们竞相起来说坏话，因此赞誉太子的少而诋毁他的多。

到这时候，皇后与太子还是很受武帝礼遇，直到皇子刘弗陵出生，这一切渐渐改变了。

汉武帝太始三年（前94年），钩弋夫人生下了皇子刘弗陵。据说她怀胎十四个月才生下这孩子，武帝大喜："我听说尧帝也是他母亲怀胎十四个月才生下的，现在这个孩子也是如此。"于是下令将孩子所生的宫殿的门命名为尧母门。

司马光对此评论说：当皇帝的一举一动都应该谨慎，他内心做出决定一定会在外面引起巨大反响，天下人无不知之。此时皇后和太子都好好的，却将钩弋夫人的门命名为尧母门，这就是摆明了想让这个婴儿以后继位。这样奸臣就揣测到皇帝的心意，知道他爱少子，于是便有危害皇后、太子之心。

司马光的判断是正确的，从这之后，江充就开始到处寻找太子的不是，想方设法将其扳倒。江充一次跟从武帝到甘泉宫，遇到太子刘据的家臣驾车在驰道行驶，他马上把刘据家臣逮捕交给小吏处理。太子知道之后，派人向江充谢罪说："我不是吝惜我的车马，只是希望这事别让皇帝知道，免得说我驭下不严，希望您宽大处理！"

江充根本不听，还是把这事上奏了武帝，武帝知道之后说："大臣就应该像江充这样啊！"从此武帝更加信任江充，江充也因此事威震京师。

太子的反击

此时的汉武帝已到晚年，时间的紧促与对权位的迷恋使他更加多疑。长期和方士打交道，汉武帝对怪力乱神是深信不疑的。于是，丞相公孙贺的巫蛊事件成了整个巫蛊之祸的导火线。

征和二年（前91年），阳陵朱安世举报丞相公孙贺和他的儿子公孙敬声涉嫌巫蛊之事，诅咒皇帝，事情牵连阳石公主等贵戚。此时的汉武帝已经重病在身，江充趁机说皇帝的病就是因为这些乱党用巫蛊诅咒的。

武帝谁都不信任，于是把案子交给了江充审理。江充率领巫师掘地找到了巫蛊用的偶人（多认为是他栽赃），然后严刑拷打有关人员，逼其认罪。结果，公孙贺一家被灭族，连阳石和诸邑两位公主也被杀了。

处置了公孙贺父子之后，汉武帝已经处于精神崩溃的边缘，多次梦见有几千个木人，拿着兵器打自己。为了消除这一神秘的隐患，武帝任命江充为使者，专门处理巫蛊事件。而得到皇帝委任的江充，就把矛头对准了太子刘据。江充知道，皇帝的时日已经不多了，而自己因为驰道事件得罪过太子，同时自己还借武帝之威，制造了无数的冤案。如果武帝驾崩太子即位，自己很可能死无葬身之地。于是他对武帝说："宫中巫蛊之气甚重，要查先从宫里查。"

于是首先从没有得到武帝宠幸的夫人入手，之后就查到已经失宠的皇后卫子夫宫中。在江充的授意下，手下从皇后的儿子——太子刘据宫中地下"挖"出了罪证——巫蛊偶人。

此时武帝有病在甘泉宫，皇后和太子在长安，江充又封锁了他们来往信息的渠道，于是太子在少傅徐德的建议下起兵"行大事"。

七月壬午日，太子矫节收捕江充，大骂他说："你这赵国的奴才！乱了赵国还不足吗？还要来乱我们父子！"之后斩杀江充，将江充的帮凶胡巫烧死后举兵。

武帝得知消息之后，立刻下令关闭城门，命丞相刘屈氂派兵围剿。战斗持续了二十多天，死者上万人，太子兵败，逃到湖县泉鸠里，后被追捕的官吏发现，自杀。太子的母亲皇后卫子夫也含恨自杀。

出来混，总是要还的
——霍光家族的盛衰

被清算的霍光

汉宣帝地节二年（前 68 年），大将军、大司马、博陆侯霍光病重，皇帝亲自前去探望，对着霍光垂泪涕泣。霍光上书谢恩说："希望将我的封邑分三千户给我哥哥霍去病的孙子，封他为列侯，作为我兄长霍去病的继嗣。"皇帝让丞相御史商议此事，并在当天拜霍光的儿子霍禹为右将军。

霍光去世之后，皇帝和皇太后亲自临丧，朝廷重臣太中大夫任宣和侍御史五人持皇帝符节营护丧事。赐金钱、缯絮、绣被百领，衣物五十箱。尤其值得注意的是，皇帝下诏赐璧珠玑玉衣，梓宫、便房、黄肠题凑各一具，枞木外臧椁十五具。这些都是极高规格的葬具。其中黄肠题凑指的是用去皮后的柏木堆垒而成的椁室，这些原本是帝王葬仪的规制，但是霍光去世都使用了，他作为一个大臣，享受的竟然是帝王的待遇。可以说是备极哀荣。

—霍光像—

让人想不到的是，就在霍光去世后仅仅两年多，霍家就大难临头，霍光的儿子霍禹被腰斩，妻子显和其他女眷被弃市，霍光的女儿已经被封为皇后也被废，牵连被诛杀的有一千多家。

　　霍光是谁？为什么他去世的时候能享受皇帝一级的规格？为什么他死后家族如此迅速败落？这一切要从霍光的父亲霍中孺说起。

出身低微的托孤之臣

　　霍中孺出身低微，曾经被派遣到平阳侯家里做事。这期间他与叫卫少儿的侍女私通，之后卫少儿生下霍去病。公事办完之后，霍中孺也不能因为私事停留，于是回家，之后另娶妻，生下了霍光。此后两边音讯隔绝，没有来往。没多久卫少儿的妹妹卫子夫被武帝宠爱，被立为皇后，还生下了太子刘据，一时间恩宠无比，霍去病也因为是皇后的外甥而被重用，后来成为赫赫有名的将军。

　　霍去病后来知道了自己的身世，一次出征路上经过河东郡，河东太守恭恭敬敬到郊外迎接，而霍去病背着弓箭直接去拜见生父，父子相认，悲喜交集。霍去病为父亲置办了大量田地、房产、奴婢，出征回来之后，又把父亲接到长安，同时带上了同父异母的弟弟霍光。当时霍光还只是十多岁的少年，因为霍去病的关系，武帝任命他为郎官，后来又逐渐升官，担任奉车都尉光禄大夫，职责是照管皇帝的车马并侍奉皇帝。霍光为人小心谨慎，侍奉武帝二十多年，没有任何过错，成为汉武帝最信任的心腹之一。

　　巫蛊之祸后，太子刘据自杀。武帝虽然还有其他皇子，但大多得不到他宠爱，武帝心里一直想立钩弋夫人的儿子刘弗陵为帝，可是此时刘弗陵还只是个八岁的孩子。同时钩弋夫人也很年轻，武帝最担心的就是自己死后吕后专权的一幕重演。他认为最保险的办法莫过于让信任的大臣来辅佐小皇帝。一天，武帝让画工画了一幅周公背着成王接受诸侯朝拜的画赐给霍光，大家都不知道什么意思。几天之后，武帝忽然没来由地严厉斥责钩弋夫人，不顾夫人的苦苦告哀求饶，下令将她关入掖庭监狱，之后处死了她。几天后武帝问左右："外面人对钩弋夫人的死怎么评论？"

手下回答："外人都不明白，马上要立她的儿子，却要他母亲死，这是为何？"

武帝说："这就不是你们这些愚蠢的人所能理解的了。以前国家之所以发生动乱，就是因为皇帝年幼、母亲年轻。女主独自居住，容易骄横淫乱，没有人能够控制她。你难道没有听说吕后吗？所以我不得不先除掉她。"

汉武帝后元二年（前87年）春，武帝病重。霍光哭着问皇帝："陛下如果不讳（驾崩），谁是即位者？"

武帝说："你还没明白前面赐给你画的含义吗？立少子，你行周公之事。"

霍光急忙推辞说："臣不如金日磾①。"

金日磾是匈奴人，原本是匈奴休屠王的太子，匈奴被霍去病打败，休屠王被杀，金日磾被俘来到长安，得到汉武帝宠爱，被任命为御马监，负责驯养战马。金日磾最大的功绩是挫败了马何罗与他的弟弟一起暗杀汉武帝的阴谋。当时马何罗（后来被称为莽何

金日磾像

---

① 金日磾：金日磾（mì dī）（前134—前86），字翁叔，匈奴贵族，西汉时期政治家，是汉昭帝的四大辅臣之一。

罗）因为跟江充交好，巫蛊之祸后，汉武帝将江充宗族和朋党全部诛杀。
马何罗和弟弟害怕被牵连，于是谋划刺杀皇帝。

一天马何罗无故从外面进来，汉武帝还在睡梦中，金日磾在上厕所，
他看到马何罗神色不对，急忙悄悄跑进武帝卧室，躲在门后。马何罗进
来后发现金日磾，神色大变，他跑向汉武帝卧室想行刺，却撞到宝瑟，
摔倒在地。金日磾急忙上前抱住马何罗，大呼："马何罗造反！"汉武帝
惊醒，卫士们纷纷上前拔刀想杀马何罗，武帝怕伤到金日磾，不许他们
动手。最后金日磾将马何罗摔到殿下，卫士上前绑住马何罗。经过审讯，
马何罗承认了行刺皇帝的阴谋，金日磾也因此名扬朝野。

虽然金日磾很受皇帝信任，但是他知道自己有一个无法改变的"缺
陷"，所以听到霍光的话他马上说："臣是匈奴人，不如霍光，如果委托臣
会让匈奴人轻视我大汉。"

几天后，武帝下诏：立时年只有八岁的刘弗陵为太子，并任命霍光为
大司马、大将军，金日磾为车骑将军，太仆上官桀为左将军，共同受遗
诏辅佐太子。之后，又任命搜粟都尉桑弘羊为御史大夫，与三人共同治
国。第二天，武帝去世，太子刘弗陵即位，是为汉昭帝。

八岁孩子登上皇位，几个大臣独揽大权，这总还是让人有些猜疑的。
当时的卫尉王莽（不是后来新朝的王莽，只是与他同名同姓）的儿子王
忽担任侍中，就扬言说："皇帝驾崩的时候我在场，哪里有什么遗诏顾命，
不过是那些大臣在借机揽权罢了！"霍光知道之后切责王莽，王莽无奈
只好毒死了自己的儿子。

霍光、金日磾、上官桀三人中，霍光可以说是首席辅政大臣。金日
磾是匈奴投降贵族，身份尴尬，所以他处处退让。霍光也小心谨慎，一
心为公。有一天晚上，据说宫殿中出现了妖怪，大家都惊慌失措。人心
惶惶之际，霍光找来符玺郎，命令他交出皇帝玉玺以防不测，谁知道符

玺郎坚决不给。霍光想强夺，符玺郎按剑厉声说："臣头可以得，玉玺不可得！"

霍光不但没有生气，反而觉得他尽忠职守。第二天以皇帝名义下诏给符玺郎增秩二等。这件事让大家对霍光非常赞赏，认为他不计较私人恩怨，以国家为重。

但是霍光执掌大权让另一位辅政大臣很不满，这就是上官桀。上官桀与霍光其实是亲戚。霍光的女儿嫁给了上官桀的儿子上官安为妻，生了一个女儿刚满六岁。两家关系一直很好，却因为这个六岁的小女孩而发生了矛盾。

矛盾的原因是上官安想把这个六岁的小女孩送进宫中立为皇后。霍光觉得这个外孙女太小了不合适，反对此事。上官安就决定走汉昭帝姐姐盖长公主的门路。盖长公主与河间一个叫丁外人的私通，丁外人跟上官安又交好。于是上官安让丁外人去游说盖长公主促成此事，最后果然把这个六岁的小女孩纳入宫中成为婕妤。

上官安对盖长公主感恩戴德，便想为丁外人求封侯，但是被霍光拒绝了。上官安退而求其次，想让丁外人当光禄大夫，这样就有机会被皇帝召见，谁知道还是被霍光拒绝了。这使盖长公主对霍光也十分怨恨。

上官桀的老丈人有一个宠幸的人叫充国，因为犯罪被判死刑。霍光明知道此人与上官家渊源深厚也不对其从轻处理。眼看冬天要结束，充国要掉脑袋了，还是盖长公主替他拿出二十匹马赎罪，最后终于免死。由此，上官桀对霍光十分怨恨而对盖长公主感激无比。此外，御史大夫桑弘羊也不满霍光专权，一心想扳倒霍光。

而更仇恨霍光的还是汉武帝的第三子燕王刘旦。太子刘据死后，武帝诸子中刘旦年岁是比较大的。武帝驾崩，他满以为继位的是自己，谁知道竟然是年仅八岁的刘弗陵，刘旦内心当然无比不满。皇帝即位的时

——桑弘羊像——

候，按例赐给燕王钱三十万，刘旦大怒说："我应该当皇帝，赐什么赐！"

刘旦跟中山王的儿子刘长、齐孝王孙子刘泽等密谋，假称受武帝诏书，开始动员军队，图谋造反。刘旦给诸侯王写信，说刘弗陵不是武帝的儿子，是大臣贪图权力而拥立，天下应该共同讨伐。

就这样，上官桀、桑弘羊、盖长公主与燕王刘旦结成了联盟，想置霍光于死地。上官桀假造燕王上书，说霍光专权独断，而且仪仗僭越，有不臣之心。还说霍光私自调动军队，意图造反。上官桀故意趁霍光休假的时候把奏章递上去，可是奏章递上去之后，皇帝没有任何反应。第二天霍光听说此事，不敢入朝，待在外室听候处理。汉昭帝问："大将军在哪里？"

上官桀回答："因为燕王告发他造反，现他在外面不敢进来。"

汉昭帝下诏召大将军进来。霍光进来之后，免冠顿首请罪，汉昭帝说："将军戴上帽子，朕知道信是假的，将军无罪。"

霍光很惊讶问："陛下怎么知道？"

"大将军调动卫尉不过是十天前的事情，远在边地的燕王怎么会知道？而且大将军如果真要造反，也用不着动用卫尉。"

此时的汉昭帝虽然即位已经六年，但是只有十四岁，他以与其年龄不相称的老辣和沉稳识破了上官桀等人的诡计，也让霍光躲过一劫。

眼看计谋失败，上官桀等人决定最后一搏，他让盖长公主摆下宴席邀请霍光，并且在酒席上埋伏伏兵，想伺机杀死霍光，然后废掉汉昭帝，迎立燕王刘旦。燕王知道之后信心百倍，下令手下群臣准备行装，让他们做好他到京城当皇帝的准备。上官桀的疯狂其实还不止于此，他真正的计划是燕王到来之后也一起干掉，然后废掉皇帝自立为帝。有人问：
"废掉皇帝，那您的孙女皇后怎么办？"

上官桀回答："猎狗追逐麋鹿，哪里还顾得上小兔子。现在我们凭借
皇后取得荣华富贵，万一皇帝心意变了，我们就算想当百姓都不可能，
放哪个朝代都是这样的。"

在上官桀等人谋划的时候，盖长公主一个门客的父亲——燕仓知道
了他们的阴谋，火速将此事报告了大司农杨敞。杨敞是个胆小怕事的人，
听到这样天大的阴谋吓得不敢说话，索性托病请假，但是他还是将这事
告诉了谏大夫杜延年。杜延年一听到这消息，马上上报了朝廷。九月，
朝廷下诏抓捕相关人等，上官桀、桑弘羊、丁外人等都被灭族，盖长公
主自杀，燕王刘旦也自缢而死。只有皇后因为年幼没有参与阴谋，又是
霍光的外孙女而得以保全。

二十七天皇帝梦——昌邑王刘贺

2011年4月，考古工作者在南昌附近发现了一个古墓，经发掘研究，
证实是西汉海昏侯刘贺的墓葬。经过5年的发掘，2016年发掘工作完成。
刘贺墓的发掘是近年中国考古界轰动国内外的一件大事。不仅因为这座
墓葬未经盗掘，保存了大量随葬品，特别是墓中的金饼、金板、马蹄金
等在其他墓葬中非常少见，更因为墓主人刘贺在中国历史上一直是一个
谜一样的存在。北大历史学教授辛德勇先生说：

> 他（刘贺）是汉朝历史上一位几乎被人遗忘的皇帝。在
> 位仅仅二十七天，就被废黜，当然也不会有谥号。因而谈到
> 他的皇帝身份，只能以"废帝"称之。普通的历史年表，不

管是中国人自己编的，还是由东洋、西洋学者动手制作的，几乎见不到这位皇帝一丝一毫的行迹。在《汉书》等基本史籍中，对他的记载，虽然不算很少，但在一些关键问题上，却模糊不清，需要仔细琢磨，才能看破表象之后的真实面貌。

那么，海昏侯刘贺究竟是谁？为什么他能当皇帝，又为什么只当了二十七天皇帝？这一切还是要从霍光说起。

前面说过，霍光的女儿嫁给了上官桀的儿子，生了一个女儿，这个女孩六岁的时候便被送进宫里，后来成了汉昭帝的皇后。上官桀等人覆灭之后，皇后因为霍光的原因没有被牵连。

霍光显然希望这个外孙女能诞下皇子，这是霍家永享荣华富贵的保障。霍光以皇帝身体欠安为由，让太医和皇帝左右进言说陛下应该少近女色，还让宫女们都穿着穷绔。这是一种前后封裆而且有很多带子的裤子，要脱下来相当麻烦，霍光以此防止汉昭帝一时性起与其他女子有染。尽管霍光费尽心思，他却没想到一点：皇帝还没来得及有孩子就驾崩了。汉昭帝去世的时候年仅二十一岁，这时候皇后刚刚十四岁，不知道两人是否已成夫妻，反正皇后没有子嗣。

皇帝驾崩且没有后代，只能从皇帝的兄弟中选择嗣君。此时武帝六个儿子死的死被杀的被杀，只有一个广陵王刘胥还在，群臣都支持迎立广陵王。但是霍光说这位王爷是个胡作非为的家伙，武帝在世时就很不喜欢他，让他当皇帝似乎不恰当。这时候正好有一个郎官上书极力说广陵王无道，不能当皇帝，在这种情况下即使废长立幼也是可以的。

这个奏章正中霍光下怀，他把奏章拿给丞相杨敞等大臣看，杨敞本来就是个胆小怕事唯唯诺诺的人，当然不会有什么异议。霍光将那个郎官提拔为九江太守，然后授意他的外孙女皇后下诏，派人去迎立昌邑王刘贺。

刘贺是昌邑哀王刘髆的儿子，刘髆是汉武帝与宠妃李夫人生的儿子。李夫人和哥哥李广利曾经联合丞相刘屈氂扶植刘髆继位，但是后来被汉武帝察觉，李家被族灭，李广利也投降匈奴，刘髆也就只当了一个昌邑王。刘髆死后，他儿子继承了爵位，就是刘贺。

海昏侯墓出土的铜错金神兽纹当卢

《汉书》和《资治通鉴》里记载的昌邑王刘贺几乎就是一个胡作非为的白痴，他在封国的时候就向来狂纵，行为没有节制。在为皇帝服丧期间还到处游猎，曾经不到半天狂奔两百里。手下很多大臣上书苦谏，他从来不听。甚至当接到让他入京即位的书信的时候，他的行动也是疯疯癫癫的。

刘贺接到文书是在晚上，他急不可耐点火打开文书看，次日中午便急匆匆出发了，到下午就跑到了定陶，走了一百三十五里，侍从的马匹被累死的相望于道。到济阳之后，他又要停下买点当地土特产——竹杖；过弘农，他让一个叫善的仆人用衣车装他带着的女子。到湖县，使者知道了这事，责问昌邑国相安乐，安乐把这事告诉刘贺的大臣龚遂，龚遂询问刘贺，刘贺居然耍赖说没这事。龚遂向来以正直敢言闻名，他说："如果这事跟大王无关，就不必吝惜一个奴仆而毁坏您的名节。"于是把善从车上拉下来交给卫士长依法处置。

到都城城门的时候，龚遂对刘贺说："按照礼法，奔丧望见国都就要哭，这是长安东郭门。"

刘贺说："我喉咙痛，不能哭。"

一直到了未央宫东门，在龚遂的一再提醒下，刘贺才勉强哭了几声。六月，昌邑王刘贺接受皇帝玺绶，正式登基，尊奉皇后为皇太后。

史书说昌邑王即位之后仍然"淫戏无度"，他原来的旧臣跟着来长安的，大多都破格升官，龚遂等大臣切谏，刘贺置若罔闻。

一天刘贺梦见宫殿西阶东边有很多苍蝇粪便，至少有五六石，上面盖着屋板瓦。醒来刘贺问龚遂此梦含义，龚遂说："《诗经》有云：'营营青蝇，止于藩，岂弟君子，无信谗言。'陛下身边小人太多，就像这些苍蝇粪便一样可恶。如果陛下继续听信谗言，一定会有可怕的事情发生。"刘贺根本不听。

刘贺的胡作非为让霍光很郁闷，他跟以前的老下级，现在的大司农田延年说了自己的苦闷，田延年说："将军是国家柱石，为何不告诉太后，另外选贤迎立？"

霍光有些犹豫："这种事情古代有吗？"

田延年说："商朝伊尹为相，废掉了太甲，安定宗庙，后世称颂他的忠诚。将军如果能够做这样的事情，就是汉代的伊尹。"听了这话，霍光下了决心，并且与田延年和车骑将军张安世一起策划废帝行动。

三人决定后，霍光让田延年去报告丞相杨敞。前面说过，杨敞是个胆小怕事不敢拿主意的人，听到说要废掉皇帝，吓得一个字都说不出来，汗流浃背，更不敢表态。这种反应让他的妻子心急如焚。杨敞的妻子就是太史公司马迁的女儿，她看到丈夫如此犹豫不决，趁着田延年上厕所的机会急忙跑出来对杨敞说："这是国家大事，大将军已经决定了，派九卿来通知您，您不马上答应与大将军同心，还在这样犹豫不决，我们马上大祸临头了！"

田延年从厕所回来，杨敞和夫人马上表态，全力支持大将军。刘贺的命运就这样成了定局。

霍光带着群臣去见他的外孙女太后，其实就是走个过场，以太后之名废黜昌邑王。太后坐未央宫承明殿，下令所有宫门禁止昌邑王群臣入内。刘贺入宫朝见太后，他一进门大门就关闭，手下都被挡在门外，刘贺还有些不明所以，问怎么回事，霍光跪下说："太后下诏，昌邑群臣不准入内。"

刘贺还是那个不靠谱的德行，不以为然地说："别着急啊，怪吓人的！"

霍光下令，将昌邑群臣全部关在金马门外，随即车骑将军张安世带兵抓捕，抓了两百多人全部送进诏狱。到这时候刘贺都还没明白发生了什么事。扯着嗓子说："我以前的大臣们犯了什么罪？大将军为什么把他们抓起来？"

随即，太后下诏召昌邑王觐见。太后衣饰隆重坐在武帐中，身旁数百侍御全部手执兵器，无数武士也全副武装排列台阶下。群臣依次上殿，让昌邑王跪在太后前听诏，尚书令上奏昌邑王的种种罪行。这些罪行包括主持皇帝丧礼的时候没有悲哀的神色，奔丧的时候没有素食，居丧期间还让人歌舞、斗兽，还与先皇的宫女淫乱，等等。按照大臣的统计，昌邑王当皇帝二十七天，竟然犯下一千一百二十七次罪，平均每天犯四十一次罪！最后得出结论："陛下不可以承天序，奉祖宗，子万姓，当废！"

这时候刘贺才知道自己面临的处境，他还希望展示一下最后的倔强："我听说天子有七个争臣，即便无道也不会失去天下。"

霍光说："皇太后下诏废了你，还怎么敢称天子！"于是上前摘下他的玺绶，交给太后，将刘贺扶出宫殿。

从即位到被废，刘贺只当了二十七天皇帝，如果不算吕后扶植的少帝，他成了汉代第一个被臣子废黜的皇帝。

刘贺被废后，封为海昏侯。2011 年南昌发现的汉墓就是他的墓。考古工作者从墓中发掘出了竹简五千多片，包括《论语》《史记》《孝经》《医经》等典籍。有学者认为，这些出土的书籍似乎表明刘贺并非史书中记载的不学无术、残暴乖僻的人，相反可能是一个热爱学习，喜欢读书的书生。

因此有学者推测，刘贺被废可能不是因为他如史书所说的那样荒淫无道，而是他与霍光争权失败。刘贺被废后，他原来的大臣绝大部分被杀，他们被绑赴刑场的时候大叫："可惜皇帝没有听我们的话先下手为强！"从这点看，这种推测不是没有道理的。

刘贺只当了二十七天皇帝就被废，谁来继承皇位又成了大臣们面临的最大的一个问题。这时候，一个叫丙吉的大臣上书说："昌邑王无道被废，目前宗室诸侯没有谁在民间有称誉的。武帝的曾孙名字叫刘病已，收养在掖庭，现在已经十八九岁了，通经术，才能出众，举止安闲心气平和。愿大将军仔细考虑，参考占卜的结果，可以让他先入宫侍奉皇太后，让天下了解他的德行，然后决定大计，这将是天下的幸事。"

杜延年也认为刘病已德行优异，劝霍光、张安世迎立他为帝。这个刘病已，就是汉武帝的曾孙，戾太子刘据的孙子。他的经历，用"九死一生"来形容可以说一点都不过分。

权力的游戏没有赢家——霍氏覆灭

刘病已就是巫蛊之祸中冤死的太子刘据的孙子，也是汉代早年生活最为曲折的一位皇帝。

当年太子刘据与丞相军队作战失败逃到了湖县鸠泉里，隐藏在一个老百姓家里。这个老百姓家里很穷，靠卖草鞋赚钱来供给太子。太子心下过意不去，想起他还有一个朋友在湖县比较有钱，因此太子让人去找那个朋友，结果就这样暴露了行踪。官吏上门围捕太子，太子自知无路可逃，走入内室自缢身亡。收留太子的主人在与官吏格斗中被杀，太子的两个儿子也被杀。

前来围捕太子的官吏中有一个叫张富昌的小兵，见太子半天不出门就一脚踹开了房门，新安令史李寿冲进门见太子已经悬梁自尽，急忙上前抱着太子的身体把他解下来，武帝知道之后，封李寿为邗侯，张富昌为题侯。

汉武帝将这二人封侯传达出一个信息：皇帝已经知道太子是被诬陷的，而且为太子横死感到哀伤。当时很多人因为巫蛊而被诬告，经过审理，大多是没有根据的。当时高寝郎田千秋上书说："孩子擅自动用父亲的军队，罪责不过是打几下板子。天子的儿子因为错误而杀人应该判处什么罪呢？这话是臣梦见一个白发老翁教臣的。"

武帝看到奏章后很有感慨，召见田千秋说："父子之间的事情，很多是一般人不好说清楚的。只有您知道这样不对，这是高庙的神明让你教我的，你应该成为我的辅佐。"

于是下诏拜田千秋为大鸿胪，并族灭江充家。曾经在鸠泉里对太子兵刃相加的一个官员，起初当了北地太守，后来也被族诛。武帝感伤太子无辜被杀，于是建造思子宫，又在湖县建造归来望思之台，以表达自己的哀思。

不过，在巫蛊之祸的腥风血雨中，却有一个婴儿万分侥幸地逃脱了死亡，他就是太子刘据的孙子。刘据起初娶了鲁国的史良娣，生了个儿子叫刘进，刘进被称为史皇孙；史皇孙娶了涿郡王夫人，生了个儿子，起名叫刘病已。刘病已刚生下来几个月，巫蛊之祸就爆发了。太子和三个儿子、一个女儿以及全家女眷都遇害了，只剩下皇曾孙刘病已，被关押在郡中监狱，而前廷尉监丙吉就负责审理巫蛊的案子。

丙吉为人善良，他心知太子是含冤而死的，更怜悯皇曾孙才几个月就被灭了门，因此他有心照顾刘病已。丙吉精心选择了两个厚道老实的女犯人胡组和郭徵卿哺育他，丙吉每天都去探视两次。

巫蛊案子一直没有审理完，此时年迈的武帝又生病了，有懂得望气的方士对他说："长安监狱里有天子气。"汉武帝马上派使者到监狱清查被关押的罪犯，要求无论罪行轻重全部杀掉。于是，惊心动魄的一幕发生了。

汉武帝的使者郭穰晚上来到郡邸狱，传达皇帝的圣旨，丙吉竟然拒不开门。他大声说："皇曾孙在监狱中，一般人无辜被杀都不应该，更何况是皇曾孙！"

任凭外面的人如何叫喊敲门，丙吉就是不开门，两边相持不下，直到天亮使者也没能走进郡邸狱。一肚子火的郭穰回到朝廷，马上向武帝弹劾丙吉，按照常理，等待丙吉的肯定是灭门之祸。而神奇的一幕发生了，这时候武帝似乎也有所醒悟，长叹说："这是上天让他这样做的啊！"

武帝不仅没有怪罪丙吉，还马上宣布大赦天下。郡邸狱中那些被关押的人都因为丙吉而得以活下来。

危机虽然过去了，但是把皇曾孙放在官府监狱里似乎也不是个事，丙吉写信给京兆尹希望他们接收皇曾孙，但是京兆尹不敢接收，又送了回来。这时候皇曾孙的乳姆胡组也要回家，皇曾孙对这位乳姆十分依恋，丙吉便拿出自己的钱继续雇佣胡组与郭徵卿一起养育刘病已。没几天，掌管伙食的少内啬夫过来说："给皇曾孙提供食物，没有诏书许可啊！"丙吉便每个月从自己的俸禄和赏赐中匀一些出来供养皇曾孙。

刘病已身体不好，几次得病差点丢命，丙吉经常要求乳母悉心抚养并寻医问药，终于让这孩子度过了鬼门关。后来，丙吉听说史良娣还有母亲和哥哥在世，就把皇曾孙带去托付给他们。

汉昭帝即位后，下诏让掖庭养育刘病已，将他列入属籍，正式承认了他皇曾孙的地位。刘病已长大后，拜东海澓中翁为师学习《诗经》，史书记载他"高材好学"，但是也喜欢游侠，经常斗鸡走马，成天在下层百姓中打滚，由此也亲身探知了民间疾苦和吏治得失。

这时候的刘病已只是横死太子的孙子而已。当时掖庭令张贺因为曾是戾太子手下，不忘旧主，因此对刘病已十分照顾，也经常拿出自己的钱供给他，又教他读书。刘病已长大后，张贺便想将女儿嫁给他。张贺的弟弟张安世当时是右将军，听到张贺称赞皇曾孙，大怒说："皇曾孙是卫太子（即戾太子刘据）的后代，侥幸以庶人身份得到国家供养也就罢了，别再说给他娶媳妇的事情了！"

张贺听到这话只好作罢。而当时暴室啬夫（皇宫织造府的工作人员）许广汉有一个女儿，张贺就请许广汉喝酒，席上给他介绍了皇曾孙，劝许广汉把女儿嫁给他。许广汉同意了。谁知道第二天许广汉的妻子知道之后大怒反对，但是因为张贺是这婚事的介绍人，许广汉实在不好意思反悔。最后张贺拿钱帮许广汉女儿筹办了婚事。许广汉夫妇当时当然都不知道自己的女儿后来成为许皇后，更不会想到，他们的外孙二十年之后登基成了大汉第十一位皇帝。

元平元年（前74年）四月，汉昭帝无嗣驾崩。霍光等迎立昌邑王刘贺为帝，而刘贺只坐了二十七天皇位，就因为荒淫无行被废。皇位再次空缺，于是就出现了前文丙吉推荐皇曾孙刘病已的一幕。

七月，霍光与诸大臣商议，最后与丞相杨敞等联名上书建议迎立当时十八岁的皇曾孙刘病已，皇太后当然同意。就这样，九死一生的刘病已登上皇位。之后刘病已改名刘询，这就是汉宣帝。

宣帝即位后，霍光因为拥立之功，加封邑七千户，加上以前的封地一共两万户，他的儿子、侄子、女婿都在朝廷担任要职。皇帝对霍光十分尊敬，霍光每次朝见的时候，皇帝对他都谦恭有加；每次有军国要事，都先请霍光谈意见，之后又按照他的意见执行。一次宣帝到高庙祭祖，霍光跟皇帝乘坐同一辆车，皇帝心里十分害怕，竟然觉得如有刺在扎自己的背一样，成语"芒刺在背"即由此而来。

霍光在短短十余年间，辅佐了两个皇帝，废黜了一个皇帝，可谓权力遮天，功勋盖世。地节二年（前68年），霍光去世，于是就出现了文章开头的一幕。可是，霍光去世仅仅两年多，一场灭门大难便降临到了霍家头上。这场大难的导火索是几年前汉宣帝许皇后去世事件。

前文说过，许皇后是许广汉的女儿，是汉宣帝登基前娶的原配妻子，结婚一年后就生下了个儿子，就是后来的汉元帝。刘病已登基为帝后，许氏被立为婕妤。当时霍光有一个小女儿，大臣们都希望汉宣帝将其立为皇后。但是皇帝非常看重与许氏的贫贱夫妻之情，故意说要寻找以前的一把旧宝剑，大臣们知道了皇帝的意思，只好同意立许氏为皇后。

但是霍光的妻子显一直没有死心，为了让自己女儿当皇后，她竟然勾结女医淳于衍，毒死了已有身孕的许皇后。事发之后，有人上书告发皇后死因是御医投毒，显非常惊恐，将此事告诉了霍光。霍光知道后大惊，曾经想自首，但是又因为罪行实在重大，又是自己家人，最后心下不忍，后来商量此案的时候，霍光作出了不予追究的决定。而显终于也将自己的小女儿送入宫中成为皇后。

霍光死后，许皇后的儿子刘奭（shì）被立为太子，显知道后大怒道："这孩子是皇帝在民间生的，地位低贱，怎能立为太子？以后皇后如果有孩子，反而只能当王吗？"

于是她又让皇后设法毒死太子。皇后多次召见太子，赐给食物，但是每次太子的保姆都会先尝，皇后的阴谋没有得逞。

宣帝在民间的时候就知道霍家尊贵日久，飞扬跋扈，内心很是厌恶。

而霍光去世之后，霍家人不但没有收敛，反而更加嚣张。霍家家奴因为争道，竟然冲入御史府踢坏大门，最后御史只好向霍家家奴叩头谢罪才得以脱身。为了对付霍家，宣帝采取各种办法，将霍家人排挤出权力中心。觉察到这一点后，显和霍禹、霍山等每天相对哭泣，对皇帝渐生怨恨，于是有了造反的想法。

地节四年（前66年）七月，霍家谋反阴谋败露，霍禹被腰斩，霍家被灭族，霍光的女儿，当时的皇后也被废黜。霍家从极盛到败亡，命运的极度反转简直令人眼花缭乱。关于霍氏的败亡，司马光在《资治通鉴》中有一段精到的评论：

> 霍光之辅汉室，可谓忠矣；然卒不能庇其宗，何也？夫威福者，人君之器也。人臣执之，久而不归，鲜不及矣。以孝昭之明，十四而知上官桀之诈，固可以亲政矣，况孝宣十九即位，聪明刚毅，知民疾苦，而光久专大柄，不知避去，多置亲党，充塞朝廷，使人主蓄愤于上，吏民积怨于下，切齿侧目，待时而发，其得免于身幸矣，况子孙以骄侈趣之哉！虽然，向使孝宣专以禄秩赏赐富其子孙，使之食大县，奉朝请，亦足以报盛德矣；乃复任之以政，授之以兵，及事丛衅积，更加裁夺，遂至怨惧以生邪谋，岂徒霍氏之自祸哉？亦孝宣酝酿以成之也。

这段话大意是：霍光辅佐汉朝，可以说是很忠诚了。但是最后还是不能庇护他的家族，这是为什么呢？这是因为权力是只能由皇帝掌握的东西，可是这时候由大臣执掌，而且执掌了很久也不归还皇帝，很少有不因此招致祸患的。汉昭帝十分英明，十四岁就能识破上官桀的阴谋，本来就可以亲政了（但是霍光不归还权力）。汉宣帝十九岁即位，聪明刚毅，了解民间疾苦，可是霍光长久以来占据大位，不知道避让，还安置了很多亲党充斥朝廷，上面让皇帝愤恨，下面让吏民积怨，纷纷对其切齿侧目，等待时机爆发，霍光能够在生前免祸已经是幸运的了，更何况他的子孙骄奢淫逸，不知节制呢？

即便是这样，如果汉宣帝能够只以丰厚的俸禄赏赐霍家子孙，让他们拥有大县封邑，有事的时候来朝廷奉朝请，也可以报答霍光的盛德了。但是继续让霍光主政（宣帝即位后，霍光曾经请求辞去职位，遭到宣帝拒绝），给他兵权，等到事情繁多积怨累积，又对其权力进行削夺，最后导致霍氏怨恨恐惧而蓄谋造反，难道只是霍家自己招祸吗？其实也是汉宣帝酝酿而成的。

总结起来说，司马光认为霍家灭门的主要原因是：一、霍光长期掌控皇帝才能掌控的权力而不知退避，出来混，终究是要还的；二、霍家子孙利令智昏，胡作非为；三、汉宣帝欲擒故纵，故意让霍家先为非作歹，之后再秋后算账，这很像《左传》里郑庄公对付京城太叔的招数。

所以最后司马光长叹说：孝宣亦少恩哉！意思是说汉宣帝对霍家也太狠毒了！不过，在你死我活的权力游戏中，不管是霍家还是刘家，似乎也没有谁是忠厚的老实人。在这个故事中，唯一的亮点大概只能是冒死保护皇曾孙性命的丙吉了。

汉宣帝即位后，丙吉因为迎立有功，被赐爵关内侯。但是对曾经冒死保护当今皇帝，又在皇帝婴儿时期悉心照料他的这些事情丙吉从未对人提过，很多大臣都不知道，皇帝更是一无所知，直到一件事发生。

一天一个叫则的奴婢让她丈夫上书，说自己有养育皇帝的功绩，还说此事丙吉知道。丙吉见到她之后说："你当时就是因为养育皇曾孙不仔细而被我鞭挞，怎么有功？真正有功的是胡组和郭徵卿两个人！"

直到此时，皇帝才知道自己能活在世上，全是因为这位曾经的狱官冒着被族诛的危险保护了自己。汉宣帝十分感动，封丙吉为博阳侯，赐封邑一千三百户。丙吉后来担任了丞相。

古画中的丙吉问牛

丙吉为人宽厚，他担任丞相时，有一天他的车夫喝醉了，呕吐在他车上，手下想把这车夫斥退，丙吉说："因为喝酒而得罪，这个人以后还何以容身？请各位容忍他一下，不过就是把丞相车弄脏了而已。"

这个车夫本来是边境人，熟悉边境事务。后来，一天出行，他看见有边境使者来传递书信，于是尾随其后打听消息，得知是匈奴准备大举进犯边境。于是他预先回去通知丙吉。丙吉知道之后，召见有关官员，提前布置抗敌事宜。几天之后，皇帝召见丞相、御史，询问边境情况，丙吉因对答如流而被表扬，而御史却因不置一词而被斥责，这些都是车夫的功劳。丙吉长叹说："人没有什么不能被容忍的，每个人都有自己的长处，假如我没有得到车夫事先的提醒，怎么可能得到皇帝的慰勉呢？"

霍氏因为长期专权而招祸，丙吉因为善良宽厚而善终，这也算不同的人得到的不同的报应或者报答吧！

结局惨烈的司马迁外孙

——杨恽

不差钱的杨恽

在上一章中，我们曾经几次提到一个胆小怕事的人，他就是杨敞。

燕王刘旦与上官桀造反的时候，盖长公主的一个门客的父亲燕仓知道了他们的阴谋，火速告诉了当时还是大司农的杨敞，杨敞吓得不敢说话，索性托病请假；汉昭帝去世后，霍光想迎立昌邑王刘贺，跟杨敞商量此事，杨敞也是唯唯诺诺不敢提出任何意见；后来霍光想废掉昌邑王刘贺，让田延年去通知杨敞，杨敞此时已经是丞相了，但还是吓得汗流浃背不敢发言。

幸亏他妻子当机立断，说服杨敞支持霍光的决定，这才让他的家族免除了一场灭门之祸。这件事不由得让人对杨敞妻子的冷静清醒心生钦佩，这位奇女子到底是谁呢？她便是太史公司马迁的女儿司马英。

司马迁有两个女儿，其中一个嫁给了杨敞，生下两个儿子，大儿子杨忠和小儿子杨恽。司马英在史书中记载不多，但是如果没有她，很可能我们今天就读不到《史记》这部伟大的著作了。这是为什么呢？

司马迁写完《史记》后，知道在当时汉武帝还在位的情况下，这部书很可能是无法公开的。他在《报任安书》里说，他写了《史记》之后，把正本"藏之名山"，副本留在京城。一般认为，"藏之名山"其实就是收藏在国家图书馆，副本在京师就是收藏在家里，由家人传下去。

《汉书·杨恽传》里说，杨恽小时候就开始读外祖父的《史记》，这也为他接受教育打下了基础，因此在长安的公侯子弟中杨恽"以材能称"。他喜欢交结英俊诸儒，在朝廷很有名望，被提拔为左曹。司马迁死后，他的书渐渐开始在私下流传。但是《史记》这部著作真正被公之于世，还是宣帝即位后，杨恽向朝廷献上了此书。也因为这样，这部伟大的著作开始得以真正的传播，并且一直流传到今天。

而杨恽的真正发迹还是与霍氏有关。与他父亲的胆小怕事不同，杨恽似乎遗传了他外公和母亲的大胆泼辣。霍光死后，霍氏谋反，杨恽得知消息，马上通过侍中金安上报告了朝廷。皇帝得知消息后，召见杨恽询问详情。霍氏被灭门之后，杨恽和其他告发霍氏的五个人都被封侯，杨恽被封为平通侯，升迁为中郎将。

杨恽在中郎将任期中表现出了他超出一般人的才能，改变了当时郎官贿赂公行的弊病，而他自己也以清正廉洁闻名。杨恽的廉洁并不是伪装出来的，他不缺钱，而且根本不把钱当一回事。

杨敞去世的时候留给杨恽五百万钱遗产，杨恽封侯的时候把这五百万全部分给了宗族；杨恽生母司马英去世早，后来杨敞又娶了个后妻，这个后妻没有生下儿子，她去世的时候，也给杨恽留下了数百万财产，而杨恽全部分给了后母的兄弟们；后来他又得到上千万的财产，他仍然如法炮制，散给了亲朋宗族。杨恽也因轻财好义而闻名于世。

然而杨恽有个致命的毛病，就是喜欢揭别人的短。他以告密起家，封侯之后这个毛病似乎也没有改。跟他同列的人如果得罪了他，他一定会想办法打别人小报告，甚至置人于死地，这让他得罪了很多人，也成为他后来败落的重要原因。

杨恽的败落与太仆戴长乐有直接关系。戴长乐出身寒微，是宣帝在民间时认识的朋友，宣帝即位后将他提拔入朝，所以这个人很可能是个没怎么见过世面的土老帽。有一年皇帝要去祭拜宗庙，这样严肃的事情一般要先彩排，于是就让戴长乐在彩排时当皇帝的替身。这让戴长乐非常兴奋，回来后到处吹嘘："皇帝亲自见我给我下诏书，我坐的是皇帝的御车，秺侯①金日磾也只能给我驾车！"

其实这不过是乡下土包子突然被重用之后的得意妄言，但偏偏就有人把这话捅到了朝廷上，说戴长乐"非所宜言"，就是说了不该说的话。事情闹得很大，廷尉专门审理此事。戴长乐想来想去，根据平时的了解，打自己小报告的只可能是杨恽，于是他决定复仇。

戴长乐的复仇方法很简单：以其人之道还治其人之身。你打我小报告，我也揭发你的隐私。于是他上书告发杨恽，罪名很多，大致有如下几条：

一、高昌侯的车曾经撞在北掖门上，杨恽对富平侯张延寿说："以前也有牛车撞在宫门上，结果昭帝就驾崩了。现在又发生这样的事情，这是天意，不是人力所能改变的。"

二、左冯翊韩延寿有罪下狱，杨恽上书为他鸣冤。郎中丘常对杨恽说："听说您为韩延寿鸣冤，他能够保命吗？"杨恽说："事情哪里有这么容易！这年头正直的人总是没法保全！我都不能自保，就像谚语说的衔着大东西的老鼠没法在巢穴里安身一样。"

三、此前匈奴单于要入朝拜见，杨恽扬言说："单于得到汉朝的美食和好东西竟然说难吃难看，所以单于肯定不会来朝见。"

---

① 秺侯：金日磾的封号。秺地名，音杜。

四、杨恽曾经在西阁上看古代帝王的画像，指着桀纣的画像对乐昌侯王武说："天子经过这里，详细问他们的过错，就可以得到教诲了。"画像中明明有尧舜等明君，他却要拿桀纣举例子，大逆不道。

五、杨恽听说匈奴单于被杀，说："这是个无能的君主。大臣为他筹划了很好的计策却不能使用，导致他身首异处，这就像秦朝只重用小人，杀害忠良，导致灭亡一样。现在朝廷任用的那些大臣其实也没有区别，古今的君主都是一丘之貉。"

六、杨恽还对戴长乐说："正月以来，天阴不下雨，这是《春秋》记载过，夏侯君曾经提到过的（古人认为天阴不下雨可能是臣下谋反的预兆），皇上今年肯定没法去河东祭拜后土祠庙了。"这是拿皇帝开玩笑，实属悖逆无道。

戴长乐对杨恽的指控几乎每条都足以让他丢官甚至丢命。第一条暗示皇帝要驾崩，第二条讽刺朝臣都是小人，第三条妄议朝廷大事，第四条讽刺皇帝无道，第五条将当今圣上与史上昏君类比，第六条暗示朝臣将造反……可以说杨恽的这些罪状不仅让皇帝震怒，也让朝臣怒气冲天。杨恽真的大祸临头了。

皇帝让廷尉于定国审理此案，于定国上奏说：杨恽案件人证、物证齐全，但是杨恽却不认罪。于定国还汇报了杨恽新的罪行：图谋串供。据于定国说，杨恽曾经找到一个叫尊的户将（官名），让他带话给富平侯张延寿，说："戴长乐告发我杨恽重罪，我死在旦夕。我与您是儿女亲家，希望您出来作证，说当时说话的就我们三个人，但是您没有听到我说这样的话，这样戴长乐的指控就不攻自破了。"谁知道这个叫尊的户将却拒绝了杨恽的请求。杨恽大怒，挥舞着大刀威胁尊说："托富平侯的福，我眼看就要被灭族了！你不许泄露我说的话，否则戴长乐听到会变本加厉地整我！"

前面的罪还没说清楚，现在又加上图谋串供和威胁证人，杨恽真的是山穷水尽了。于定国上奏皇帝：杨恽身为九卿宿卫重臣，深得皇帝信任，参与国家大事，但是他不仅不竭忠尽智，反而妄怀怨恨，出言无状，大逆不道，应该判处死刑。

可能是汉宣帝念及杨恽揭发霍氏造反有功，又是去世的丞相杨敞的儿子，于是网开一面，下诏将杨恽和戴长乐都免为庶人。

要命的一封信

杨恽失去了爵位，带着老婆孩子回到家乡。这个人聪明绝顶，虽然没官做了，但是他改行开始做生意，也非常成功，不久就盖起豪宅，过起了锦衣玉食的生活。一年多以后，他的朋友安定太守孙会宗觉得杨恽的做派实在不妥，便写了封信劝告他，说大臣被废，退守家园，应该闭门思过，表现出诚惶诚恐的样子，不应该大张旗鼓置办产业，交结宾客，获取称誉。

杨恽是丞相的儿子，从小就心高气傲，在朝廷享有盛誉。一夜之间因为言语无状被削官为民，心里本来就是一肚子不满，接到孙会宗的信，他更是气不打一处来，便写了封回信，这就是有名的《报孙会宗书》。

多年前，杨恽的外公司马迁也遇到过类似的情况。他因为替李陵辩护而被下蚕室受腐刑，心怀悲怆，这时候他的朋友任安却写信劝他要尽忠职守，推贤进士，因此他写了那封著名的《报任安书》。杨恽的《报孙会宗书》与他外公的《报任安书》非常相似，可以猜想很可能他是受了外公的影响。两封信的开头都是表面自谦，说自己罪行深重，然而皇帝慈悲为怀，饶了自己性命，所以现在才过着这样的生活。

不同的是杨恽出身豪门，他的回忆更多了对家门兴盛时的怀想：当我家兴盛的时候，乘坐朱轮车（两千石以上官员）的就有十个，地位在列卿之列，也被拜为侯爵，总领百官，参与政事。我在那时候都没能为皇上尽忠效力……后来因为被谗言指责，乃至于身陷囹圄。……现在想来，我的品行已经有了亏缺，只能此生做农夫了此残生了。所以我带领妻子孩子，努力务农，浇灌田园，治理产业，为公家纳税，我没想到这也能成为我的罪状。

而真正给杨恽带来灭顶之灾的是这封信后面的这一部分：

> 夫人情所不能止者，圣人弗禁。故君父至尊亲，送其终也，有时而既。臣之得罪，已三年矣。田家作苦，岁时伏腊，烹羊炰羔，斗酒自劳。家本秦也，能为秦声。妇赵女也，雅善鼓瑟。奴婢歌者数人，酒后耳热，仰天抚缶而呼乌乌。其诗曰："田彼南山，芜秽不治。种一顷豆，落而为萁。人生行乐耳，须富贵何时？"是日也，拂衣而喜，奋袖低昂，顿足起舞；诚淫荒无度，不知其不可也。恽幸有余禄，方籴贱贩贵，逐什一之利。此贾竖之事，污辱之处，恽亲行之。下流之人，众毁所归，不寒而栗。虽雅知恽者，犹随风而靡，尚何称誉之有？董生不云乎："明明求仁义，常恐不能化民者，卿大夫之意也。明明求财利，常恐困乏者，庶人之事也。"故道不同，不相为谋，今子尚安得以卿大夫之制而责仆哉！

翻译过来意思就是：人的感情所不能限制的事情，圣人也不加以禁止。所以即使是为最尊贵的君王和最亲近的双亲送终服丧，也有结束的时候。我得罪以来，已经三年了。种田人家劳作辛苦，一年中遇上伏日、腊日的祭祀，就烹煮羊肉烤炙羊羔，斟上一壶酒自我慰劳一番。我的老家本在秦地，因此我善于秦地的乐器。妻子是赵地的女子，平素擅长弹瑟。奴婢中也有几个会唱歌的。喝酒以后耳根发热，昂首面对苍天，信手敲击瓦缶，按着节拍呜呜呼唱。歌词是："在南山上种田辛勤，荆棘野草多得没法除清。种下了一顷地的豆子，只收获一片无用的豆茎。人生还是及时行乐吧，等享富贵谁知要到什么时候！"碰上这样的日子，我兴奋得挥舞衣袖，两脚使劲蹬地，任意起舞，的确是纵情玩乐而不加节制，但我不懂这有什么过错。我幸而还有积余的俸禄，正经营着贱买贵卖的生意，追求那十分之一的薄利。这是君子不屑，而只有商人才干的事情，我却亲自去做了这备受轻视的耻辱之事。

地位卑贱的人，是众人诽谤的对象，我常因此不寒而栗。即使是素来了解我的人，尚且随风而倒讥刺我，哪里还会有人来称颂我呢？董仲舒不是说过："急急忙忙地求仁求义，常担心不能用仁义感化百姓，这是卿大夫的心意。急急忙忙地求财求利，常担心贫困匮乏，这是平民百姓的事情。"所以道路不同的人互相之间没有什么好商量的。现在你怎能还用卿大夫的要求来责备我呢！

而也就是这一段，最后导致了杨恽的悲剧结局。据说后来宣帝看到这里时大怒，下诏判处杨恽腰斩。

为什么宣帝看到这里会龙颜大怒？张晏煞有介事地对此进行了一番解读，他说：

> 山高而在阳，人君之象也。芜秽而不治，言朝廷之荒乱也。一顷百亩，以喻百官也。言豆者，贞实之物，当在困仓，零落在野，喻己见放弃也。萁曲而不直，言朝臣皆谄谀也……

张晏认为，杨恽之所以触怒皇帝，是因为他唱的那首歌实在是大逆不道。张晏认为高山的南面象征的是皇帝，这里长满野草，象征朝廷荒乱，一顷田合一百亩，象征朝廷百官。豆子应该放在粮仓里，结果零落在荒野，是象征自己被放逐，豆子的茎弯弯曲曲，象征朝廷百官都是阿谀奉承的小人。

张晏的解读更像他一厢情愿的牵强附会。其实，要触怒皇帝哪里用得着这么高的智商！杨恽的悲剧归结起来只有两个字：态度。

易中天先生曾说：中国人处理问题的时候经常问态度不问事实，问动机不问是非，问亲疏不问道理。这话说得一点都不错。

小时候我曾经遭遇霸凌，当我和霸凌者被带到老师面前时，我满以为老师会主持公道，便毫无顾忌地声讨对方的过错，结果常常是老师不问是非黑白，各打五十大板了事。遇到这种情况，我总是觉得无比委屈，于是在言语中表露出对老师的不满。每到此时，老师总会说同一句话："你这是什么态度？"

在老师看来，事情的真相并不重要，你们打架（或者有人被打）就已经给老师制造了麻烦。这时候应该做的就是态度"诚恳"地向老师承认错误，而不是梗着脖子声称自己毫无过错。小时候不懂事，哪里明白这道理，所以到后来经常是霸凌的被原谅了，被霸凌的却要写检讨承认错误。其实，这道理现在我也不明白，就像杨恽一样。

孙会宗是很清楚这个道理的，他也是出于一番好意，劝告杨恽被废黜之后至少表面上应该装出悔恨无比，愿意痛改前非的样子，可是杨恽并不领情，不仅如此，他还把好意劝告自己的孙会宗讥讽了一番：

夫西河魏土，文侯所兴，有段干木、田子方之遗风，凛然皆有节概，知去就之分。顷者足下离旧土，临安定，安定山谷之间，昆戎旧壤，子弟贪鄙，岂习俗之移人哉？于今乃睹子之志矣！

翻译过来就是：你的家乡西河郡原是魏国的所在地，魏文侯在那里兴起大业，还存在段干木、田子方留下的好风尚，他们两位都有高远的志向和气节，懂得去留和仕隐的抉择。近来你离开了故乡，去到安定郡任太守。安定郡地处山谷中间，是昆夷族人的家乡，那里的人贪婪卑鄙，难道是当地的风俗习惯改变了你的品性吗？直到现在我才看清了你的志向！

司马迁写完《报任安书》后，似乎很快就从历史中消失了，从此再没有关于他的一点记载。有人认为，很可能是他的《太史公书》和《报任安书》触怒了汉武帝，司马迁最后的结局很可能是被汉武帝处死了。借着《报孙会宗书》，杨恽算是过足了嘴瘾，狠狠发泄了自己的一肚子闷气，不过和他外公一样，这封信也给他带来了灭顶之灾。

这封信怎么会传到宣帝的手里呢？这与杨恽另一件因言招祸的事情有关。

杨恽的侄子杨谭担任典属国，有一次他劝说杨恽："西河太守杜延年以前也曾因有罪被废黜，现在又被征回朝廷担任御史大夫，您的罪过比他还小些，又曾经立功，朝廷肯定会重新起用您。"

杨恽说："有功又怎么样？这个朝廷根本不值得我为之效力。"

杨恽向来与盖宽饶和韩延寿交好，杨谭听到这话就顺势说："您说得也对，盖宽饶、韩延寿都是尽忠朝廷的官员，结果都因为犯罪被诛杀了。"

这时候正好发生了日食，古人认为日食是上天对君主的警告，每当日食发生的时候，皇帝就会脱下皇袍，素服避正殿，有时候还要斋戒表示悔罪。当然君主一般不愿意承认是自己治理出了问题，最好的办法就是找个背锅侠。

于是有个养马的官员就上书告发杨恽，说他骄奢不悔过，之所以发生日食，就是杨恽导致的。有人为皇帝背锅，当然再好不过，于是宣帝下诏廷尉审理此案，这样就搜出了杨恽写的《报孙会宗书》，宣帝读后大怒，廷尉判处杨恽腰斩，他的妻子儿女发配敦煌。杨谭因为不劝谏杨恽，还一起发牢骚，被免为庶人，一些平时与杨恽交好的人也被免官。

从严格意义上说，杨恽当然不是纯洁无辜的。他本来就喜欢揭人隐私，以告密起家，官至九卿，盛极一时；最后也因被告密而被废黜，惨遭腰斩酷刑。杨恽不是第一个因言获罪的。且不说秦始皇的焚书坑儒和汉武帝时期的"腹诽"案，在他之前的盖宽饶就因为言论获罪而被杀；杨恽也不是最后一个，因为从这之后，中国的文字狱就花样翻新，层出不穷，历代不绝，到明清时更是登峰造极。而文人的风骨也在这接连不断的告密与被告密中荡然无存。

杨恽的案件在当时引起了很大反响，有人认为对杨恽这种被废黜后居然敢心怀不满的大臣必须从严惩处，他的悲惨结局是咎由自取；有的人则认为汉宣帝过于小题大做，对待没有明显过错的杨恽太严酷了些。持后一种态度的就包括当时的太子。

太子刘奭是宣帝跟结发妻子许平君的儿子，向来受到宣帝的宠爱，但是有一次太子在他爹跟前碰了一鼻子灰。

因为盖宽饶和杨恽案件，太子觉得皇帝过于严苛，因此有一次劝谏皇帝："陛下太重视刑罚，我觉得应该重用儒生。"

谁知道他老子白了他一眼，严厉地说："我们大汉王朝本来就有自己的法度，加入了霸王之道，为何要崇尚儒术？"

众所周知，"罢黜百家，独尊儒术"是汉武帝时代制定的基本国策，太子怎么也想不到，自己遵循这国策居然遭到这样的斥责。而且宣帝还没解气，继续说："那些儒生不懂时变，就喜欢是古非今，拿来有什么用！"

从此宣帝对太子便有些失望，认为："以后扰乱我家天下的一定是太子！"甚至因此一度想废太子，立淮阳王为嗣，说："淮阳王聪明，爱好以法家思想治理国家，这才是我的儿子！"

　　幸好太子母亲是与皇帝共患难的许平君。许平君没过上几天好日子就被霍显毒死了，宣帝对这个结发妻子情深义重，最后才没有废太子。

　　黄龙元年（前49年），汉宣帝病死，太子即位，是为汉元帝。

权力剪刀石头布
——儒臣与宦官、外戚之争

宣帝谢幕

　　汉宣帝病危的时候，召见了几个大臣，他们是：乐陵侯史高、太子太傅萧望之、太子少傅周堪。三人被引至宣帝病榻前，宣帝拜史高为大司马、车骑将军；萧望之为前将军、光禄勋；周堪为光禄大夫。三人都接受了遗诏辅政，并负责尚书事宜。这年冬天，宣帝就驾崩了。

　　三位辅政大臣中，史高是宣帝祖母史良娣的弟弟史恭的儿子，算起来是宣帝的表叔，属于外戚集团；萧望之和周堪则都是儒生，此前他们都是东宫的官署，属于太子的亲信，他们的上台，也意味着崇尚儒术的太子似乎要改变他父亲以法家治国的思想，代之以儒臣理政了。

　　萧望之和周堪两人当中，萧望之的经历算是比较曲折的。萧望之，字长倩，他家世代都是农夫。萧望之十分好学，跟着同县一个叫后仓的人学习了近十年，后来又跟名儒夏侯胜学习《论语》《礼·服》，京师的学者都称赞他学识渊博。

　　之前霍光上台时，长史丙吉推荐了王仲翁、萧望之等一批儒生，霍光下令召见。当时上官桀、燕王谋害霍光的阴谋败露，霍光诛杀了他们，同时也开始重视自己的安全问题，出入都有卫士戒备，拜见霍光的人必须搜身除去兵器，然后由两个官吏挟持着进见。其他人都乖乖服从，只有萧望之不干，当即退出门说："我不见了！"

可大将军怎么是你想见就见，想不见就不见的，门口的官吏抓住萧望之，一时间吵成一团。霍光听到之后，让官吏不必挟持，允许萧望之进见。萧望之上前说："将军凭借功德辅佐幼主，是想让四方蒙受太平之化，以期国泰民安，也因为此，天下士人伸长脖子踮起脚尖希望效力于将军。现在士人见将军都必须被搜身还要被挟持，这恐怕不是周公辅成王吐哺握发招纳寒微贤士的做法。"

霍光听了萧望之的话没有回答，但是到最后他唯独没给萧望之授官。过了三年，一起来的王仲翁都做了大官了，萧望之才当了一个门卫。王仲翁嘲笑他说："你不愿碌碌无为，结果反倒混成了看门的。"

萧望之淡定回答："各从其志，人各有志罢了。"

霍光去世后，他的儿子霍禹继续担任大司马，侄子霍山担任尚书，霍氏依然权倾天下。地节三年（前67年），京师下了冰雹，萧望之上书请求见皇帝对灾异进行解释。他引经据典，得出结论，冰雹的出现，是权臣专权导致的，并请求皇帝能够亲政。这正中皇帝下怀，萧望之被拜为谒者，备皇帝顾问。之后不久，霍氏因为谋反被灭族，萧望之因为有先见之明，越发被皇帝信任，几乎一度成为丞相。后来因为与其他大臣有矛盾，萧望之又被排挤出权力中心，贬为太子太傅。

被贬后，萧望之承担起了太子老师的责任，教太子读《论语》《礼·服》等儒家经典，太子倾向于儒学，应该也是受了萧望之的影响。

宣帝去世后，太子即位，萧望之成为辅政大臣，和太子一样，他希望革除宣帝时期的一些弊政，按照自己的政治理想重塑大汉朝廷。为了壮大己方的力量，萧望之向皇帝推荐了刘更生，让他当侍中。刘更生后来改名刘向，他就是《战国策》的编写者。

萧望之新官上任准备大展宏图，他烧的第一把火，便是针对掌权的宦官。此前宣帝不喜欢儒术，而是倾向于用法家思想治国，当政期间，宦官掌管中书，权力极大。其中最重要的两个宦官就是弘恭和石显。这两个人精于政事，而且与外戚史高结成了同盟，儒臣出身的萧望之和周堪经常没有存在感。

萧望之决定改变这种状况。他上书说中书是政治根本，以前武帝经常待在后宫，所以才任用宦官处理政事，这样做不合古例，现在应该改过来，任用士人。汉元帝对萧望之这位老师十分尊崇，但是他自己又是个犹豫不决的人。虽然觉得萧望之说得有理，但是自己刚刚即位便改变先皇制度，又有些为难，因此迟迟不动手。而萧望之动了宦官的奶酪，弘恭、石显可不会犹豫不决，他们决定寻找机会反击。这个机会很快便来了。

当时刚上任的萧望之、周堪频频推荐儒生为谏官，有个叫郑朋的看见机会来了，便想依附萧望之。郑朋是个不折不扣的投机分子，他给萧望之上书，告发史高贪污受贿，还揭发外戚许家、史家的罪过。周堪看了奏章后，让郑朋待诏金马门。郑朋给萧望之上书说："将军现在是只想当管仲、晏婴那样的贤相呢，还是想像周公、召公那样辅佐王室做一番大事业呢？如果只想像管仲、晏婴一样，那我就回老家种田颐养天年；如果想像周公、召公一样，我就希望能够为大人竭忠尽智。"

这番吹破天的牛皮居然让萧望之很受用，他接见了郑朋，把他当作心腹，而郑朋也到处称赞萧望之，大骂许家和史家两外戚。然而不久萧望之便发现郑朋不过是个反复无常的小人，与他断绝了往来，而这竟成为萧望之覆灭的开始。萧望之不明白"宁得罪君子，不得罪小人"的道理。君子有底线，不会做过分的事情；而没底线的小人，他能做什么只有天知道了。

郑朋知道自己被萧望之摒弃，大怒，他反戈一击转而投向许史两家外戚。但是此前他不是一直在痛骂两家外戚吗？郑朋自然有解释："这些话都是周堪和刘更生教我的，我是关东人，怎么知道朝廷的这些掌故？"

郑朋成功改换门庭，从新主人家里出来，他扬扬得意地说："我向大人揭发了萧望之五条小罪，一条大罪，中书令（石显）就在旁边，我说的他都知道。"

有了郑朋的证词，弘恭和石显马上告发了萧望之，说他想罢免车骑将军史高，并迫害许、史两家外戚。宦官上奏说："萧望之诬陷大臣，离间外戚，妄想专权，为臣不忠，诬陷皇帝不道，请谒者招致廷尉。"

"谒者招致廷尉"是汉代宫廷的惯用语，意思是逮捕下狱。当时元帝刚刚即位，竟然不知道这话的意思，以为只是让廷尉去调查，便同意了。于是周堪和刘更生都被捕下狱了。

过了几天，皇帝想召见周堪和刘更生，手下回答："在监狱里。"

元帝大惊，急忙问："'招致廷尉'意思不是只让廷尉审问一下吗？"

便斥责弘恭和石显，两人叩头谢罪。元帝命令说："让他们马上出狱上朝！"弘恭和石显让史高对皇帝说："陛下刚刚即位，还没有用德化闻于天下，却先开始审理师傅。现在把九卿官员逮捕下狱，（为保住朝廷的面子）应该趁势决定赦免。"

于是元帝下诏赦免萧望之的罪，但是免去了他前将军之职，周堪、刘更生都被贬为庶人。儒臣集团与宦官、外戚集团的第一次较量，以儒臣的惨败而告终。

萧望之被罢免后，元帝似乎也意识到自己被弘恭、石显等套路了，于是决定重整旗鼓，让萧望之再次入朝。几个月后，元帝下诏赐萧望之爵关内侯，任命为给事中。之后元帝又征周堪、刘更生入朝，想任命他们为谏大夫，还希望拜萧望之为相。一时间，萧望之等人东山再起的希望似乎近在眼前。然而，这来之不易的希望却因为他们过于急切而幼稚的举动瞬间化为泡影。

首先惹祸的是刘更生，他让自己的亲戚上奏章，说最近发生的地震是因为弘恭、石显和史高三人，请求罢黜他们，任用萧望之等人。可惜刘更生幼稚的小把戏被石显等人看穿了，他们上书称奏章有诈，请求审问，果然一审之下，那个亲戚招认自己是受刘更生指使，于是刘更生再次被捕下狱，又一次被贬为庶人。

而更糟糕的是，萧望之的儿子散骑中郎萧伋竟然马上捡起这着，也向朝廷上书为自己的爹辩冤，这猪队友简直是撞在枪口上了。朝廷怎么可能承认此前的决定是错误的。不出所料，有司声称萧望之此前的案子事实清楚，罪行明白，无可辩驳。萧望之怂恿儿子上书，不顾大臣体统，是对皇帝不敬，应予以逮捕。

萧望之的死

弘恭和石显对萧望之的性格很了解，知道这个人是宁折不弯，宁死也绝对不愿受辱。因此故意劝说元帝，让他同意逮捕萧望之。元帝有些顾虑："太傅性格向来刚烈，怎么可能跟着官吏乖乖入狱？"

石显说："性命还是很重要的。萧望之的罪过只是言语不当，不算大罪，一定不会有意外。"

元帝听说之后，同意了上奏。得到了皇帝的许可，石显等马上布置人马围住了萧望之的宅邸，使者进门召萧望之。萧望之想自杀，他的妻子上前阻止；萧望之转而问自己的学生朱云，朱云是个热血青年，看重节义，便劝萧望之自杀。萧望之仰天长叹："我曾经担任将相，年过六十，老人进监狱以求苟活，难道不是太鄙贱吗？"他称呼朱云的字说："游，赶快给我配好毒药，不要让我久等！"萧望之就这样服毒自杀了。

元帝得知消息后大惊说："我就怀疑他不会入狱，这下果然杀了我的好老师！"

元帝气得饭也吃不下，把弘恭和石显召来大骂，两人免冠叩头谢罪。但然后呢？然后就没有然后了。

司马光说："汉元帝当这个皇帝，容易被哄骗又不易觉醒，简直跟白痴一样！"弘恭和石显简直把元帝当成三岁小孩耍弄，此前骗皇帝把三人全部免官，现在骗皇帝逼萧望之自杀。汉元帝曾是萧望之多年的学生，可是他对老师的了解甚至不如两个自小就待在深宫里的宦官。而萧望之自杀后，宦官仅仅是免冠叩头谢罪就得以轻松脱罪，皇帝没有任何动作。司马光说："如此，则奸臣安所惩乎！"

汉代中后期，权力始终在儒臣、外戚和宦官之间风水轮流转，三方势力时而联合，时而分裂，乱哄哄你方唱罢我方登场。根据史书的记载，很容易让人得出结论：汉元帝时期是汉代统治的转折点，就像安史之乱是唐朝由盛转衰的转折点，而这个转折点的标志，很大程度上就是萧望之等儒臣被废被杀。

史书一直在暗示我们，只有儒臣掌权才能保证国家太平无事长治久安，如果权力转到外戚或者宦官手里，国家就一定会出问题，这也是史家解释西汉和东汉灭亡原因的路径依赖——前者亡于外戚，后者亡于宦官。

但是我们也要注意两个问题：第一，史书都是儒臣士大夫编写的，士大夫们对于生理上被阉割的宦官有着天然的仇恨，对靠家族女性与皇室联姻而上位的外戚也有发自内心的轻蔑，他们的史观不可能不受其影响；第二，西汉之后，儒家思想成为权威，"普天之下，莫非王土。率土之滨，莫非王臣"，即便是宦官和外戚，对其影响最深的依然是儒家思想，更不必说部分宦官、外戚在儒学上的修为可能也很深，甚至不亚于士大夫。因此，这种简单凭身份来划定人阶层的观点可能是有问题的，至少是简单粗暴的。

而元帝时期这场争斗也暴露了萧望之等儒臣最致命的弱点。政治要讲求妥协，而中国的士大夫阶层恰恰是最不会妥协的。士大夫有一种宏大而可笑的使命感，他们相信自己的使命是"为天地立心，为生民立命，为往圣继绝学，为万世开太平"，凡是与自己的目的相违背的都是自己的敌人，必须毫不犹豫地铲除。

萧望之等人下马伊始便迫不及待地对外戚和宦官开火，结果准备不足引火烧身，最后身败名裂，可以说这是很多士大夫共同的灭亡轨迹。而在面临绝境的时候，士大夫们很容易有一种崇高的悲壮情怀和殉道意识，即在自己处在弱势的情况下，他们会在崇高圣光的感召下对敌人发起最后的自杀性攻击，然后在崇高的神圣感中享受自己的灭亡。党锢之祸中的清流如此，南宋士大夫如此，东林党亦如此。

所以，西汉末期元帝时的政局变化，未必如史家们所说是宦官、外戚集团对士大夫集团的迫害，也未必是西汉走向衰落的转折点。儒臣、外戚、宦官不过是权力场中的剪刀石头布，乱哄哄你方唱罢我方登场而已。

真正导致西汉衰落的并不是弘恭或者石显的得势，也不是后来丁、傅两位太后的崛起，甚至不是王莽的出现，而是万世一系的专制政权经常出现的权力平衡中的失衡。这就像杂技演员走钢丝，这种失衡更容易在元帝这种即位不久、经验欠缺的皇帝身上出现，如果运气不好，皇帝在失衡之后不能及时回归平衡而让一家独大，也就提前为王朝的覆灭敲响了丧钟。

蓝颜祸水和红颜祸水

——皇帝的最佳背锅侠

蓝颜祸水——西汉皇帝的男宠们

成帝刘骜当太子的时候，颇得皇帝欢心。成帝的母亲就是有名的王政君，西汉待机时间最长的皇太后。成帝出生的时候，父亲元帝刘奭还是太子，当时的皇帝宣帝十分喜爱这个孙子，叫他太孙，经常把他带在身边。

上文说过，宣帝对太子刘奭并不满意，甚至动过废太子的念头，但是很大程度上是这个孙子很得自己欢心，所以最后才没有废掉太子。从这个角度说，刘奭能够当上皇帝，跟这个婴儿是有很大关系的（宣帝去世的时候刘骜只有三岁）。元帝即位之后，刘骜就被立为太子。

刘骜长大之后，喜欢读经书，史书说他宽博谨慎。有一次皇帝紧急召见他，太子从龙楼门出来，最短的路径是跨越驰道（皇帝的专用车道）直接入宫，但是太子不敢逾礼，竟然顺着驰道一直走到尽头才转身入宫。元帝奇怪他为什么来得这么迟，太子禀报了实情。皇帝十分高兴，并且下诏，规定太子可以跨越驰道。

但是随着时间推移，太子渐渐长残了，他沉迷宴饮、好色无度，渐渐失去了元帝的欢心。这时候元帝的另一个儿子定陶恭王以才能闻名，他母亲傅昭仪也很受宠，元帝几次想废太子，但是大臣史丹竭尽全力为太子说话，而且先帝也十分喜欢太子，所以耳根子软的元帝最后没有废掉太子。

竟宁元年（前 33 年），汉元帝在未央宫病故，太子即位，是为汉成帝。

终登大宝的汉成帝现在可以放飞自我了。他经常带着一帮亲信偷偷溜出皇宫，到民间微服出行。这可不是有些古装剧中的了解民情，完全是皇帝想过一把无拘无束、自由自在的瘾。微服出游时，当有人问起，成帝经常自称是富平侯的家人。

这个富平侯是谁？为什么皇帝自称是他家人？晋代左思曾写过一首《咏史》，里面有两句："金张藉旧业，七叶珥汉貂。"意思是西汉的时候金氏家族和张氏家族凭借祖先的功业，连续几代都在朝为重臣，享尽荣华富贵。这里的金氏家族指的是金日磾家族，而张氏家族指的是张汤、张安世家族。

张汤是汉武帝时候的酷吏，有人认为他是汉初留侯张良的后裔。张汤因为心狠手辣很得武帝欢心。虽然他最后被朱买臣诬陷自杀，但是他死后家族一直兴盛，他儿子张安世后来官至大司马，位列"麒麟阁十一功臣"，被封富平县侯。

张安世的长子叫张千秋，与霍光的儿子霍禹都任中郎将。有一年他们一起随军攻打乌桓，回国之后拜谒大将军霍光。霍光就询问张千秋此次作战的方略和途经的山川形势，张千秋应答如流，同时在地上画地图标示，没有一点遗忘。霍光之后问霍禹，霍禹却一点也记不起来，只好找借口说："这些都有文书记载。"霍光因此觉得张千秋的才能远在自己儿子之上，长叹说："霍氏很快要衰落了，张氏却要一直兴盛了。"

霍光的判断十分准确，他去世两年后，霍氏就被灭族，而张安世去世后，张氏家族却兴盛不衰。《汉书》说："汉兴以来，侯者百数，保国持宠，未有若富平侯者也。"张安世的曾孙张临娶了宣帝刘询的女儿敬武公主，被封驸马都尉。张临与敬武公主生了个儿子叫张放，成帝自称富平侯家人，这个富平侯指的就是张放。

史书记载张放容颜俊美，开朗聪慧，又是皇亲国戚，因此与成帝交往密切，很快就成了皇帝的男宠。两个人一同卧起，形影不离，"宠爱殊绝"。为了表达对张放的宠爱，成帝特意为张放安排了一门好亲事，让他娶了许皇后的弟弟，也就是自己的小舅子平恩侯许嘉的女儿。为了张放的婚事，成帝可以说操碎了心，简直就像自己儿子娶媳妇一样。他亲自操办婚事，赐给张放和新娘子豪宅，又将皇帝的车马服饰等赐给小两口，这门盛极一时的婚事被当时的人们称为"天子娶妇，皇后嫁女"。

西汉的皇帝有一个共同点，就是几乎每个皇帝都有男宠。中国古代对这方面似乎也比较宽容。《汉书》就说："柔曼之倾意，非独女德，盖亦有男色焉。"意思是：说起温柔可爱，小鸟依人，这不是女子的专利，很多男子在这一点上也做得很不错。

从开国皇帝刘邦起，几乎每个皇帝都有几个男宠，比如刘邦的男宠籍孺，惠帝刘盈的男宠闳孺，文帝的男宠邓通，武帝的男宠韩嫣、李延年等，成帝的父亲元帝也有男宠，就是权倾一时的宦官弘恭和石显。所以在汉代，皇帝有几个蓝颜知己实在不是什么大事。但是如果男宠被过分宠爱，对其他人形成了威胁就是另外一回事了。

首先感受到威胁的是皇帝的外戚。纵观整个汉朝，外戚、宦官与儒臣之间的争斗从来就没有停止过，三方争权夺利、互相倾轧，此消彼长、互不相让，是朝廷中最强大的三种势力。三种势力都不是一个人战斗，而是都有强大的势力背景和实力支持，任何对他们权力构成威胁的人或者集团都会被盯上然后设法铲除。

相比之下，张放这样的男宠虽然深得皇帝的宠爱，但是毕竟势单力薄，而且这种男宠一般都没有什么能力，一旦被盯上，被扳倒几乎是没有悬念的事。

首先对张放不满的是皇帝的舅舅们，也就是外戚集团。他们背后的靠山，就是西汉待机时间最长的太后——王政君，也就是皇帝的母亲。

王政君很不满皇帝年纪轻轻就纵情玩乐，没有一个皇帝的样子。和所有的母亲一样，她认为自己的儿子本质是纯洁美好的，只是被身边的坏人带坏了，这个坏人当然就是张放。加上成帝即位后，多次出现灾异，大家理所当然地把灾异的原因归咎在张放身上。面对共同的敌人，儒臣集团与外戚集团马上结成了同盟，丞相和御史大夫随即上书声讨张放的罪行，说他"骄蹇纵恣，奢淫不制"，并列举了如下罪状：

其一，此前朝廷官吏到张放家捉拿贼人，张放明明在家却不出来见使者，手下奴仆在门口用弓弩向使者射击，不让他们进门。

其二，有个叫李游君的人，女儿长得很美，他想献入宫中。张放让人去强求，李游君拒绝。张放就唆使手下一个叫康的奴仆带人冲进李家，杀伤了三个人。

其三，张放曾经怨恨乐府一个叫莽（名字叫莽，并非外戚王莽）的官员，就派奴才骏等四十多人携带武器，在光天化日之下攻入官府，将官吏捆绑起来，还毁坏官府器物。莽走投无路，只好自己剃光头发，戴上刑具穿着囚服向张放叩头请罪，张放才罢手。

其四，张放的奴仆仗着权势为非作歹，曾经看上一个官吏的妻子，想强占被拒绝，竟然杀死了那个官吏，犯罪之后就逃入张放宅邸。

……

大臣们认为张放及其奴仆的罪行可谓罄竹难书。奏章最后说：张放行为轻薄，连续犯大罪，招致连年灾变，作为臣子，这是最大的不忠。要求皇帝免除张放官职。

面对汹汹物议，成帝知道自己也保不住张放了，于是只好免了张放官职，将他贬为北地都尉。但是成帝显然还是离不开张放，没几个月，他又将张放召回侍奉左右。这就惹怒了皇太后王政君，她严厉斥责了皇帝，无奈之下，成帝又将张放贬为天水属国都尉。

张放被撵出朝廷后的几年中，灾异还是没有消失，甚至永始、元延年间，连续几年都发生了日食，这让皇帝更没有借口召回张放，但是成帝经常写信给张放，表达自己的关切之情。之后，因为张放的母亲敬武公主生病，皇帝终于找到借口让张放回来侍奉母亲，可是没多久公主的病好了，皇帝没了借口，只好又让张放离开京城担任北地都尉，就这样来来回回折腾，张放最终也没能回到京城，直到成帝去世。而得知皇帝去世的消息之后，张放大哭，最后悲伤过度而死。

不过，就算张放离开了京城，成帝应该也不是很寂寞的，因为那时候他已经有了新宠，这就是史上著名的赵飞燕姐妹。

可怜飞燕倚新妆——汉成帝与赵飞燕

汉成帝的第一任皇后是许皇后，按照辈分讲，她其实是成帝的表姑姑。汉宣帝早年生活在民间，娶了许平君为妻，生下儿子刘奭，即位后许平君被立为皇后。在前面讲过，霍光的妻子显希望自己的女儿成为皇后，因此派人毒死了许皇后，元帝刘奭幼年的时候也就失去了母亲。

霍氏被灭族后，元帝对此一直耿耿于怀，因此将自己生母的堂弟、大司马、车骑将军、平恩侯许嘉的女儿许配给自己的儿子，当时还是太子的刘骜，也算对许家的补偿。这个女子其实是元帝的表妹，也就是成帝的表姑姑。

对这门婚事，元帝起初也是比较忐忑的，举办婚礼的时候，他让中常侍黄门亲自侍奉送新娘子到太子府。手下回来说太子看见新娘十分高兴，元帝更是高兴，对左右说："快斟酒祝贺我！"左右都呼万岁。两人结婚后生了一个儿子，可惜夭折了。后来元帝驾崩，成帝即位，太子妃被立为皇后。皇后后来又生了个女儿，但是也夭折了。

许皇后出身名门，饱读史书，聪慧过人。从当太子妃开始到当皇后，一直深得刘骜宠爱，后宫其他女子很难靠近皇帝。可是皇后一直没有诞下皇子，皇帝即位后又多次发生灾变。于是太后王政君那边的外戚和一帮大臣认为这说明皇后行为有亏缺，因此建议减少皇后宫中的用度，皇帝同意了。

皇后对此十分不满，她写了一封很长的奏章，表明自己宫中的用度从来没有超过规制的限度，而新的规制让她处处受限，完全不像一个皇后。"假如妾身想在某处设置个屏风都要被限制，说是没有先例，这就是用诏书来约束妾身了。"

皇后本想借着奏章给夫君诉下委屈，或者像一般女人一样撒下娇，可是她错了，皇帝对皇后的奏章根本不屑一顾，反而让大臣又拟了一封诏书，非常严厉地斥责了皇后。这时候皇后才明白，往日的恩爱已经不复存在，自己已经失宠了。

许皇后之所以失宠，除了她年长色衰而且一直没有子嗣，就是此时她有了更厉害的竞争者，这就是著名的赵飞燕姐妹。

赵飞燕出身低微，应该是长安宫人的孩子，生下来后父母就将她抛弃了，本想让她自生自灭，谁知道过了三天这个婴儿也没死，于是别人就收养了她。长大之后，赵飞燕成为阳阿公主的侍女，在那里她学习歌舞，因为身轻如燕，所以被称为飞燕。

赵飞燕像

汉成帝那时候经常和张放等人微服出游，有一次就到了阳阿公主家里，见到了赵飞燕。成帝对赵飞燕一见倾心，于是召她入宫，很快赵飞燕就成了成帝的专宠。不久赵飞燕又推荐了自己的妹妹赵合德，成帝将姐妹俩都封为婕妤，两人宠冠后宫。

而此时的许皇后却是江河日下。眼看着自己地位一天天不保，许皇后的姐姐许谒便教皇后以巫蛊之术诅咒后宫那些有身孕的宫女，顺便诅咒了大将军王凤——因为皇后认为自己的败落与王凤不帮助自己有直接关系。这就犯了宫中的大忌。事发之后，皇后的姐姐被诛杀，皇后也被废，居住在昭台，之后迁居长定宫。

皇后之位空缺，成帝就想立赵飞燕为皇后，皇太后王政君认为赵飞燕出身实在低微有些为难，但是没有明确告诉皇帝。太后的外甥淳于长担任侍中，经常在太后身边。他了解了太后的想法之后偷偷给皇帝带话，成帝一想，出身低微还不好办，朕让她高贵起来不就行了？于是马上封赵飞燕的父亲（可能是养父）赵临为成阳侯，这样赵飞燕姐妹也算是出身名门了。一个多月之后，成帝就立了赵飞燕为皇后。

赵合德像

赵飞燕被立为皇后后，宠爱不增反减，因为此时成帝的心完全放在她妹妹赵合德的身上了。赵飞燕被立后时，赵合德被封为昭仪。皇帝下诏将昭仪的寝殿装修得恍若天庭，后宫从来没有过这样豪华的宫室。

赵飞燕姐妹几乎占据了汉成帝所有的恩宠，就这样一直过了十多年，但是她们都有一个心病——无论是赵飞燕，还是赵合德，都没能为皇帝生下一个儿子。在皇帝专宠赵合德冷落赵飞燕之后，赵飞燕幽居别馆，她经常与子嗣众多的侍郎、奴仆等私通，希望能够得到一男半女，但是始终没有受孕。成帝对皇后的事情有所觉察，但是赵合德哭着对皇帝说："我这个姐姐性格刚烈，如果她被人诬陷得罪，赵家就没有后代了。"

成帝相信了昭仪的话，之后再有人向皇帝报告皇后的奸情，皇帝就将其杀掉。然而，皇帝没有子嗣的问题也一直困扰着此时的西汉朝廷。

元延四年（前9年），中山孝王刘兴与定陶王刘欣同时入朝觐见汉成帝。这次入朝非同小可，大臣们纷纷传说，由于皇帝一直无嗣，所以打算从这两个王之间选择一个作为储君。

中山孝王刘兴是元帝之子，也是成帝的弟弟，他入朝时只带了傅跟自己一起；而定陶王刘欣则把傅、相以及中尉一起带着。成帝问定陶王为什么带那么多人，定陶王回答：按照法令，诸侯王朝见天子，可以带着封国里两千石以上的官员，傅、相、中尉的俸禄都是两千石，所以臣把他们都带在身边。成帝又问中山王为什么只带了傅，中山王无言以对。

皇帝让定陶王背诵《诗经》，定陶王张口就来；而让中山王背诵《尚书》，中山王却哑口无言。后来成帝跟中山王一起吃饭，皇帝都吃完了中山王还在自顾自地吃，显得很没教养。等到终于吃完了，离开座位的时候，袜带子松了，中山王又忙着系袜带，这让成帝觉得很不成体统，于是成帝就有了立定陶王刘欣为储君的想法。

定陶王刘欣是元帝刘奭的孙子，也就是汉成帝的侄子。刘欣的祖母是傅太后，这是一个权力欲极强、手段极其高明的女人。成帝一直没有子嗣这件事她一直看在眼里，因此也一直努力想让刘欣入朝，因为这就意味着能够接近权力中心，甚至有可能成为皇帝的继任者。

要达到这个目的，必须买通皇帝身边最受宠幸的人——赵飞燕姐妹。

因此丁姬拿出重金贿赂她俩，终于得偿所愿。首先，成帝觉得定陶王刘欣比中山王贤明；其次，中山王是自己的弟弟，按照汉代礼法，如果两个皇帝是兄弟关系，同时在宗庙中接受祭祀是不妥当的。因此绥和元年（前8年），定陶王刘欣被立为太子，这可以说太及时了，因为第二年，四十五岁的汉成帝就突然驾崩了。

汉成帝的死十分突然。四十五岁的他不仅正当壮年，而且身体十分健康，没有任何疾病。当时楚王刘衍和梁王刘立来朝见皇帝，第二天即将离去，皇帝还为他们举行欢送仪式，并且想拜左将军孔光为丞相，把印都刻好了，任命文书也写好了。当夜成帝到赵昭仪宫中就寝，早晨起来的时候，成帝正在穿衣裤，却将衣服掉在地上，之后就说不了话，没多久就死了。

成帝的死，按今天的观点看很可能是因为酒色过度引起的心血管疾病，当时的人都将此归罪于昭仪赵合德，也不算太委屈她。皇太后下诏大司马王莽调查此事，赵合德知道大难临头，很快就自杀了。

成帝驾崩，太子刘欣即位，是为哀帝。虽然赵合德已经自杀，但是对赵氏姐妹的清算才刚刚开始。因为哀帝即位后，赵飞燕被尊为皇太后，她弟弟也被封侯，家族有两个人被封侯，这当然让很多大臣心怀不满。几个月后，司隶校尉解光递上一份奏章，里面揭出的隐情让人惊心动魄。

根据解光的调查，汉成帝后宫曹宫（人名）和许美人都曾经被成帝宠幸而生了孩子，但是孩子都莫名其妙不见了。其中曹宫在怀孕时对人说，肚里的孩子是皇帝的骨血。孩子刚刚生下，有人就声称奉诏将曹宫和孩子关入监狱。几天后，又有使者前来问道："孩子死了没有？"听到孩子还活着的消息，使者大怒说："皇帝与昭仪大怒，为什么不杀掉孩子？"之后孩子被带走，不知所终，曹宫也被赐毒药而死。

另一位许美人也曾受皇帝宠幸而怀孕生子。据昭仪身边人供述，听到这个消息后，赵昭仪对成帝说："你经常骗我，说刚刚从中宫我姐姐那里来，我都相信了。现在许美人这个孩子是从哪里来的？许氏是不是又要被立为皇后了？"

说着昭仪用手捶打自己，又用头撞柱子，从床上扑到地上，哭泣不吃饭。皇帝无奈地说："我特意告诉你，你却发这么大火，简直不可理喻！"于是皇帝也气得不吃饭。

昭仪说："陛下为什么不吃饭？陛下曾经立誓说决不辜负我，现在许美人竟然有了孩子，这就是你违背誓言，这该怎么说？"

皇帝说："我们约好了立赵氏，所以就不立许氏，我会让天下人都不能凌驾赵氏之上，你放心好了！"

于是皇帝派使者赐给许美人毒药，令其自尽。然后又让人跟奶娘说："昭仪要赏赐你，你把孩子带来，放在昭仪室中帘子南边。"

奶娘得到命令，用一个苇筐装着婴儿，又小心地封好，来到昭仪宫中。宫里皇帝和昭仪一起坐着，皇帝命令其他人离开，然后亲自关上了门窗，房间里只留下了成帝与昭仪。过了一会儿，皇帝叫他们进来，漫不经心地对奶娘说："筐里面有个死孩子，你们把他埋在僻静处，不要让人知道。"

这封奏章公开后朝廷大哗，这等于说是赵合德胁迫皇帝杀死了自己的亲生儿子，而她也就是皇帝没有子嗣的罪魁祸首。虽然这些事情发生在大赦之前，但是其罪行过于深重，大臣们认为根本不能赦免，必须予以严惩。

此时赵合德已经自杀，但是其亲属肯定不能放过，因此赵氏两个被封侯的，赵钦和赵䜣都被贬为庶人，家属被流放辽西，但是皇太后赵飞燕却没有受到任何处理。原因是哀帝能成为太子全靠赵飞燕姐妹的帮助，所以他不愿意深究此事，而此时掌权的傅太后也因为这事很感激赵飞燕。

不过成帝的母亲王政君以及王氏家族可就不这么看了。

元寿二年（前1年），在位仅仅七年的汉哀帝突然暴死，有人认为和汉成帝一样，哀帝的死因很可能也是酒色过度。而哀帝一死，意味着赵飞燕的好日子也到头了。王政君的侄儿王莽马上以太皇太后名义下诏书，切责皇太后赵飞燕，并且将其尊号贬为孝成皇后，整整低了一辈。一个月之后，又下诏废皇后为庶人，派遣去看守陵墓。赵飞燕知道自己末日已经到来，接到诏书的当天就自杀了。

最后再说说被废的许皇后的结局。许皇后被废后九年，似乎她的命运迎来了转机。汉成帝似乎对这个结发妻子的命运有些同情了，下诏让受皇后案件牵连的平恩侯刘旦和家属从流放地回来。似乎许皇后出头的一天马上要到来了，可是就在这一年，许皇后却被赐死。这又是为什么呢？

许皇后有个姐姐叫许孊，是个寡妇。许皇后被废后，许孊就和定陵侯淳于长私通，后来成为淳于长的小妻。淳于长是个狡猾轻薄之徒，他欺骗许孊说："我有办法让许皇后再次崛起，成为左皇后。"

许皇后知道之后当然喜不自胜，她通过许孊多次给淳于长提供钱财，又写信商量此事。但是淳于长其实只是借机揽财，每次从许孊那里出来，淳于长就会嘲笑这两个可怜的女人。淳于长后来因为权力斗争失败下狱，狱中他将自己"戏侮长定宫（许皇后），谋立左皇后"的罪行全部交代了。皇帝大怒，淳于长被诛杀在狱中，而许皇后也被赐毒药自杀。

在这个案件中，唯一的亮点可能就是《汉书》作者班固的姑母，也是汉成帝妃子的班婕妤。

班婕妤在成帝刚刚即位的时候就被选入后宫，也曾经被皇帝宠幸，封为婕妤。班婕妤饱读诗书，处处以礼法约束自己。一次成帝在后庭游玩，让班婕妤跟自己同乘一辆车。班婕妤说："臣妾看古代图画，圣贤的

君主身边都有名臣，三代末主才会和女子站
在一起，现在陛下想和臣妾同车，这会不会
近似末主？"

　　成帝觉得她说得很有道理，就不再要求
班婕妤和自己同乘一辆车。太后王政君知道
之后大喜说："古代有樊姬这样的女子，现在
又有班婕妤这样的女子！"

—班婕妤像—

　　后来成帝渐渐宠爱赵飞燕姐妹，许皇后和班婕妤都失宠了。鸿嘉三
年（前18年），赵飞燕诬陷许皇后和班婕妤在后宫行巫蛊之术，许皇后
因此被废，班婕妤也遭到拷问。面对审讯，班婕妤表现得大义凛然："妾
听说'生死有命，富贵在天'，修德行正尚未得到福报，做奸邪之事又能
有什么作用？如果鬼神有知，他们也不会听我的诅咒；如果无知，我诅咒
又有什么作用？所以我绝对不会干这样的事。"

　　成帝听到她的回答觉得很有道理，便释放了她，并赏赐黄金百斤。
但是班婕妤知道自己的危险仍未过去，赵氏姐妹迟早还会置自己于死地，
于是请求去长信宫侍奉太后，皇帝答应了。

　　幽居长信宫的班婕妤终于远离了后宫的刀光剑影和争权夺利，过上
了简单而平静的生活。王政君死后，她请求去看守园陵，不久也在那里
去世。

史上最著名的蓝颜——董贤

　　前面说过，西汉基本上所有皇帝都有他们的男宠。如前文说到的高
祖的男宠籍孺，惠帝刘盈的男宠闳孺，文帝的男宠邓通等，不过纵观整
个西汉，最有名的男宠可能还是哀帝的男宠董贤。关于男宠，中国古代

董贤像

有三个著名典故，第一个是"龙阳之兴"，即魏君与男宠龙阳君；第二个是"分桃之谊"，即卫君与弥子瑕；第三个则是"断袖之癖"，即汉哀帝与董贤的故事。

董贤是御史董恭的儿子，当时担任太子舍人。董贤对自己的美貌一直是颇为自信的。有一次，他在殿下传奏，史书上说他当时"沾沾自喜"，可能说的就是他在那里搔首弄姿、顾影自怜的模样，这成功吸引了皇帝的注意，而且皇帝似乎早就知道董贤的大名，于是直接问他："你莫非就是董贤？"

只因在人群中多看了一眼，哀帝和董贤从此就成了"情人"，两人每天同卧同起，如胶似漆。有一次哀帝和董贤一起睡午觉，皇帝想起床，但是袖子被熟睡的董贤压住了。为了不打扰"情人"的好梦，哀帝竟抽出佩剑割断了衣袖，这就是"断袖之癖"的由来。

此时董贤已经成婚，为了让他没有后顾之忧，哀帝下诏让董贤的妻子可以随意出入皇宫，就住在董贤房间里；哀帝还把董贤的妹妹召进宫封为昭仪，位分仅次于皇后。皇后的宫殿叫椒房，哀帝下令将董昭仪的住所称为"椒风"，以与皇后匹敌。董昭仪与董贤夫妻每天侍奉皇帝左右，形影不离。但是董贤父亲董恭官卑职小，实在不像样，于是哀帝下诏拜董恭为少府，赐爵关内侯。

哀帝对董贤简直是爱之入骨，做了这一切还不够，又封董贤的老丈人为将作大匠，相当于建设部长。而这位部长上任后最重要的工程就是为女婿修建豪宅。豪宅建造在皇宫北阙下，这样便于董贤随时入宫侍奉，"重殿洞门，土木之功，穷极技巧"。哀帝还把武库兵器和各地供奉的珍宝赏赐给董贤，所有赏赐给董贤的珍宝都是上品，皇宫里留的反而是次品。活着时候的宅邸有了，死后的宅邸也不能缺少。哀帝下诏在自己坟墓义陵旁为董贤建造陵墓，陵墓里设置了便房，使用刚柏题凑，基本是按照皇帝的规制建造。有大臣认为皇帝对董贤宠爱过度，上书劝谏，结果因此获罪。

此时二十二岁的汉哀帝刘欣完全沉浸在了他与董贤的亲密关系当中。在他心目中，即便是把江山送给董贤也是心甘情愿的。但是他也知道，董贤没有任何功劳，就暴得宠幸，其他大臣都心怀不服。于是他决定为董贤"制造"功勋。

这年三月，息夫躬和孙宠告发东平王刘云谋反，证据确凿。哀帝觉得机会来了，他让人找到两人，让他们说消息是从董贤那里得来的，于是跟这件事毫无关系的董贤居然成了首功。哀帝将三人都封为关内侯以试探群臣，大臣们议论纷纷但没有明确表示反对。但是封董贤为关内侯显然不是哀帝最后的计划。不久他又让人拟诏书要封赏董贤，但是这次遭到了丞相王嘉和御史大夫贾延的坚决反对，哀帝无奈，只好暂时作罢。

但是这口气哀帝一直憋在心里，不出不行。五个月后，哀帝指责大臣们嫉贤妒能，自己不能防患于未然，却阻止封赏消弭谋反阴谋的有功之臣，然后力排众议，下诏封董贤为高安侯。

一时间大臣的谏书如雪片般飞来，丞相王嘉指责皇帝对董贤宠爱太过："爱之适足以害之。"奏章递上去后，哀帝对王嘉更加不满了。不久哀帝下诏，假托是傅太后遗诏，加封董贤两千户，丞相王嘉竟然封还诏书拒不执行，哀帝大怒，借口其他事情下诏将王嘉下狱。

按照汉代的传统，丞相等高官是不能入狱受辱的，当皇帝下诏让其入狱的时候，最好的办法是自行了断。使者来的时候，丞相府的下属纷纷哭泣，准备好毒药请王嘉服下。可是王嘉竟然还抱了一丝希望不愿服毒，出来接受了诏书，跟着使者下了诏狱。哀帝听说王嘉竟然没有自尽而是进了监狱后大怒，派将军以下两千石官员审问王嘉。王嘉在狱中受尽了屈辱，终于放弃了最后的希望，绝食而死。

除掉了王嘉这个绊脚石，哀帝终于可以随心所欲地宠爱董贤了。不久他封董贤为大司马、卫将军，位列三公，而此时董贤只有二十二岁。董家的亲属也纷纷被封官封侯，董贤一时间权倾天下，风光无两。

有了王嘉的前车之鉴，其他大臣当然对董贤恭敬有加。丞相孔光担任御史大夫，董贤的父亲担任御史，是孔光的手下。当董贤成为大司马之后，跟孔光并列三公。

有一次哀帝让董贤去拜访孔光，孔光很聪明，知道哀帝的意思是让天下人都知道董贤的尊贵。在听说董贤将到的时候，孔光就盛装出门迎接，望见董贤车马远远而来，孔光退着进入门内，等董贤下车后，孔光又出来拜谒。堂堂丞相，对董贤简直礼敬备至。哀帝听说之后大喜，马上将孔光的两个侄子拜为谏议大夫和常侍。

董贤的尊贵让外族人都惊诧莫名。当时匈奴单于来朝见皇帝，单于很奇怪这位大司马竟然只是个黄毛小子，问翻译是怎么回事。哀帝让翻译回答说："大司马的确年轻，但是因为贤能才居此位。"

单于听说之后马上懂事地站起来，拜贺大汉能有这样的贤臣。

但并不是每个人都被董贤的富贵吓坏了，仍然有人保持着清醒的头脑。当时中郎将萧咸是前将军萧望之的儿子，董贤父亲董恭希望跟萧家攀亲，于是托中常侍王闳做媒，让自己的儿子董宽信娶萧咸的女儿，谁知道萧咸听说之后慌忙拒绝了。他偷偷对王闳说："董贤任大司马，册文里有'允执其中'的说法，这是尧帝禅让位给舜帝的文字，哪里是册立三公的旧例，长者看到这种话都心惊肉跳，这不是一般人家能够承受的！"

王闳心领神会，回来报告董恭，只说萧咸觉得自己门第低下，配不上董家的公子。